广州城市智库丛书

广州文化体制改革与公共文化服务体系建设

曾德雄 梁礼宏 等 ◎ 著

中国社会科学出版社

图书在版编目（CIP）数据

广州文化体制改革与公共文化服务体系建设／曾德雄等著．—北京：中国社会科学出版社，2020.12

（广州城市智库丛书）

ISBN 978 - 7 - 5203 - 7657 - 0

Ⅰ.①广… Ⅱ.①曾… Ⅲ.①公共管理—文化工作—体制改革—研究—广州 Ⅳ.①G127.651

中国版本图书馆 CIP 数据核字（2020）第 257510 号

出 版 人	赵剑英
责任编辑	喻　苗
责任校对	王　龙
责任印制	王　超

出　　版	中国社会科学出版社
社　　址	北京鼓楼西大街甲 158 号
邮　　编	100720
网　　址	http://www.csspw.cn
发 行 部	010 - 84083685
门 市 部	010 - 84029450
经　　销	新华书店及其他书店
印　　刷	北京明恒达印务有限公司
装　　订	廊坊市广阳区广增装订厂
版　　次	2020 年 12 月第 1 版
印　　次	2020 年 12 月第 1 次印刷
开　　本	710×1000　1/16
印　　张	23.25
插　　页	2
字　　数	320 千字
定　　价	129.00 元

凡购买中国社会科学出版社图书，如有质量问题请与本社营销中心联系调换
电话：010 - 84083683
版权所有　侵权必究

《广州城市智库丛书》
编审委员会

主　任　张跃国

副主任　朱名宏　杨再高　尹　涛　许　鹏

委　员（按拼音排序）

　　　　白国强　蔡进兵　杜家元　郭昂伟　郭艳华　何　江
　　　　黄石鼎　黄　玉　刘碧坚　欧江波　孙占卿　覃　剑
　　　　王美怡　伍　庆　杨代友　姚　阳　殷　俊　曾德雄
　　　　曾俊良　张　强　张赛飞

总　　序

何谓智库？一般理解，智库是生产思想和传播智慧的专门机构。但是，生产思想产品的机构和行业不少，智库因何而存在，它的独特价值和主体功能体现在哪里？再深一层说，同为生产思想产品，每家智库的性质、定位、结构、功能各不相同，一家智库的生产方式、组织形式、产品内容和传播渠道又该如何界定？这些问题看似简单，实际上直接决定着一家智库的立身之本和发展之道，是必须首先回答清楚的根本问题。

从属性和功能上说，智库不是一般意义上的学术团体，也不是传统意义上的哲学社会科学研究机构，更不是所谓的"出点子""眉头一皱，计上心来"的术士俱乐部。概括起来，智库应具备三个基本要素：第一，要有明确目标，就是出思想、出成果，影响决策、服务决策，它是奔着决策去的；第二，要有主攻方向，就是某一领域、某个区域的重大理论和现实问题，它是直面重大问题的；第三，要有具体服务对象，就是某个层级、某个方面的决策者和政策制定者，它是择木而栖的。当然，智库的功能具有延展性、价值具有外溢性，但如果背离本质属性、偏离基本航向，智库必会惘然自失，甚至可有可无。因此，推动智库建设，既要遵循智库发展的一般规律，又要突出个体存在的特殊价值。也就是说，智库要区别于搞学科建设或教材体系的大学和一般学术研究机构，它重在综合运用理论和知识分析研判重大问题，这是对智库建设的一般要求；同时，具体到一家智库个体，又要依据自身独一无二的性质、类型和定位，塑造独特个性和鲜明风格，占据真正属于自己的空间和制高点，这是智库独立和自立的根本标志。当前，智库建设的理论和政策不一而足，实践探索也呈现出八仙过海之势，这当然有利于形成智库界的时代标签和身份识别，但在热情高涨、高歌猛进的大时代，也容易盲目跟风、漫天飞舞，以致破坏本就脆弱的智库生态。所以，我们可能还要保持一点冷静，从战略上认真思考智库到底应该怎么建，社科院智库应该怎么建，城市社科院智库又应该怎么建。

广州市社会科学院建院时间不短，在改革发展上也曾经历曲折艰难探索，但对于如何建设一所拿得起、顶得上、叫得响的新型城市智库，仍是一个崭新的时代课题。近几年，我们全面分析研判新型智库发展方向、趋势和规律，认真学习借鉴国内外智库建设的有益经验，对标全球城市未来演变态势和广州重大战略需求，深刻检视自身发展阶段和先天禀赋、后天条件，确定了建成市委、市政府用得上、人民群众信得过、具有一定国际影响力和品牌知名度的新型城市智库的战略目标。围绕实现这个战略目标，边探索边思考、边实践边总结，初步形成了"1122335"的一套工作思路：明确一个立院之本，即坚持研究广州、服务决策的宗旨；明确一个主攻方向，即以决策研究咨询为主攻方向；坚持两个导向，即研究的目标导向和问题导向；提升两个能力，即综合研判能力和战略谋划能力；确立三个定位，即马克思主义重要理论阵地、党的意识形态工作重镇和新型城市智库；瞄准三大发展愿景，即创造战略性思想、构建枢纽型格局和打造国际化平台；发挥五大功能，即咨政建言、理论创新、舆论引导、公众服务、国际交往。很显然，未来，面对世界高度分化又高度整合的时代矛盾，我们跟不上、不适应的感觉将长期存在。由于世界变化的不确定性，没有耐力的人常会感到身不由己、力不从心，唯有坚信事在人为、功在不舍的自觉自愿者，才会一直追逐梦想直至抵达理想的彼岸。正如习近平总书记在哲学社会科学工作座谈会上的讲话中指出的，"这是一个需要理论而且一定能够产生理论的时代，这是一个需要思想而且一定能够产生思想的时代。我们不能辜负了这个时代"。作为以生产思想和知识自期自许的智库，我们确实应该树立起具有标杆意义的目标，并且为之不懈努力。

智库风采千姿百态，但立足点还是在提高研究质量、推动内容创新上。有组织地开展重大课题研究是广州市社会科学院提高研究质量、推动内容创新的尝试，也算是一个创举。总的考虑是，加强顶层设计、统筹协调和分类指导，突出优势和特色，形成系统化设计、专业化支撑、特色化配套、集成化创新的重大课题研究体系。这项工作由院统筹组织。在课题选项上，每个研究团队围绕广州城市发展战略需求和经济社会发展中重大理论与现实问题，结合各自业务专长和学术积累，每年年初提出一个重大课题项目，经院内外专家三轮论证评析后，院里正式决定立项。在课题管理上，要求从基本逻辑与文字表达、基础理论与实践探索、实地调研与方法集成、综合研判与战略谋划等方面反复打磨锤炼，结项仍然要经过三轮评审，并集中举行重大课题成果发布会。在成果转化应用上，建设"研究专报+刊物发表+成果发布+媒体宣传+著作出版"组合式转化传播平台，形成延伸转化、彼此补充、互相支撑的系列成果。自2016年以来，广州市社会科学院已组织开展40多项重大课题研究，积累了一批具有一定学术价值和应用价值的研究成果，这些成果绝大部分以专报方式呈送市委、市政府作为决策参考，对广州城市发展产生了积极影响，有些内容经媒体宣传报道，也产生了一定的社会影响。我们认为，遴选一些质量较高、符合出版要求的研究成果统一出版，既可以记录我们成长的足迹，也能为关注城市问题和广州实践的各界人士提供一个观察窗口，是很有意义的一件事情。因此，我们充满底气地策划出版了这套智库丛书，并且希望将这项工作常态化、制度化，在智库建设实践中形成一条兼具地方特色和时代特点的景观带。

　　感谢同事们的辛勤劳作。他们的执着和奉献不但升华了自我，也点亮了一座城市通向未来的智慧之光。

广州市社会科学院党组书记、院长

张跃国

2018年12月3日

前　言

习近平总书记在党的十九大报告中指出，要"完善公共文化服务体系，深入实施文化惠民工程，丰富群众性文化活动"。大力发展公共文化，着重完善公共文化服务体系，是建设社会主义文化强国、推动社会主义文化繁荣兴盛、提高国家文化软实力的基础性工程和重大战略任务。

党的十八大以来，广州公共文化发展进入快车道，现代公共文化服务体系建设进入"效能提升"时代。主要表现在以下几个方面：一是结合文化强市战略部署，完善设施网络。党的十八大以来，广州坚持以习近平新时代中国特色社会主义思想为指导，认真贯彻落实市委、市政府关于建设文化强市和打造世界历史文化名城的战略部署，既着力建设了一批代表国内顶尖水平、展现岭南文化精髓、满足群众美好生活需求的重点亮点文化设施，同时又推进了城乡文化设施均等化发展，公共文化服务网络正日趋完善。随着新建文化设施投入使用和公共文化设施服务效能的提升，广州的岭南文化中心地位进一步巩固提升，与广州作为国家重要中心城市的地位日益相称。二是完善标准制度体系，促进均衡协调发展。不断提高公共文化服务的覆盖面和适用性，大力提升从化、增城、花都、南沙等区发展水平，缓解广州区域间基础设施布局不合理、发展不平衡的矛盾。坚持以标准化促进均等化的发展思路，贯彻《广东省基本公共文化服务内容与项目实施标准（2015—2020年）》等文件，不断规范公共文化服务的内容、种类、数量和水平，向市民特别是农村、郊区群众做出"兜底"承诺，为实现均等化提供基本准则和内容范围尺度。三是促进公共文化服务社会化，构建共建共治共享新格局。探索创新政府、市场和社会良性互动、共建共赢的模式，吸引社会资本投入公共文化领域。探索将财政投入以直接拨款为主转为购买服务、项目补贴、以奖代补、基金制等多种方式，形成竞争机制，不断推进资源配置从文化系统"内循环"逐步转为面向市场和社会的"大循环"。培育和发展多元化的社会服务主体，探索文化非营利组织、文化志愿者等在公共文化服务中发挥作用的新途径。四是创新公共数字文化服务，破解文化传播时空障碍。以满足人民群众基本的数字文化需求为目标，以资源数字化、传播网络化、技术智能化、服务泛在化为表现形式，借助各类型公共文化机构和新兴媒体，向市民提供多层次、多样化的数字文化服务。通过一系列公共数字文化建设措施落地，现有的文化信息资源共享工程、"广州数字文化网"、全市数字图书馆建设工程和全市数字图书馆推广工程等逐渐形成规模。五是推动群众性文化活动品牌化建设，打造广州文化新名片。坚持发挥人民群众在公共文化服务体系中的主体地位，以人民为中心，发展"民族的科学的大众的社会主义文化"。进一步提升广州迎春花市、"羊城之夏"市民文化节、"公益文化春风行"、"大家乐舞台"、"广府庙会"、广州民俗文化节暨菠萝诞千年庙会等群文品牌的影响力，"广州故事"特别是广州民间故事讲得更加精彩。六是整合基础资源，提升基础服务效能。坚持资源下移、服务下移，不断推进基层公共文化设施资源整合、共建共享，统筹建设集宣传文化、党员教育、科学普及、普法教育、体育健身等多功能于一体的基层综合性公共文化服务中心。坚持建管并用，推动基层公共文化设施切实提高服务效能、发挥综合效益。提升文化惠民工程服务质量，改善供给方式，进一步激活基层文化活力。

党的十八大以来，广州公共文化发展实现了质的飞越，主要体现在以下四个方面的转变。一是由重视设施覆盖向提升服务质量转型。近年来，广州在提高区域城乡文化发展的均衡性和协调性的基础上不断提升公共文化设施服务效能，以提高国民素质和社会文明程度为目标提供满足人民需要、高品位、多样化的精神文化食粮，不断拓展文化参与的广度和深度，"带领人民创造美好生活"。二是由低端的大众娱乐向高端的人文素养引导转型。充分发挥公共文化服务的教育、引导、熏陶和规训功能，把中国特色社会主义先进文化、中华优秀传统文化、岭南文化和人民的文化需求有效结合起来，创造了一系列市民喜闻乐见的优质公共文化产品，引导市民文化生活水平不断提升。以书籍、文艺演出、展览等形式将主流价值观有效送达基层、社区和农村，提高基层群众的价值认同、文化素养和欣赏能力。三是由随意性向制度化转型。通过一系列文化体制改革措施的出台和相关制度的建立健全，行政审批制度、经费保障制度等更加完善，公共文化管理运行机制、监督评价机制、服务效能评估机制等更加科学合理。四是由传统场馆服务向智能化服务转型。突破传统方式，不断推进公共文化服务与互联网的融合，在崭新的平台上发展公共文化现代传播体系。经过不断努力，数字文化服务已成为广州公共文化场馆开展高效服务的新平台、新阵地。

2018年8月15日，中共广州市委十一届五次全会上，市委书记张硕辅同志强调，广州要"打造全球区域文化中心城市"，同时指出"在担当上再强化，从更高层次、更大格局谋划推动广州发展"。在建设社会主义文化强国的目标指引下，"全球一线城市"是广州文化建设的新起点、新高度。打造全球区域文化中心城市的战略定位，要求广州必须坚持不懈地放眼世界、对标国际一流世界文化名城，一张蓝图绘到底，长远科学谋划，在已有成就的基础上不断丰富文化资源总量，以更加高端高质的文化设施、产品和服务提升城市文化品质、激发文化活力，提升广州文化的国际竞争力和影响力。

本书由广州市社科院哲文所近几年有关文化体制改革和公共文化服务体系建设的课题成果汇聚而成，基本上涵盖了广州文化体制改革和公共文化服务体系建设的不同方面，比如文化体制改革的成效、文化事业单位法人治理结构、公共文化服务的群众评价和反馈机制、文化场馆的运营管理创新等。2017年与《南方都市报》合作进行了一次广州公共文化服务的大型民调，对广州文化的特点、本地外地市民对广州文化的知晓度和参与度、北上广深四地的公共文化投入比较以及北上深对广州文化的了解认同等都有涉及，较为全面地掌握了有关广州公共文化的第一手数据，成果在本书中也有所反映。

课题研究过程中得到了院领导的支持和院有关职能部门的帮助，还得到了广州文化行政主管部门和相关文化事业机构的大力协助，在此一并表示感谢。

曾德雄　梁礼宏

2020年7月23日

目 录

第一章 广州文化体制改革的成效及问题 …………………… (1)
    一 21世纪以来广州文化体制改革的演进 ……………… (1)
    二 广州文化体制改革的主要做法及其成效 …………… (3)
    三 广州文化体制改革面临的问题 ……………………… (13)
    四 进一步深化文化体制改革的思路 …………………… (19)
    五 进一步深化文化体制改革的政策建议 ……………… (20)

第二章 广州公共文化服务建设的群众评价和反馈机制 …… (30)
    一 广州构建公共文化服务群众评价和反馈机制的
      现实基础 ………………………………………………… (30)
    二 广州构建公共文化服务群众评价和反馈机制的
      必要性 …………………………………………………… (34)
    三 外地的经验 …………………………………………… (37)
    四 广州公共文化服务群众评价和反馈机制构建
      策略 ……………………………………………………… (41)

第三章 广州公共文化服务事业单位法人治理结构 ………… (46)
    一 法人治理结构改革与政策推动 ……………………… (47)
    二 法人治理结构的模式选择 …………………………… (51)
    三 广州的改革情况 ……………………………………… (56)
    四 广州完善事业单位法人治理结构的对策建议 ……… (62)

第四章 迈向全球城市，提升广州城市文化品质
　　——基于广州文化问卷调查的分析报告……（69）
　一　调查情况概述……（71）
　二　广州文化的整体印象……（75）
　三　北京、上海、深圳市民眼中的广州文化……（87）
　四　广州市民对广州公共文化设施知晓度与使用
　　　情况……（91）
　五　外地受访者对广州公共文化设施知晓度与
　　　使用情况……（108）
　六　主要结论……（112）
　七　对策与建议……（127）

第五章 中华优秀传统文化传承发展的广州行动……（163）
　一　意义与目标……（164）
　二　历史、条件与现状……（174）
　三　北京、上海、深圳的经验……（186）
　四　广州行动方案……（194）
　五　保障措施……（255）

**第六章 面向"一带一路"的广州对外文化交流
　　　　合作**……（260）
　一　面向"一带一路"的广州对外文化交流合作的
　　　背景和意义……（260）
　二　国内"一带一路"重要节点城市对外文化交流
　　　经验……（268）
　三　广州推进面向"一带一路"对外文化交流
　　　合作的基本条件……（275）

四　广州推进面向"一带一路"对外文化交流
　　　　合作的基本思路与发展目标 …………………（283）
　　五　广州推进面向"一带一路"对外文化交流
　　　　合作的重点任务、合作领域、合作平台、
　　　　项目支撑 …………………………………………（286）
　　六　政策建议 …………………………………………（316）

第七章　广州文化馆新馆运营管理模式 ………………（324）
　　一　国内文化馆的典型运营模式 …………………（325）
　　二　广州文化馆新馆功能定位 ……………………（334）
　　三　广州文化馆新馆运行模式创新的总体思路与
　　　　构想 ………………………………………………（337）
　　四　保障措施 …………………………………………（351）

参考文献 ………………………………………………………（355）

第一章　广州文化体制改革的成效及问题

在信息化和全球化时代来临的21世纪,我国的文化领域正在发生广泛而深刻的变革。一方面,随着改革开放的不断深入,经济的高速增长和科技的日新月异都要求与之相适应的文化层面的变革和转型;另一方面,大众传播、增强的移动力以及消费社会等全球化因素不仅破坏了城市原有的文化生态,也迫使传统的本土文化与外来新质文化处于不断碰撞和融合之中。新型城市化的人文主义导向也表明,文化要素正在成为新的城市发展动力,文化在提升城市吸引力和综合竞争力中的地位和作用日益突出。在当代社会文化变迁的大背景下,文化体制改革不仅是必要的、必需的,而且是意义重大的。文化体制改革的成与败,不仅关系到文化自身的发展繁荣,而且更上升为衡量城市综合实力的重要指标。

一　21世纪以来广州文化体制改革的演进

文化体制改革是为了适应时代的变革特别是市场经济的开放而应运而生。其实现路径是制度创新。制度创新作为一个集合性范畴,包含组织创新、政策创新、主体创新、法律创新等多个方面的内容。其中,打破僵化的管理体制,创新体制和机制是文化体制改革的着力点。重点在于,加快经营性文化单位转企改制，稳步推进公益性文化事业单位改革，构建统一开放竞争有序的现代文化市场体系，加快推进文化管理体制改革。

自1978年改革开放以来，我国文化体制改革经历了起步跟进、探索实践、全面推进的发展历程。2002年，党的十六大明确提出深化文化体制改革的要求，2003年开始全国范围内的文化体制改革试点，2005年试点工作结束，标志着我国文化体制改革进入一个全面推进的新阶段。现今讨论的文化体制改革通常指的都是这一新时期的文化体制改革。

2003年，广州被定为省文化体制改革综合试点市。

2008年，广州陆续出台了《中共广州市委广州市人民政府关于继续解放思想、深化文化体制改革、推动文化事业和文化产业加快发展的决定》《广州市全面推进文化事业单位改革的意见》《广州市全面推进文化事业单位改革的若干配套政策》等文件，文化体制改革工作全面展开。

2008年年底，涉及70个单位、14800多人的全市文化事业单位改革31项实施方案全部出台。这些方案内容包括文化事业单位转企改制、文化企业集团组建、市属媒体体制改革、市区有线电视网络广播资源整合、市属博物馆（纪念馆、管理所）下放、部分文化事业单位合并或注销等改革实施方案，还有《市属文艺院团经费综合定额包干管理办法》《广州市属媒体与文艺院团定向合作办法》等管理改革文件，为改革的顺利实施提供了保证。

2009年10月，广州进一步深化文化体制改革，设立广州市国有经营性文化资产监督管理办公室（简称市文资办），对全市国有经营性文化资产进行监督管理。

2009年年底，广州出版社等26家国有经营性文化单位和广州杂技团等8家文艺院团全部转企改制，基本完成各项文化体制改革工作任务。

2010年，广州市属三大新闻单位完成宣传、经营业务"两分开"和制播分离改革。2010年8月,广州电台和广州电视台合并重组为广州市广播电视台;12月,按照《广州广播电视体制改革实施方案》要求,剥离经营性资产组建广州广电传媒集团有限公司。2009年,广州日报报业集团将全部经营性资产注入广州传媒控股有限公司,2010年开始进行重大资产重组,成为全国报业集团进行上市改革的试点单位。广州新华出版发行集团、广州珠江数码集团、广州影视传媒有限公司等大型文化企业集团也先后成立并完成股份制改革。

总的来看,广州市文化事业单位的改革分三种类型:

第一类是公益性文化事业单位,包括各级图书馆、博物馆(纪念馆)、群艺馆、文化馆(站)等为群众提供公共文化服务的单位,进行分级管理改革,整合文化艺术创作研究机构,创新公益性文化事业单位内部运行机制。

第二类是广州日报报业集团、广州电视台、广州电台、市社科院、体现地方特色和国家水准的艺术院团等单位,该类单位实行事业体制,由政府重点扶持;市属媒体内部进行资源整合和结构调整,媒体宣传与经营"两分开",对文化企业资产进行重组和股份制改造。

第三类是其他艺术院团,放映、演出、美术、文化发展公司、文化发行、印刷企业、电视剧和娱乐节目制作等经营性文化单位,面向市场,转企改革。特别是文艺院团实施"一团一策"的转企改制,在资金投入方式、用人制度、运行机制等方面全面进行改革,增强文艺院团艺术创造活力和市场生存能力。

二 广州文化体制改革的主要做法及其成效

(一) 经营性文化单位转企改制

2008年年底,广州开始推进经营性文化单位的转企改制。广州出版社等26家经营性文化事业单位和广州杂技团等8家文艺院团全部核销事业编制、注销事业法人，剥离各原属事业单位优质资产组建公司，平稳转制为企业。广州日报报业集团、新华出版发行集团、珠江数码集团三大文化企业集团大力推进建立"适应市场经济要求，产权清晰、权责分明、政企分开、管理科学"的现代企业制度，完善法人治理结构。广州传媒控股有限公司、广州广电传媒集团、广州新华出版发行集团等十余家转制企业建立了董事会，其中三大集团的监事会也相继成立。广州美术公司、广州歌舞团等单位从完善治理结构入手，探索建立科学决策、管理规范的制度。

通过文化事业单位转企改革，市属国有经营性文化单位整体经营能力明显提高，经济效益增长显著。2010年，新华出版发行集团实现营业收入6.82亿元，净利润2410万元，分别比上年增长了10.37%和25%；珠江数码集团实现营业收入6.5亿元，净利润8837万元，分别比上年增长了15.25%和25.80%；新成立的广州影视传媒有限公司第一年实现营业收入3.9亿元，实现净利润3056万元；广州市美术公司营业收入突破4亿元，实现净利润800多万元。2011年，市属国有经营性文化单位实现主营业务收入55.77亿元，净利润6.89亿元，经营业绩呈稳定增长态势。截至2013年11月底，13家市政府直接出资的国有经营性文化单位资产总额90亿元，同比增长3.10%；所有者权益77.07亿元，同比增长4.44%。

（二）媒体宣传与经营"两分开"

广州日报社、广州市广播电视台等市属媒体建立宣传与经营独立运作、相互促进的新型管理体制，做大做强主流媒体的事业发展能力和传播能力。

2010年，广州整合电台、电视台资源，组建成立广州市广播电视台，并剥离经营性资产组建广州广电传媒集团公司，实现了制播分离改革的重大突破。广电传媒通过集团化运营，打造一个集广播电视台节目制作经营、新媒体运营服务以及传媒相关业务于一体的广州文化产业旗舰，为文化企业跨媒体、跨行业、跨地区、跨所有制发展创造条件。目前，广州广播电视台旗下拥有9个电视频道、4个广播频道和1个网络频道，覆盖全广州及珠三角广大地区，收视（听）人口近6000万，成为中国城市主流媒体中的佼佼者。下属企业除了广州广电传媒集团有限公司之外，还包括广州珠江数码集团有限公司、广州影视传媒有限公司、广州珠江移动多媒体信息有限公司等。

（三）文化企业资产重组和股份制改造

广州文化体制改革按照"强强联合、盘活存量，提高增量"的思路，引入市场机制，通过多元融资、资产重组、产权交易等方式，组建了一批经济实力雄厚、经营模式新、科技含量高、核心竞争力强的国有或国有控股文化企业和文化集团，如广州日报报业集团、广州新华出版发行集团、广州珠江数码集团、广州影视传媒有限公司等。

1. 广州日报报业集团

广州日报社是华南第一大报、华南地区的报业龙头，也是全国经济规模最大，经济效益最好的报业集团之一，广告收入连续多年在国内地方报纸中名列第一。

2009年，广州日报社剥离经营性资产注入广州传媒控股有限公司，2010年、2011年，广州传媒控股有限公司连续入选第二届、第三届中国"文化企业30强"。2012年6月，广州日报通过广州传媒控股有限公司，将下属传媒类优质经营性资产整体注入其控制的上市公司粤传媒，实现广州日报社传媒类主营业务的上市。粤传媒是首家获中宣部和国家新闻出版总署批准并在主板上市的公司，广东省唯一报业传媒集团整体上市公司，也是全国报业集团经营性资产整体重组上市第一例。重组完成第一年就扭转了亏损的局面，实现了10%的盈利承诺。

粤传媒的重组成功不仅为广州日报报业集团从报业经营者转变为文化产业战略投资者打下了坚实的基础，而且为市属国有文化企业资源整合以及运用上市公司融资进行资本运作提供了范例。改革创新使广州日报报业集团的经营效益保持了良好的增长态势，目前涉足报刊经营、商业印刷、房地产开发、文化产业投资等领域，通过多元化发展，参股有发展潜力的省内外报刊，尝试多媒体、跨地区经营。

2012年统计显示，广州日报报业集团总资产已超过81亿元，是我国综合实力最强的报业集团之一。2013年，粤传媒荣登"广东上市公司最具竞争力企业"前三甲。2014年第7届中国报刊广告大会最具广告投放价值、最受读者关注的"都市报30强"排行榜中，《广州日报》连续7年蝉联榜首。2014年，央视市场研究股份有限公司的最新数据统计，在纸媒整体环境低迷的情况下，《广州日报》仍然逆势而上，全国读者规模达到637万，超过第二位报纸34%，竞争优势明显。

2. 珠江数码集团

珠江数码集团（即原"广州有线"）以"成为行业领先的多媒体网络和信息服务运营商"为目标，2008年启动股份制改造，成功引入战略投资者，构建了完善的法人治理结构和现代企业制度。目前已建成覆盖广州各区的有线传输与无线传输互为延伸、互为补充的双向广电宽带信息网络，为140万直管有线电视用户、120万联网用户、20万宽带用户和30万高清互动电视用户提供有线数字电视、宽带接入、高清互动电视、移动数字电视等多样化、跨平台的多媒体信息服务。

3. 广州新华出版发行集团

2008年12月23日，按照广州市文化体制改革的要求，广州出版社、广州新华书店、广州音像出版社、广州购书中心等文化企事业单位通过转企改制与整合重组，联合组建了广州新华出版发行集团。2009年，为实现投资主体多元化，实现经营要素的优化配置和国有、民营的优势互补，新华出版发行集团引入具有强大传媒优势的广州日报报业集团、优质民营发行企业和具有先进出版技术及资源的民营出版企业的增资扩股，全面完成股份制改造。集团在短期内融资近3亿元人民币，成功吸收社会资本共同设立广州报刊亭股份有限公司。集团现有总资产9.9多亿元，员工1300人。业务涵盖图书、音像、电子读物、报刊的编辑出版、发行、物流等；拥有以广州购书中心为图书零售旗舰店的大中小型书城（店）30多个，覆盖全市主要商圈的报刊亭近2000个；出版物经营品种超过30万种。现为广州市三大国有控股文化企业集团之一。

（四）文艺院团体制改革

文艺院团的体制改革是文化体制改革的重点和难点。广州原有8家市属文艺院团，从业人员近800人，离退休人员332人。改革以前由政府统包统管，市场生存能力较弱。2009年，广东省木偶剧团、广州歌舞团、广州杂技团分别改制为广东省木偶艺术剧院有限公司、广州歌舞剧院有限公司、广州杂技艺术剧院有限责任公司。广州粤剧团、红豆粤剧团合并成立广州粤剧院。在保留广州粤剧院、广东音乐曲艺团、广州话剧团、广州芭蕾舞团事业体制的基础上，剥离院团优质资产组建广州粤剧院有限公司、广东音乐曲艺发展有限公司、广州话剧艺术中心有限公司、广州芭蕾文化艺术有限公司，进行市场化运作。2009年9月，成立广州市文化艺术管理中心，负责管理原话剧、歌舞、杂技、粤剧、曲艺五个艺术院团未受聘和离退休人员。

根据文艺院团市场生存能力较弱、市场竞争力不强的现状，政府构建多元化扶持机制，确保改制后的院团发展壮大。出台《市属文艺院团经费综合定额包干管理办法》，实施院团经费综合定额包干，财政在5年过渡期内每年定额向原8家院团核拨经费；改革文艺院团演出项目投入机制，采取政府优先采购转制院团文艺产品、建立促进文化艺术发展繁荣基金等方式，对转制院团加以扶持。完善配套服务，实行文艺院团与剧场、媒体、旅游"三捆绑"政策，其中与剧场"捆绑"，即行政划拨给每个院团一个剧院（场），政府对改革院团在剧场等设施建设和配备上给予大力支持和倾斜；与媒体"捆绑"，即制定《广州市属媒体与文艺院团定向合作办法》，加强对文艺院团宣传，共同经营开发演艺产品和市场；与旅游"捆绑"，即实行政府主导、文旅联姻、企业经营、市场运作，形成具有广州特色的旅游剧场。

改制后的文艺院团在建立现代企业制度的基础上，重塑市场主体，认真探索建立股份制、签约制、制作人制等新型艺术生产机制，逐步打造为市场化、精品化、品牌化的演艺企业。

1. 市场生存能力有所增强

2010年，广州歌舞团等7家文艺院团企业实现营业收入5000.91万元，比2009年增长了97.7%。2013年，广州粤剧院公司前三季度收入总额1157万元，其中通过"走市场"取得演出收入851万元，同比增长85.81%。广州话剧艺术中心公司前三季度收入总额189万元，其中通过"走市场"取得演出收入134万元，同比增长67.50%，收入结构发生根本性改变（见表1-1）。

表1-1　　　　　　广州粤剧院自营收入情况　　　　　　单位：万元

项目	2008年	2009年	2010年	2011年
自营收入	742	683	1631	1520
平均工资	6.49	6.67	6.87	6.9

2. 创作演出能力有所提高

改制后的文艺院团更加注重社会效益与经济效益相结合，艺术性与观赏性并重，创作生产能力进一步提高，先后涌现出杂技《西游记》、人偶儿童剧《八层半》、粤剧《刑场上的婚礼》、话剧《春雪润之》《共产党宣言》、芭蕾舞剧《风雪夜归人》等一批获得文华奖的精品力作。杂技剧《西游记》还被文化部、财政部评为国家舞台艺术精品工程十大剧目，实现了广东省国家舞台艺术精品工程奖零的突破。2012年先后推出的粤剧《碉楼》、音乐剧《西关小姐》、话剧《望》等，也赢得了各方的好评。粤剧《碉楼》获得"中国文华奖剧目奖"，音乐剧《西关小姐》先后获第十三届中国戏剧节、第十五届上海国际艺术节"优秀剧目奖"。广州话剧艺术中心十三号剧院由广州市委宣传部出资480万元对其进行装修改造，2009年6月29日亮灯正式启用，三年共计演出329场，打响了十三号剧院周末剧场的品牌知名度。

3. 保持改制单位和谐稳定

改制以后，由于实施一系列以人为本的扶持政策，保证改革平稳推进，各文艺院团从抵触改革向主动要求改革转变。5年来，全市没有出现文化单位转制引发的重大信访事件和群体性事件，一些历史遗留问题得到稳妥处置，为各单位加快发展创造了良好环境。

（五）建立国有经营性文化资产管理体制和运行机制

2009年10月，广州市委、市政府批准设立广州市国有经营性文化资产监督管理办公室，对全市国有经营性文化资产履行出资人职责。截至2013年中，已经初步建立起国有经营性文化资产运行和管理机制。具体成果包括：

1. 初步建立国有经营性文化资产的监管制度体系

2011年制定下发了《广州市市属国有经营性文化资产监督管理暂行办法》（穗府办〔2011〕12号），对市文资办的职责、履职方式、监管方法等方面做出具体规定。同时还制定了《广州市市属国有经营性文化单位重大事项审核备案暂行办法》和

《广州市市属国有经营性文化单位国有产权变动监管暂行办法》。2012年出台和实施了《广州市市属国有经营性文化单位（试点）负责人经营业绩考核和薪酬管理暂行办法》，通过完善经营业绩考核与薪酬管理，加强文资监管基础性工作，全面规范绩效考核和薪酬管理制度，从而建立健全现代企业制度，增强市属国有经营性文化单位经营规模和核心竞争力。由此可见，广州市国有经营性文化资产监督管理工作是以建章立制为特点，通过制度建设，使国有文化资产监管规范化、制度化、程序化，从而初步形成了国有经营性文化资产的长效管理机制。

2. 协同财政管理部门，推进国有经营性文化资产监管权移交

国有经营性文化资产监管权的移交是开展监管工作的前提。通过多次摸查、分析国有经营性文化单位产权登记情况，广州市文资办与市财政局共同制订《市财政局监管的市属国有经营性文化单位移交市文资办管理的工作方案》并上报市政府，顺利实现了国有经营性文化资产监管权移交。经营性文化资产监管权移交，标志着监督管理工作已经走上正轨。

3. 注重产权管理基础工作，提高监管科学水平

2010年，市文资办开始受理各单位股权划转审核项目和清产核资（专项审计）备案项目，对一些单位提交的重大投资项目进行研究审批，规范和监督产权交易行为。2011年，全市经营性文化单位和企业全面实行现代企业会计制度，为做好这项工作，市文资办下发了规范统计软件，确保报表数据的真实性、准确性、完整性，提高各单位的内部管理和防范财务风险的水平。

（六）全面推进公共文化服务体系建设

由于体制的放开，近年来广州的各项文化建设都取得亮眼的成绩。覆盖全社会的公共文化服务体系已经初步成型，文化

产业规模和效益也在不断提升。尽管这些成就涉及方方面面，但从宏观层面来看都是文化体制改革直接推动或间接影响的结果。

1. 实行文化惠民工程，基层文化设施网络形成全覆盖

经过多年规划建设，广州基层公共文化服务体系已经基本完善。市、区、街（镇）、社区（村）四级公共文化服务体系建立，城市"10分钟文化圈"和农村"10里文化圈"初步形成。2012年年底全市共有文化馆13家（市级1家、区12家），图书馆14家（市级2家、区12家），科技馆博物馆31家（市级18家、区13家），乡村社区配套建成"农家书屋"1615家，全新报刊亭1808个。市、区两级形成了文化馆、图书馆、博物馆三馆齐全的格局。2013年，市、区（县级市）两级公共图书馆、文化馆全部被评定为国家一级馆，全市建成165个街（镇）文化站，18个文化站获得广东省百佳文化站称号，社区（村）文化室建成率达100%。文化信息资源共享工程区（市）、街（镇）两级覆盖率均达100%，社区（村）文化室服务点建有2532个，覆盖率达97.9%。基本实现文化信息资源共享工程全覆盖。

农村广播电视"村村通""户户通""渔船通"等公共文化工程稳步推进，在全省率先完成在册登记的24米及以上大中型渔船的"广播电视渔船通"工程；同时，大力推进农村数字电影放映工程，基本落实每村每月放映1部电影的任务。2013年1—9月，全市农村数字电影共放映13765场。从根本上解决了基层农村收听收看广播电视、看电影难的问题。

2. 稳步推进重大文化设施建设

广州近年来先后投入100多亿元新建、改造一批文化基础设施。多项重大文化基础设施项目落成，广东省博物馆新馆、广州大剧院、广州图书馆新馆等陆续面世。其中具有国际水准、国内一流的广州图书馆新馆建成并全面开放后，成为全市人气

最旺的公共设施之一，目前日均接待读者近2万人次，服务读者人数跻身全国公共图书馆前列。作为广州市重要文化基础设施的广州电视台新址建设基本竣工，"广州国际媒体港"已被国家工商总局批准成为国家级广告产业园的核心区，它的建成将进一步推动广州媒体产业的跨越式发展，成为华南地区重要的广电、影视产业生产、交易与服务的综合性支撑平台。

（七）重点扶持文化产业发展

根据2012年国家统计局发布的文化及相关产业分类统计口径，2013年广州市文化法人单位数约2.6万个，文化产业增加值约743亿元，占地区国民生产总值的比重约为4.91%。广州目前业已形成行业门类比较齐全的文化产业体系，涵盖新闻出版发行服务、广播电视电影服务、文化创意和设计服务、文化艺术服务、文化信息传输服务、文化休闲娱乐服务、工艺美术品的生产、文化产品生产的辅助生产、文化用品的生产和文化专用设备的生产10个大类，以及工业设计、动漫、电影电视广播和录像、咨询服务等50个中类，涉及人民日常生活、企业生产经营和城市建设等诸多方面的120个小类。

1. 推动文化产业园区建设

过去5年来，为适应文化产业集聚化、高端化的趋势，广州市政府着力推进文化资源整合，促进重点文化产业基地建设。据不完全统计，截至2013年，全市主要文化产业基地和园区、特色街有60多个，有羊城创意产业园、长隆国家级文化产业示范基地等6个国家级文化产业园区，广州TIT纺织服装创意园、黄花岗信息园等10个省级文化产业园区。这些文化园区（街）聚集了大批文化企业，形成了较为完善的产业链。

2. 培育大型骨干文化企业

广州目前已有7家在国内外上市发行股票的文化企业，包括省广股份、粤传媒、珠江钢琴、网易、奥飞动漫、毅昌科技及欢聚时代。南方日报、羊城晚报和广州日报三大报业集团稳居全国综合排名前十，围绕这些报业出版集团为核心，形成了涵盖综合时政类、教育类、社科类、文化类、科技类、少儿类、体育类、娱乐类等品种丰富、结构健全的报刊出版发行体系。在动漫领域，奥飞动漫构建了融上游制作、出版动漫影音、图书、网游、手机内容和下游生产、销售玩具于一体的完整而可持续发展的动漫产业链，成为国内第一家动漫上市企业。广州漫友文化发展有限公司出版的《漫友》是目前国内最具人气的青少年流行文化期刊，也是全球发行量最大的华语动漫期刊。在新媒体领域，广州UC（优视科技）公司已成为中国领先的移动互联网软件技术及应用服务提供商，其研发的手机互联网UC浏览器在全球下载量突破15亿次，拥有超过4亿用户，成为Android平台上全球首个用户过亿的第三方浏览器。

三 广州文化体制改革面临的问题

（一）宏观管理体制改革进展缓慢，关键性障碍尚未突破

文化的管理权限过度集中于宣传、文广等党政机关。文化在国民经济中的比重由政府规定并有计划地进行；文化基础设施建设和其他公共文化事业通常由政府来兴办，民间办文化的渠道太少，禁区太多。这造成了当下的文化投资体制不顺畅，投资渠道单一，发展文化只有依靠财政拨款的局面。

行政管理仍然是广州文化管理的主要方式。以政府文件为主而不是法律法规为基础，省、市、区政府仍然以直接的行政手段和舆论手段来管理文化，运用经济手段和法律手段不够。传统的政事不分、政企不分、管办不分依然很严重。以改制院团为例，政府有关部门与转制院团的关系上，还没有真正从办院团向管院团转变，从管微观向管宏观转变。政企不分，用行政命令和"人治"的办法来管理文化产业，使得国有文化企业

目标多元化，企业更愿意花较多的精力去争取政府政策，而不是集中精力自主创新开拓市场，形成文化创新的核心竞争力。国有文化企业至今仍沾染了不少官办机构的习气，不仅其经营自主权受到上级机关的很多限制，而且缺乏竞争力和对市场变化的敏感性。

多头管理现象依然突出。文化事务管理层级繁多、项目审批关卡不少、跨地域经营障碍重重。从2011年开始，虽然广州市文化管理体制改革重点转向了提高文化行政管理效能，按照简政强区的原则，将一些文化管理权限下放到属地管理，推动行政审批制度改革，但文化领域交叉管理的弊端并没有真正改变。如对音像市场，不仅有文广新局主管，物价、工商、公安、海关等部门也管，造成政出多门，基层企业无所适从。

文化政策单边性特征十分明显。以文化产业政策为例，现行文化产业发展政策往往是由宣传、文化广电部门会同财政、经贸、科技、旅游、体育等部门依据职权分别制定的，对各自分管的文化产业领域的发展确实起到了一定的推动作用。但是，没有将与文化产业发展相关的如科技创新、知识产权保护、土地规划等政策纳入统一范畴，忽视了相关政策之间的融合性与关联性，没能对现行产业政策资源进行有效整合。这种政策构建状况降低了文化产业政策的系统性和执行力，影响了政策执行的综合效益。比如在编制城市总体规划、调整工业布局时，对利用原工业厂房建设的文化产业园区，没有做出详细规划和操作性强的政策规范，文化产业园区建设的投资者既没有完全意义上的土地使用权，又不能以土地作为融资贷款的抵押物，短期行为比较多。从已经建立的园区来看，规模大小差异很大，企业分散创意集群效应不明显，园区业务重合的现象比较普遍，相互之间的产业链并未有效构建。要解决这些问题，急需政府部门做出更具体合理的政策安排。

（二）国有文化企业治理结构不完善，市场自生力差

文化体制改革的中心环节是将部分文化事业单位进行企业化改制，并将其培育成合格的市场化主体。改制后，这些企业必须具有自生能力，能适应市场竞争的需要，不仅具备造血功能，而且能够达到社会投资的一般盈利水平。通常而言，这类改革分为四个阶段：第一，改革初期表演院团实行以求生存为目的的内部机制改革；第二，改革试点期文艺院团实行整体转企改制，旨在培育合格的市场主体；第三，集团化试点和建立现代企业制度，以做强为目的的内部机制改革，也是要培育合格的市场主体；第四，加大投入力度，创造有利于投资创业的政策环境和条件。在2009年底，广州对26家国有经营性文化单位和8家文艺院团进行企业化改制。时至今日，从形式上看，企业化改制完成，不再保有事业单位编制，但是，它们并未完全脱离体制，市场自生能力尚未培育起来。

部分单位的现代企业制度建设比较滞后，未建立规范的法人治理结构，尤其在转企改制后，在推进用人制度、分配制度、财务制度等内部改革方面仍未能按企业的标准进行转换，决策机制、管理机制、经营机制等还不能适应市场的需要。部分单位业绩考核和薪酬管理缺乏科学规范。国有文化经营单位在一定程度上还存在资源配置不合理、资源整合不科学的现象，尤其是缺乏一支熟悉市场规律、善于开拓市场的高素质的经营管理人才队伍。

以广州杂技剧院和粤剧院为例。广州杂技剧院是在市委宣传部和局体改办推动下由广州杂技改制而来。广州粤剧院由广州粤剧团和广州红豆粤剧团组建而成。这两个单位的企业化改制是在2009年开始完成的，前者改制为"广州杂技艺术剧院有限责任公司"，后者改制为"广州粤剧院有限责任公司"。二者在市场生存和发展上存在一些共同的困难，主要表现在：

第一,经费不足。2009年改制初期,针对文艺院团普遍存在的底子薄、包袱重、市场发展能力弱等问题,广州在保持原有财政投入数量不减的基础上,还在财政支持方面给予院团大力支持,具体包括市财政一次性补助各转企院团专项经费用于添置必要的演出设备、重点剧目创作资助等。5年过去了,粤剧院和杂技团还是反映经费不足。以杂技团为例,2014年剧院经费预计支出1196亿元,已收经费658.17亿元,经费缺口为537.83亿元。

第二,市场需求不足。粤剧院反映,由于观众断层城市市场在逐步萎缩,东莞、中山、深圳等地市场由各市粤剧院团控制,粤西和广西的市场基本上是由当地政府和社会民间资本所扶持。杂技团反映,国内演出运输、场租、外请人员和宣传广告成本高,且受到低端演出团体冲击,市场难以开拓;境外演出往返道具海运时间长,报批时间长,办证手续复杂,海外市场也是难以开拓。

第三,政策扶持不足。粤剧院反映,所得税减免的5年过渡期太短,不足以支撑转制的平稳过渡;此外,政府要在人才培养、市场需求等方面提供支持。杂技团反映,政府要在税收减免、人才培养和待遇、出境演出审批、市场需求等方面提供政策支持。

(三)文化市场发育不成熟,产业竞争力弱

文化市场竞争不充分,行政干预明显。国有企业在市场上处于垄断优势地位,民营企业处于竞争劣势。从企业资本来看,国有企业在转制期间政府给予大量资助,加上原有积累,资本规模要比一般民营企业雄厚。从融资来看,中小民营企业在取得商业贷款方面仍然存在不平等待遇,国有文化企业有时可以取得政府贴息贷款。目前国家虽然出台了信用担保、风险投资等方面的政策,但具体操作难,在基层落实难。民营经济特别

是中小企业融资的机会少、规模小、担保难、成本高。从政府设立的各种文化基金来看，政府优先支持国有文化企业，民营中小文化企业很难申请到专项文化资助。从公共文化服务购买来看，国有文化企业在竞争中处于优势地位，在项目选择上同样具有优先权。从政策支持来看，国有文化企业在税收减免、土地使用等方面享有优惠政策。例如，企业化改制期间，国有文化企业可以享受免缴五年所得税优惠。国内一些城市如北京、天津、深圳等，开始向民营文化企业开放博物馆、图书馆投资领域，并给予相关扶持政策包括财政贴息、门票补贴、临时展览补贴、税收和市政配套建设费减免等。相比较而言，广州所采取的行动并不多。

文化市场秩序有待进一步加强。知识产权侵权行为突出。地下储藏、批销非法出版物的活动屡禁不绝，无证经营或"游商走贩"贩卖盗版音像制品和图书的情况短期内无法消除。非法出版活动团伙化、网络化趋势明显，违法手段日趋隐蔽和多样化。网络盗版侵权成为新现象，而且愈演愈烈。由于文化监管的法律法规滞后发展，导致市场监管中存在无法可依的现象，原有的法律法规对于新的侵权行为无法进行有效的解释。

文化产业总体竞争力不强。文化产业发展还不均衡，文化企业"小、散、乱、弱"局面依然存在，具有国际竞争力的企业较少，具有国际影响力、体现广州原创能力的产品还不够丰富。文化产业对周边关联产业的辐射带动效应不强，相关行业对于文化创意创新的认知度还不够，文化要素及创意成果产业化的能力较弱。虽然全市文化园区不少，但缺乏集聚功能强、有全国影响力和典型特色的园区。园区在开放性、知识产权保护、投融资、人才等政策方面需要进一步优化。

（四）公益性文化事业单位改革滞后，公共文化服务水平低

公益性文化事业单位体制落后，影响公共文化服务水平和效率。公益性文化服务机构普遍存在体制机制不顺畅、用人机制不灵活、管理制度不完善等问题，服务内容与形式缺乏创新，服务效果不尽如人意。特别是一些村镇、社区基层文化服务机构存在的运行模式不合理、管理效率低下等问题，已严重影响了公共文化服务体系的建设和发展。从目前来看，改革滞后主要集中表现在两个方面：第一，用人机制不灵活。从形式上看，尽管实行了签约式全员聘任制，但聘约条款要真实履行到位，受到人员身份难改变、职工待遇难异动、部门关系难协调等方方面面因素制约。这种用人模式，容易导致文化专业人才青黄不接、代际断层状况进一步加剧，而同时又容易造成冗员的矛盾。第二，考核指标量化困难。部分公益性文化事业单位是以开展培训、辅导、组织文化活动为主要手段，向社会提供公共文化服务，群体性项目较多，工作上更多强调团结协作及服务态度优劣。除少数岗位的工作可量化外，大多数岗位基本只能定性考核。文化部门对下属事业单位尤其是对镇乡文化工作难以制定科学可行、操作性强的考核指标体系，目标管理缺乏力度。

公共财政投入比例偏低，社会资金投入不足。公共财政投入是文化事业发展的必要前提和物质保证。政府文件虽然做出"财政安排的文化事业经费不低于当地财政总支出的1%"的硬性规定，但是有待进一步落实。现行文化经费预算一般是在原定低起点基础上进行微调，逐年有所增长，但幅度不大。受经费制约，文化部门往往"保运转"，难得求发展。公共投入的有限性造成三种结果：一是人均公共文化设施、设备、产品数量偏少；二是公共文化服务供给不均，区域、城乡之间存在较大差异；三是追求文化服务机构建设规模、忽视基层文化服务。社会资本对公共文化投入缺乏热情，其重要原因是缺乏相关的配套激励政策，如企业赞助文化事业经费的税前扣除率低，不能激发社会力量扶助公益文化事业的内在动力。

四 进一步深化文化体制改革的思路

以建设"世界文化名城"、提高广州文化软实力为总目标，进一步深化文化体制改革，通过改革进一步解放和发展文化生产力、解放和激发文化创造活力，推动社会创造出更多的优秀文化产品。要从经济、政治、文化、社会和生态"五位一体"全方位改革的高度来认识进一步深化文化体制改革。注重改革的系统性、配套性，强调文化体制改革与其他领域改革的关联性，高度重视文化发展的制度保障。

充分明确文化体制改革的任务，紧紧围绕加快完善文化管理体制和生产经营机制，围绕建立健全现代公共文化服务体系和现代文化市场体系，全面推进六大领域的改革。根据前期改革基础和深化改革所面临的困难，近期重点推进创新文化管理体制、推进现代文化市场体系建设和完善现代公共文化服务体系三大改革任务：

第一，创新文化管理体制，关键是要更好地发挥政府作用，在转变职能中理顺党政部门与所属文化企事业单位的关系，强化政策调节、市场监管、社会管理、公共服务的职能，实现由办文化向管文化转变。

第二，推进现代文化市场体系建设，关键是要理解好党的十八届三中全会明确提出的"使市场在资源配置中起决定性作用和更好发挥政府作用"这句话，积极适应这样的要求，更加尊重和运用市场规律，消除市场壁垒、打破地区封锁，健全产品市场和要素市场，发展现代文化流通组织和流通形式，培育文化中介机构，促进文化资源在全市范围合理流动。

第三，完善现代公共服务体系，关键要促进基本公共文化服务标准化、均等化，目的是更好地满足人民群众的精神文化需求。要充分认识到，公共文化服务面临的需求越来越大、越来越多样化。公共文化服务活动的方式应该实事求是、与时俱进，让公共文化服务也跟上时代发展的需求。

五 进一步深化文化体制改革的政策建议

（一）完善文化体制改革的顶层设计，明确文化改革指引

1. 构建科学的文化监管模式

监管理念实现从"办文化"向"管文化"转变。首先，通过大部制改革改变文化管理"政出多门"的现象。涉及文化管理的职能部门机构较多，存在"政出多门"的现象，造成部门管理政策冲突，文化发展主体无从适应。要通过机构改革，合并相关部门，归类职能，减少对文化发展不必要的干扰，给予文化企事业单位以充分的发展自主权，予以文化发展创作空间。其次，转变政府职能，形成科学的宏观调控和有效的政府治理，是文化管理体制改革的基本要求和重要任务。要按照政企分开、政事分开原则，推动政府部门由办文化向管文化转变，推动党政部门与其所属的文化企事业单位进一步理顺关系。

以法律为准绳，规范文化发展。依法建设文化，是依法治国的重要内容。法律法规具有稳定性，约束力强，有利于文化市场的稳定发展，可以避免"政出多门"现象。要加快文化产业、公共文化服务等领域的立法工作，为文化发展提供法律支持和保障。

以经济为杠杆，调控文化发展。通过投资、税收减免等经济手段引导文化发展方向、社会投资积极性。第一，依托国有经营性文化资产组建文化投资公司，既有利于实现国有资产保值增值，又可以在重要文化发展领域起领头羊作用。将文化投资公司打造成经营性文化产业的发展平台和提供公共文化服务、对外交流及展示的供给平台。通过文化经营项目和物业资产的"优势互补"与"双向互动"，实现文化资源和文化产业的双

赢。第二，争取试点文化捐赠的税收减免政策。争取试点改革，尽快制定出台《公益性文化事业社会捐赠管理办法》，由文化部门会同财政、税务、民政等职能部门共同提出改革措施，对现有税收优惠政策进行梳理和细化，明确文化捐赠认定标准，简化相应程序。在法律保障的市场机制下形成一套相对完善和独具特色的文化艺术资助体系，调动公司、社会团体和个人的积极性资助文化艺术的发展，逐步改变文化艺术发展的投资主体单一，院团对政府拨款的依赖性很强的局面。

2. 加快制定并出台改革路线图和时间表

党的十八大和十八届三中全会对深化文化体制改革做出重大部署。2014年2月28日，习近平总书记主持召开中央全面深化改革领导小组第二次会议，审议通过了《深化文化体制改革实施方案》，为今后一个时期的文化改革发展规划了路线图、明确了时间表、布置了任务书。在中央改革大框架下，国内各省市根据自身改革基础纷纷推出文化体制改革的路线图和时间表，为地方文化体制改革提供了明确指引。广州的改革发展路线图和时间表尚在酝酿中，只有尽快出台，才能为下一步改革提供明确的方向，真正做到改革具体化、项目化、责任化。

（二）完善文化主体法人治理结构，强化文化创造力

1. 加快推进企业化转制单位建立健全现代企业制度

以股份制改造试点为突破口，推进完善法人治理结构，创新经营管理机制，努力把国有经营性文化单位打造成为"管理规范化、运营市场化、资产资本化"的现代化企业。选取一两家基础管理好、市场化程度高的单位进行股份制改造试点，探索国有经营性文化单位改革的新思路，深化文化体制改革成果。继续完善广州传媒控股有限公司现代企业制度建设，围绕报业优势，利用所属上市公司粤传媒的平台优势，积极开展合作经

营、资本运营，谋求跨越式发展。推进做实做强广州广电传媒集团，积极探索建立广播电视事业产业统筹协调、分开运行、分类管理、整体发展的运行机制，实现广播电视传媒产业全面协调可持续发展。

2. 完善图书馆、博物馆等非营利性文化机构的法人治理结构

完善文化事业单位法人治理结构。党的十八届三中全会提出，要"明确不同文化事业单位功能定位，建立法人治理结构，完善绩效考核机制。推动公共图书馆、博物馆、文化馆、科技馆等组建理事会，吸纳有关方面代表、专业人士、各界群众参与管理"。这是推动我国公益性文化事业体制机制创新的重要举措。通过建立法人治理结构，一是明确文化事业单位的自主权，把行政主管部门对事业单位的具体管理职责交给决策层，以激发文化事业单位活力。二是扩大社会参与。通过吸收文化事业单位外部人员进入决策层，扩大参与文化事业单位决策和监督的人员范围。三是规范运行机制。明确决策层和管理层的职责权限和运行规则，完善文化事业单位的激励约束机制，提高运行效率，确保公益文化目标的实现。

推动公共图书馆、博物馆、文化馆、科技馆等组建理事会，完善治理结构。促进理事会结构合理化，理事会由举办单位和相关政府部门代表、社会服务对象代表和社会人士代表、省博物馆干部职工代表三部分构成。明确理事会的决策和监督功能，理事会负责本单位的发展规划、财务预决算、重大业务、章程拟订和修订等决策事项，依照有关规定履行监督职能。博物馆管理层为执行机构，管理层实行馆长负责制，馆长作为单位法人，由理事长提名，理事会选举。这种治理结构有利于形成相对独立、彼此制衡的运行机制，逐步消除事业单位的行政化管理，有利于进一步落实法人自主权。

3. 成立广州文化艺术发展中心

针对众多文化事业单位转制改革困难、公共文化服务职能

分散等特点，可以考虑借鉴顺德经验，成立"广州文化艺术发展中心"。由广州市人大制定《广州市法定机构管理条例》。广州文化艺术发展中心为法定机构，不列入行政机构序列，参照事业单位登记管理，依法履行公共文化服务职能，具有法人资格，独立承担法律责任。其组成人员来自文联、文化馆、各类艺术组织等，财政投入和人员编制总体不变。

广州文化艺术中心的主要特征之一是依法履行公共文化服务职能。推动本地文化艺术发展，努力打造文艺精品，培养文艺人才，丰富市民文化生活。具体而言，包括：组织开展群众文化活动；整理广州民间文艺作品，弘扬广府文化；资助和扶持公益性文艺团队和文艺工作者；开展文艺交流；培训和辅导基层文艺骨干和文艺队伍；承接市委市政府委托的其他涉及文化艺术发展的业务，等等。

广州文化艺术中心的主要特征之二是拥有法人治理结构，独立运行。法人治理结构是理事会及其领导下的管理层。考虑到文化艺术中心的公共文化服务职能，其理事会结构主要由社会人士担任，以便更能反映社会的文化需求。管理层负责执行理事会的决策，并向理事会负责。在理事会的决策和指导下，文艺中心围绕市委市政府有关政策规定、行业规定、标准规范、目标任务等开展工作，在业务开展、人事、财务等方面享有充分自主权。

（三）培育公开竞争有序的市场体系，激发市场活力

1. 深化文化行政审批制度改革

逐步将文化行政审批制改革为项目备案制。简化行政审批是政府机构改革和职能转变的重要内容。要逐步压缩文化投资与经营项目的审批范围，分类推进文化行政审批制度改革。严格说来，审批制只适用于政府投资和使用财政性资金的企业投资项目，这些项目关系国家文化安全和市场不能有效配置资源的领域，如公益性的大型文化基础设施建设、文化遗产保护项

目等。对于公共财政投资的项目继续沿用审批制，对于社会资本投资的项目参照工商管理改革方案，全面放开推行备案制管理。

规范审批事项。本着依法依规、实事求是的原则，对各类行政审批事项做到能减则减，不能减少的合并。凡上级公布取消和调整的行政审批事项，一律取消和调整；凡广州市政府行政规范性文件规定的行政审批、行政备案事项一律取消。

简化审批环节，提高审批效率。进一步完善政务中心一站式服务，推行和完善现场审批授权制度，向政务中心审批事务首席代表充分授权，做到进驻事项全部现场审批，凡是没有法律、法规、规章依据的，属于事后监管内容而变为前置材料的，向一个部门重复提交的审批材料，要坚决予以取消。对于广州市重点文化投资项目，可以先行纳入审批绿色通道办理，集中办理项目的立项手续、土地手续、规划手续和施工许可手续。尝试建立帮办领办机制，对进入联合审批程序办理的投资项目，提供全程审批无偿帮办服务，包括全面咨询服务和多部门间的协调服务。

2. 构建文化活动公开招投标竞争机制

政府机构和文宣部门要退出各类文化活动主办角色。将活动举办权交给市场，建立公正公开的招投标机制。政府以购买文化服务的形式，将每年举办的金钟奖、纪录片大会、国际漫画节、南国书香节、羊城国际粤剧节等重要庆典和文化活动交给大学、企业、院团和各类文化中介机构独立操办。政府负责制定规划，提供服务和监管。这样，既有利于降低行政成本，又能给予文化中介市场发展空间，并提高文化活动的专业化运作。

3. 加快建设文化产品和要素交易平台

充分发挥利用好广州"千年商都"的品牌和商贸业发达的优势，加快建设文化产品和要素的交易平台。广州的文化会展商贸的影响与广州文化产业的发展现状以及广州在国家城市中的地位严重不匹配，需要进一步整合相关资源，利用会展产业优势，推出自己的文化创意产业博览会，可在原有"艺博会"基础上进一步扩大规模，增加展馆面积，加大招商力度，打造广州文博会的品牌。加大力度整合广州现有的各类文化节庆活动，如中国（广州）国际纪录片节、羊城国际粤剧节、中国国际漫画节、中国（广州）优秀舞台艺术演出交易会、广州艺术节、广州岭南书画艺术节等，采取国际化、市场化、社会化办节模式，促进文商结合，将节庆活动的交易平台功能充分发挥出来，不断增强商业效益，才有可能长久保持活动的生命力，并在此基础上不断扩大影响力和知名度，形成文化产品交易平台的制度化机制，将广州打造为国际知名的文化新商都。

4. 打造规范的文化市场秩序

完善文化市场监管体制。一是要完善文化行业法规和相关规章制度，加强宣传教育，普及知识产权法律知识和相关政策，强化文化企业、社会民众的法律意识。二是理顺行政监管体系。改变"多头监管"现象，按照监管职能同类合并原则推动监管机构整合，组件综合行政执法队伍。努力提高行政执法人员素质，减少滥用自由裁量权行为，确保法律法规得以严格执行。三是完善文化市场行政执法和刑事司法衔接机制。构建案件信息共享平台，使得案件信息在行政执法机关和公安司法机关之间互通有无。建立案件移交机制，行政执法机关将涉及刑律的案件要及时移交给公安司法机关，公安司法机关根据案情要求行政执法机关补充调查资料或者送返案件给行政执法机关。建立案件督办和责任追究机制，检察院对案件拖而不决、有案不移交等现象进行监督。

严格保护知识产权，严厉惩处各类侵权行为。以光盘复制厂和音像制品生产企业为突破口，从源头上消灭扼杀盗版侵权行为。对从事销售盗版音像制品和计算机软件制品等违法经营活动的仓库、批销窝点以及储存运输和销售网络进行严厉查处。积极推进各类展会知识产权执法行为，重点监控具有国际影响力的广交会、国家家具博览会等知识产权纠纷，接受投诉举报，调解版权纠纷，大力打击各种侵权违法行为。

（四）做强做大广州文化产业，提高文化竞争力

1. 组建大型文化产业集团

按照"强强联合、盘活存量、提高增量"的思路，在现有发展基础上，继续推动新华出版发行集团和广州珠江数码集团优化资源，拓展业务，增强竞争力，提高产业影响力。针对文艺院团改制困难，考虑通过演艺资源重组，组建演艺集团，通过集团化运营，获得规模化效应，并为文化走出去，实现跨行业、跨区域和跨所有制发展创造条件。

2. 鼓励民营中小文化企业发展

支持民营和小微企业发展是《决定》的重要内容，特别是在文化创意产业领域由于产业特征，大量的民营和小微企业具有充分的生机和活力。要给市场主体松绑，为民营和小微文化企业发展创造良好的环境，简化创办手续，降低市场准入门槛。由主管部门共同编制，定期发布《广州市文化产业投资指导目录》和《文化项目投资指引》，既向社会完整传达政府关于开放文化产业投资领域的最新政策意向，又吸引和推动各种社会资本进入文化产业领域。规范完善市场秩序，在文化产业领域营造一个公平竞争的市场环境与氛围，使民营和小微企业能与国有单位在优胜劣汰市场竞争中不断提升竞争力。深化与银行等机构的合作，对符合条件的民营和小微文化企业项目给予扶持。

（五）完善公共文化服务体系，提高公共文化服务质量

1. 深化公益性文化事业单位体制改革

完善以聘用制为核心的用人制度和岗位绩效工资分配制度，

合理配置人才资源，加强公共文化服务队伍建设。建立健全公共文化服务从业人员上岗培训制度，加强规范化管理，完善基层文化干部的职称评定、专业技术人员资格评定和聘用机制。通过公开招聘等办法，吸引各类优秀人才进入公共文化服务领域发展。

建立健全绩效考评机制，完善公共文化机构评估体系。通过执行《广州市政府部门财政支出绩效评价管理办法》的规定，将绩效管理理念与方法引入城乡公共服务一体化财政支出管理范围，提高财政对城乡公共服务一体化项目的投入绩效，从而不断完善对公共文化事业财政投入的绩效评估机制。

2. 完善基本公共文化基础设施网络

按照公共文化服务均等化原则，优化基本公共文化设施空间布局。健全市、区、街（镇）、社区（村）四级公共文化设施，建成一个覆盖全面、功能齐全、结构合理、高效实用的基本公共文化设施网络。结合城市新区建设和旧区改造，统筹规划、合理布局，建设一批特色鲜明、功能齐备、方便群众的城区基层现代文化设施，实现公益性文化设施向基层社区延伸。以各级公共文化设施和社区文化展为网点，进一步完善城市"10分钟文化圈"和农村"十里文化圈"。

在加强现有文化管、图书馆、博物馆等公共文化基础设施建设的基础上，不断优化广播电视台、互联网、卫星接收设施等数字文化设施和流动文化建设平台。同时，不断提高现有公共文化基础设施利用效率。充分明确现有各类公共文化设施的服务标准和使用规范，不断创新服务方式，以实现公民的基本公共文化权利，以及满足公众对普遍均等、优质高效的公共文化产品和服务的需求。最后，政府财政要加大对经济落后地区、乡村地区等公共文化基础设施薄弱地区的支持力度，基本公共文化服务基础设施要向基层地区倾斜。

3. 丰富公共文化产品

要进一步探索建立文化精品生产新模式，推出一批叫得响、传得广、留得住的广州文艺精品,送到基层,丰富活跃群众文化,提升广州文化的影响力和传播力。通过组织开展千场群艺大汇演、万场演出下基层、百姓周末大舞台、文化信息资源共享工程、社区一家亲、民工影院等惠民文化活动,将文化服务送到基层、群众身边。

以实现"一区一品牌、一街(镇)一品牌和一社区一特色"为目标,培育一批集思想性、艺术性、观赏性为一体的特色品牌文化活动,继续办好公益文化春风行、都市热浪、羊城之夏、乡村文化大篷车、社区"周周乐"等系列群众文化活动。同时根据群众反响和活动效果,每年动态调整、提升一批精品节目库。将各项公共文化服务内容集中汇总,制定《全市公共文化服务指导目录》,给予民众清晰的指引。

4. 支持社会力量和社会资本参与建设管理

社会力量参与公共文化设施建设和管理,至少有三方面好处:一是为政府节省了大量的建设资金;二是不需要政府建立事业单位或者增加行政编制来运营管理;三是社会力量在运作管理方面往往比政府部门更专业,更有效率,不需要政府牵扯更多精力去开发功能、设计活动。引导社会力量捐助或自建公共文化设施,充分利用闲置校舍、宗族祠堂、企业和小区会所等,建设成为文化场馆。可以选取规划中的岭南文化大观园作为试点,引入社会资本参与建设和管理,并组建理事会,吸纳有关方面代表、专业人士、各界群众参与管理,形成管好、用好、维护好公共文化阵地的有效运行机制。

引导社会力量和社会资本参与公共文化设施建设管理,需要在三方面取得突破:

第一,探索社会力量参与公共文化设施建设的新机制。要让社会力量主动参与到公共文化建设上来,就要落实到政策突破上。

第二,探索社会力量参与公共文化设施管理的新模式。要培育一批具有专业管理能力的民非机构或者找一批有资质的专业文化机构，引入市场机制、竞争机制，让它们通过公开竞标方式，签订合同契约，对管理内容、开放标准、服务绩效、运营目标等进行约定，在确保公益性的基础上，激发它们的主动性和创造力。

第三，探索激励社会力量参与公共文化建设的综合配套政策制定与完善。对于社会力量比较关心的一些实际困难，比如，水电煤等公共文化事业费收缴标准、活动经费补助标准等方面，相关部门应尽快出台统一的收费和补贴政策，为社会力量参与公共文化建设创造良好的环境和氛围，进而推动公共文化服务体系建设上新台阶、新水平。

5. 实施促进公共文化事业发展的税收政策

借鉴西方发达国家的税收激励经验，采用多种税收政策推动公共文化事业的发展，为公共文化服务体系的建设创造一个有利的政策环境。首先，扩大针对基本公共文化事业捐助的税收减免范围，特别是对全国性的大型公共文化事业，要加大税收优惠力度，争取使税收优惠覆盖基本公共文化事业的各领域。其次，在扩大针对基本公共文化事业捐助的税收减免涵盖面的同时，不断提高专门针对企业捐助、个人和社会捐助的税收减免力度。最后，对参与公共文化事业的企业、非营利性文化组织以及社会私人，特别是在其参与到基本公共文化事业或准公共文化事业的建设管理中时，必须进一步完善对其的税收优惠政策，以积极推动社会力量参与公共文化事业的建设。

（执笔：曾德雄、李燕、彭颖）

第二章　广州公共文化服务建设的群众评价和反馈机制

改革开放以来，中国依法治国的步伐不断加快，公民的权利意识也飞速提高，参政议政的热情日益高涨。在公众参与机制不断成熟与发展的过程中，如何通过以群众文化需求为核心健全群众评价和反馈机制，把公共文化服务的选择权和评价权交给群众，正成为文化部门及社会各界所关注和讨论的焦点。

一　广州构建公共文化服务群众评价和反馈机制的现实基础

目前，广州初步建立了与广州经济发展水平、人口状况和服务要求相适应，结构合理、发展平衡、网络健全、运行有效、惠及全民的公共文化服务体系，为广州未来进一步推动现代公共文化服务体系建设打下了坚实基础。

（一）四级公共文化设施体系不断完善

目前，广州城市"10分钟文化圈"和农村"十里文化圈"不断健全，市、区、街（镇）和社区（村）四级公共文化设施网络也日趋完善。2013年，市级图书馆2座，馆舍建筑面积10.88万平方千米（其中广州图书馆约10万平方米，广州少年儿童图书馆0.88万平方米）。市级文化馆1座（2处），馆舍总建筑面积8303平方千米。

全市区级12座图书馆和12座文化馆均达到国家一级馆标准，区级图书馆馆舍总建筑面积达到12.59万平方千米，其中，增城、黄埔、越秀、从化区图书馆馆舍建设面积均在1万平方千米以上。区级文化馆馆舍总建筑面积达5.98万平方千米，其中，荔湾、越秀、海珠、番禺、黄埔和白云区文化馆馆舍面积均在5000平方米以上。

基层文化设施建设水平不断提高。截至2014年5月底，全市共166个街（镇）中，除了新设立的3个街道外，目前的163个街镇都已经实现"一街（镇）一站"。按照2011年的广东省文化站评估定级情况，当前的163个文化站中，特级站102个，占62.6%；一级站51个，占31.3%；二级站8个，占4.9%。荔湾区逢源街文化站等18个文化站被评为"全省百佳文化站"。

行政村（社区）按"五个有"标准建设文化设施。至2013年，全市共有2642社区（村），建有2678个文化室，实现了全覆盖，其中1333个达到200平方米以上。农家（社区）书屋1987个，共享工程服务点2141个，500平方米以上文化广场数1567个。文化室建设水平进一步提升，得到广大市民及上级文化部门的认可。比如番禺区南村镇坑头村文化室被国家新闻出版广电总局评为"2012年全国示范农家书屋"；番禺区市桥街康乐园社区、南村镇坑头村两个"农家书屋"被广东省新闻出版局评为"2011年度广东省优秀农家书屋"。

（二）产品供给和服务能力显著增强

文化资源不断丰富。各级图书馆、文化馆、博物馆、纪念馆、美术馆、非物质文化遗产展示馆等场馆注重藏书、藏品建设，注重地方文献、文物、民俗器物和本土名家创作的艺术精品的收藏，形成了一个品种丰富、结构合理、特色鲜明的文化资源体系。2013年，全市公共图书馆总藏书量为1822万册，按常住人口计算，全市人均藏书量为1.43册/人，成为华南地区最大的文献资源中心。其中，市级公共图书馆总藏书量1160万册（广州图书馆总藏书量为579万册），区级公共图书馆总藏书量为662万册。

公共文化方式不断创新亮点。一是变被动服务为主动服务。增城开展流动图书车服务，载运图书到各镇（街）社区、学校，把服务延伸到较偏远乡镇、山区，真正发挥流动书车的作用，满足基层群众的精神文化需求。越秀区以"流动图书馆、流动博物馆、流动演出"形式每年免费送戏、送电影、送书、送展览、送讲座进社区进校园等活动接连不断。从化文化馆的老师定期下乡为宣传队编排节目，开展辅导，变"送文化"为"种文化"。"种文化"活动把农民从文化的旁观者变成了参与者、创作者，让农民成为文化建设的主角。

注重文化供需反馈。黄埔区以座谈会、发放问卷调查表、总结会等形式，广泛收集群众对文化活动的意见建议，推动文化活动与文化服务项目设置科学化、合理化，并定期组织举办"公共文化服务对象开放日""文化体验日"等活动，加强文化事业单位与群众的日常交流互动；南沙区根据对居民文化消费需求的调研，加强文化室的改造提升，增设居民所需的文化设施，并按照统一风格对全区文化室整体形象进行了设计。

创新文化供给、传播形式。越秀区图书馆在全市率先开通"掌上图书馆"——"移动越图"，并率先建成首个RFID读者自助借还系统；黄埔区借助网络、QQ群、飞信等新媒体，及时发布和传播公共文化活动咨讯，增强文化部门与群众之间的互动，为群众提供丰富多样的文化活动信息。

因地制宜提供公共文化设施，保障文化活动场地。针对用地紧缺、场地受限等问题，各区发挥群众的创新能力。或利用祠堂、停用的幼儿园、小学校舍等资源，将其改造成综合文化室；或在社区（村）委、村集体经济的大力支持下，将文化室与"星光老人之家"、党员活动室、科普室等场地共享共用,为居民提供就近服务。

(三) 服务队伍体系日趋合理

公共文化机构进一步健全,管理体制与运行体制进一步理顺,公共文化服务队伍总量大幅增加,人员素质和服务水平显著提升,初步建立起门类齐全、数量充足、机构合理、素质过硬的公共文化服务人才队伍。2013年,全市图书馆从业人员560人,其中专业技术人员452人;群众艺术馆、文化馆(站)178个,从业人员1093人,其中专业技术的人员317人;市属博物馆29处,从业人员739人,其中专业技术人员359人。

(四) 经费投入不断增加

近年来,广州市高度重视文化对城市发展的重大作用,文化投入力度逐年加大。2013年,全市文化体育传媒支出11.9亿元,占市本级支出公共财政支出的1.96%,2014年文化体育传媒预算支出16.5亿元,占市本级公共财政预算支出的2.88%。

基层文化建设投入方面,《广东省文化文物统计年鉴》(2012年、2013年)显示,2011年165个文化站的年度总收入,合计为11495万元;2012年为13514万元,较2011年增长了17.6%。2013年,全市下达12个区的基层文化室管理工作经费1440.6万元。

各区根据自身经济发展和财政情况,对基层文化投入也逐步加大。2013年海珠区财政投入文化事业费4880万元,比2010年投入增加了1倍。在文化站建设管理方面,有些区按照特级文化站40万元/年、一级站30万元/年的力度,给予财政补贴。如天河区区财政每年投入840万元作为街道文化站的年度业务经费补贴,对获得省特级称号的街道文化站,给予40万元的年度财政补贴,三年来共计投入2420万元。有些区为了提升文化站的工作积极性，鼓励文化精品项目，除了给予文化站日常运行经费保障外，还拨出专款，以项目申报形式进行奖励。如越秀区从2008年起，在给予特级站15万元/年、一级站10万元/年，保障正常活动外，还划拨500万元集中打造精品文化社区项目、信息资源共享服务点和重大文化活动。海珠区从2013年开始，每年用于文艺精品创作奖励的经费预算达30万元，用于文化项目扶持的专项经费不少于150万元。

文化室的建设管理方面，大部分区级财政都能够按照市相关规定，给予每个文化室每年1万元的经费支持。黄埔区每年安排94.5万元用于社区文化室管理人员经费，平均每个文化室管理经费1.62万元。

二　广州构建公共文化服务群众评价和反馈机制的必要性

（一）满足群众的文化需求是公共文化服务的基本目标

习近平总书记指出："人民对美好生活的向往，就是我们的奋斗目标。"满足日益增长的精神文化需求、保障人民群众的文化民生，是整个文化建设的基本出发点和落脚点。改革开放以来，随着物质生活水平的不断提高，广大市民对文化产品和服务提出了更高的要求，文化需求的多方面、多层次、多样性也日益显现。由于对不同群体的文化群众需求把握不够全面，文化场馆逐渐演变为老人活动中心或者普通休闲中心，这种现象在基层更为突出。统计数据显示，广州街镇文化站使用者的年龄平均为47.4岁，众数为60岁；文化程度，高中及以下的占总数的80.3%；收入处于3000元以下者（不包括无收入的学生）占的比例为63.1%，高收入者（年收入高于12万元）仅占1.5%。

公共文化服务机构普遍缺乏有效的反馈机制，基层文化场馆的内容和项目往往贯彻上级政府或者主管部门的"规定动作",对群众的需要、观众的结构,大多很模糊,这是造成服务效能低下、缺少吸引力的主要原因。另外,广州发展不平衡,中心城区、城乡接合部、农村地区存在差异,群众对于公共文化服务建设的基本文化需求也不尽相同。

只有建立起完善的公共文化群众评价制度和意见反馈机制,政府及文化服务机构才能发现自身的长处与短板,有针对性地提供公共文化产品和服务,确保群众的基本文化需求及时、有效地得到满足,确保所有人平等地享有参与文化活动、从事文化创造、享受文化福利的机会,实现文化领域的公平正义。

(二) 有助于提高政府发展文化的实际能力

无论是对当下公共文化服务进行公众评价,还是对未来表达某种意见、建议和要求,归根结底是为了推动公共文化服务向前发展,提升公共文化服务的质量,实现供给与需求相适应。具体而言,公众评价信息、需求信息对政府具有两方面价值:

一是政府利用反馈的信息可以有效地控制和调节具体项目建设,以及不断优化、改进和完善公共文化服务。

二是反馈的信息进入再次传播,补充修正原来的政策偏差,促使公共文化服务体系的建设尽快达到预期目标,形成一个"评价(需求)—反馈—调整—再评价(需求)—再反馈—再调整"的螺旋式上升发展态势,推动政府不断提高公共文化服务的针对性和适应性,促进公共文化建设的繁荣发展。

(三) 促进政府与市民和谐互动

公共文化服务体系的完善程度,是衡量一个国家社会文明进步程度的重要标志之一,也是体现人民群众的幸福指数重要指标之一。公共文化服务体系的发展水平不仅体现了一个城市发展的整体水平,更体现了一个城市的和谐程度。事业的健康发展需要政府和公众的共同努力，政府在观念和行动上注重公众的评价和信息反馈，是尊重公民权利并给予公民监督权的重要体现。构建公共文化评价和反馈机制，可以有力保障公众的表达权、反馈需求的权利。同时，公众在参与公共文化建设过程中，也可以更多地了解到文化部门、机构在改进公共文化服务方面所做的各项努力，减少对政府的不满情绪。

（四）有助于政府调整公共文化服务体系的价值取向

各级政府是构建现代公共文化服务体系的主导力量，但只有政府的热情还远远不足以建立一个完善的公共文化服务体系，否则只能成为一项政绩工程。公共文化服务体系所提供的产品是否具有价值、公众喜欢与否、能否扩大影响等，判断的标准存在于广大群众中。若要发掘这些标准，必须努力从群众那里获得反馈信息。只有通过反馈，才能发现以前及当下公共文化建设存在的缺点，才能知道群众文化需求的各种变化，此后的文化建设工作才能有的放矢，做到适其所需、扩大影响，由此获得源源不断的外部驱动力，促进内部活力。

（五）切实提高公共文化服务效能

近年来广州文化体制改革取得较大突破，管理体系及运作机制更加灵活。但提供公共文化产品和服务的基本方式没有改变，仍然是自上而下地灌输，群众的文化诉求和政府服务之间信息不对称，这种方式极易给国家资源造成不必要的浪费，又无法满足人民群众的文化需求，这是制约目前公共文化服务体系建设的一个瓶颈。比如，根据调查，广州文化站"图书室借还图书、期刊"极少使用情况为58.3%，文体活动室、舞蹈室极少使用情况为53.6%，多功能展览室、书画室极少使用情况为64.2%，辅导培训室极少使用情况为70.0%，信息化设备（计算机、网络设施）极少使用情况为71.5%。再如农村地区，青壮年较少，留守老人文化程度较低、普遍没有接触过电脑，也没有读书看报的习惯，公共文化设备、场地普遍处于闲置状态；上级捐赠或配置的图书由于缺乏针对性和实用性，也常常成为摆设。

因此，对群众的文化需求做出快速判断，有针对性地提供公共文化产品和服务，完善公共文化服务的信息收集、分析、反馈、发布机制，提高国有文化资源利用率，降低公共文化服务成本，已成为当前广州公共文化服务体系建设重点加强的环节。

三 外地的经验

（一）佛山市

2014年4月，佛山市文广新局印发了《建立公共文化服务和文化产品评价和反馈机制工作方案》，指导建立群众评价和反馈机制，主要方法包括五个方面：

1. 工作调研制度

主要是在重大文化活动和重要文化服务项目中引入工作调研制度，比如佛山秋色欢乐节、文化遗产保护月等重要活动前后，以及"魅力佛山四季情韵"艺术惠民工程等重要文化服务项目都要求引入工作调研制度。开展方式是事前、事中或事后通过广泛的调查研究，以及召开由服务对象、民间热心人士、文化志愿者等参与的工作交流座谈会，聚集民间智慧，形成论证合理、论据充分、数据翔实的调研报告，推动文化活动与文化服务项目设置科学化、合理化。

2. 领导干部深入基层

要求局领导与直属各单位领导班子成员直接参与到文化下基层活动，并明确规定：每半年要参与不少于一次。

3. 群众文化需求调查

每年设定一个主题，组织开展群众文化需求调查工作。与相关机构合作，通过问卷调查、电话访谈等形式开展主题明确、针对性强的群众文化需求调查工作（如公共文化服务、文化遗产保护、文化娱乐服务等不同主题），并通过完善运作机制与经费保障，确保文化需求调查有足够的信度与效度，成为创新文化工作的源头活水、进行文化决策的重要参考。

4. 点单式文化服务

在总结市图书馆"设定新书借阅处，让市民参与图书采购"工作经验的基础上，市文广新局机关各科室（队）、直属各单位被要求要继续探索在公共文化服务领域引入更多"点单式"文化服务，逐步使市民成为设置公共文化服务项目的直接参与者；探索图书馆、文化馆、博物馆等开展法人治理结构改革工作，使市民代表成为公共文化服务决策的参与者和受益者。

5. 新媒体平台

下一步开通文化娱乐服务微信，以最便捷的方式，为市民提供借书、看展览、看演出、看电影、唱卡拉OK等文化娱乐需求信息，搭建市民与全市文化场所互动的平台。利用微博、网络发言人平台等网络技术，做好网民、市民意见的回复和意见收集整理等工作，及时为群众答疑解惑，及时传播公共文化活动资讯，增强文化部门与市民之间的互动，为市民提供丰富多样的文化活动信息。

（二）杭州市下城区

2014年，杭州下城区在该区两馆一中心、各街道社区探索开展公共文化服务群众评价与反馈机制建设试点工作，通过"五个一"构建群众评价与反馈机制。

1. 建立一套公共文化服务与活动动态跟踪制度

有三个亮点，一是以《下城区群众文化活动手册》为首建立起一套文化活动预告菜单模式，活动预告的菜单后附有对下一阶段活动的意见征求栏。

二是对政府所配送的公共文化服务和所组织的公共文化活动中参与的20%的群众发放公共文化服务评价与反馈表，征集群众对政府提供的培训、讲座、活动、送戏、送书、走亲等各类公共文化服务的评价。

三是根据群众反馈意见衡量政府所配送的文化产品和组织的文化活动效果，并作为政府采购绩效考量的依据，实施文化活动动态跟踪。

2. 推行一套满意度调查体系

调查体系由三部分组成：

一是日常调查。在辖区文化馆、图书馆、体育中心和部分街道社区推行群众满意度调查体系试点工作。通过满意度电子评价系统、定期满意度问卷调查、网络满意度调查统计等方式，广泛征集群众对公共文化服务工作的意见，并与公共文化服务工作的质量和绩效考核实时对接。

二是年终全面调查。准备年底开展一次万名群众文化生活满意度问卷调查，每个社区收集不少于100份调查问卷。问卷中将全面征集群众对政府配送服务、本街道社区文化阵地、文化活动、图书阅览等方面的意见。同时，将按街道分别制作群众需求反馈报告发放各街道，确保实现公共文化服务"量街定做"。

三是评价与考核挂钩。群众评价的服务质量与街道社区公共文化服务考核挂钩，逐步实现"自上而下政府主导的考核模式"向"自下而上群众满意度为主的考核模式"转变。

3. 召开一次年度群众座谈会

辖区各街道文化站在年底召开一次群众座谈会，每个社区组织群众参加，由街道向群众做全年公共文化服务方面的总结汇报，同时就来年规划广泛征求本地区群众意见。群众在座谈会上反映的问题，将作为街道和社区来年解决的重点，整合的需求也将为街道社区来年工作指明方向。

4. 依托一个公共文化服务互动平台

在文化社区网开辟公共文化活动预告专栏，将定期的大型活动公告在文化社区网上，方便辖区百姓查询。同时，引导各街道利用好现有公共电子阅览室、街道社区网站、微信微博等新媒体，建立起公共文化服务的网络互动平台。

各街道门户网站同步开辟文化活动资讯和群众对文化工作的意见征集板块，同时，利用公共阅览室、社区公告栏、活动预告菜单等媒介，宣传本地区公共文化服务内容，提升群众知晓度，并在线收集群众意见建议。

5. 组织一次五星级团队汇报展演

广泛利用各种载体，为群众文化艺术团队创造展示平台。通过宣传画册、广场展示、现场报名、网络征集等方式，加大群众文化艺术团队的知名度，吸引更多的群众加入到团队中来。于年底开展一次五星级群众团队汇报展演，并把五星级团队的星级评定决策权交给群众，每个街道组织一定数量的群众作为大众评审队伍，与专家评审共同评选出心目中的五星级优秀团队。

（三）成都市

2013年年底，成都市初步建立了公共文化发布和按需定制配送的机制。公共文化服务机构通过发布公益广告，搭建公共文化短信平台，设立文化官方微博，印发《成都公共文化阵地分布地图》《成都市博物馆导览地图》等措施，让市民知晓并熟悉了公共文化服务设施的分布和用途。

在全市，以农民工、老人、少年儿童、残疾人为重点，专门推出订单式的服务，为各个群体定制提供文艺演出、数字电影、艺术培训、公益讲座、图书借阅等。推行公共图书总分馆流转运行机制，在部队、机关、学校和监狱等地设立的72处分馆，及时反馈了各方的需求信息，提高了公共图书的利用率。

四 广州公共文化服务群众评价和反馈机制构建策略

满足人民群众日益增长的精神文化需求是公共文化服务体系建设的根本出发点和落脚点。近年来，广州公共文化快速发展，公共文化服务设施具备一定规模，资源总量较为丰富，服务水平也有较大提高，为下一步构建群众评价和反馈机制奠定了坚实的物质基础。

（一）总体思路

深入贯彻落实党的十八大、十八届三中全会精神，牢牢把握社会主义先进文化的前进方向，认真贯彻落实《广东省建设文化强省规划纲要（2011—2020年）》和《广州市建设文化强市培育世界文化名城规划纲要（2011—2020年）》要求，以构建现代公共文化服务体系为根本任务，深化改革、大胆创新，建立以群众为主导、符合广州实际、包含"评价需求征集→项目改进→预告供给→评价需求回馈"等可循环内容的公共文化服务群众评价和反馈机制。贴近社会现实、贴近市民生活，拓宽公众信息交流渠道，畅通需求表达途径，不断增强市民对公共文化服务的认知度、参与度和满意度，有效满足人民群众日益增长的精神文化需求，实现公共文化产品服务供给与需求的有效对接。

（二）构建导向

1. 需求导向

分析把握新阶段文化需求的总体特征，了解掌握广州中心城区、城乡接合部和农村三个不同片区的居民对公共文化所提出的不同要求，充分考虑年龄、职业等不同层次人群的不同诉求，从实际需求出发谋划未来广州现代公共文化服务体系大发展。

2. 问题导向

换取意见、坦诚交流，努力找准问题症结，明确解决问题的具体举措和努力方向，力求使公共文化服务工作更好地服务社会、服务群众。增强工作的前瞻性和创新性，力求破解更多阻碍发展的瓶颈和制度障碍，力求解决更多的历史遗留问题，尽量避免产生新的问题。

3. 满意导向

将群众满意作为第一标准，科学谋划，推进广州公共文化服务群众评价和反馈机制长效化、制度化。要把群众满意不满意、支持不支持作为各类公共文化设施、场馆发展水平、服务质量和领导干部工作实绩的重要内容。

（三）基本原则

1. 可达性原则

构建群众评价和反馈机制就必须做到"上传下达"，信息渠道畅通。市民需要一个有效、快捷的渠道或平台向文化部门、文化服务机构上传自己的意见和诉求，而文化部门、文化服务机构也必须寻求一种方式或者建立一种工作制度，能够保障公众意见得到充分的尊重，保障群众评价制度和诉求表达制度不是流于形式。

2. 及时性原则

公众反馈信息应及时处理，迅速给予必要的回应，并及时将反馈信息处理结果体现在相关决策和服务中。如公众提出的问题得不到解决，甚至得不到回应，会挫伤市民参与公共文化事务的积极性，不利于后续工作的开展。信息反馈的及时性不仅需要发挥主观能动性，从思想意识上认识到它的重要性，还要从客观行动入手，找出好的办法使得市民能更快地获得信息。

3. 包容性原则

市民由于专业素质、文化程度等诸多方面差异，部分市民在表达不满意见时难免逆耳，各级领导干部及文化服务工作人员面对"锐词"，应该科学分析、冷静对待，尊重市民表达想法的权利，并引导市民进行情绪宣泄、吸纳其中合理建议。

（四）具体工作方案

1. 做宣传，多途径发布公共文化服务信息

一是建立健全政府公共文化服务信息发布系统。各类公共文化服务设施需要健全各项与服务有关的信息，甚至包括最基本的所在位置、乘车路线、服务内容、办证手续等。要充分发挥"广州文化信息网"的信息发布、信息传递、信息链接功能，让市民更便捷、快速地了解最新文化信息。各类信息要不断更新，使信息老旧、残缺不全的局面得到切实的改变。

二是文化管理部门应组织人力或者委托相关公共文化服务机构（比如市文化馆、图书馆等）收集国内外文化信息，以及市民在文化服务方面的意见建议，并进行统计、归纳、整理、加工和社会反馈。

三是市、区、街道（镇）、居委会（村）四级常规性文化活动项目按照节庆、培训、讲座、赛事、演艺、展示、民俗等类别进行必要的分类，整理制作成《广州市群众文化活动总汇》，通过海报、政府网站、微信微博等多种方式向群众预告、宣传。使群众提前了解全市、区、街道（镇）和居委会（村）将开展的各类文化活动，选择参与感兴趣的活动项目。

2. 搭平台，多种方式收集市民的需求信息

搭建市民意见表达、参与公共文化建设的公共平台。市民方面，可以通过合法途径参与文化公共政策的制定、执行和监督，表达意见和文化诉求，使自己的期望在公共文化服务体系建设过程中得以体现。文化部门及公共文化服务机构方面，可以提高服务的针对性，发现存在的问题，提高公共文化服务效能。

一是需求调查。呼吁人大代表、政协委员、社科理论界人

士关注公众文化需求问题，为各界人士开展基层文化调研活动创造便利条件。根据财力和需要，适时开展较大范围的市民文化需求调研，科学设计问卷，根据年龄、性别、职业、学历、户籍等情况进行抽样调查，及时调整文化服务内容及方式；街道（镇）、居委会要以年度为单位，向辖区群众发放公共文化需求调查表，收集整理群众的文化需求，并及时向各市、区文化主管部门反馈。

二是设置意见箱。各类公共文化服务机构、场馆要在显眼处摆放群众意见箱，每月定时收集整理。在策划专题活动期间，也可通过意见箱临时征集意见和建议，使专题活动开展更有针对性。

三是整合信息化平台。市文化部门要整合现有的各类网络资源（比如政府网站、各类文化服务机构网站）和微博、微信等新媒体，开辟一个集信息发布、评价反馈、需求征集、在线互动于一体的公共文化服务网络互动平台。

四是建设广州"公共文化云"。把广州公共文化资源打包入"云"，实现全市公共文化服务内容集中在一个平台上展示、推介和体验，实现公共文化服务的体系化和资源共享。在云端，实现公共文化服务机构与公众活动。

五是开展调查研究。充分利用各类研究机构、高校的智力优势，开展多方合作，就广州公共文化服务体系方面的诸多问题开展全面深入研究。

3. 建制度，科学使用群众的反馈信息

市民所提供的意见、建议和诉求等，都要认真对待，对每一项民众信息都要进行登记，并安排专人负责意见的分类、整理、核实和筛选工作，构建信息收集、分析、研判和回应机制。

一是梳理分类。对于群众需求信息，要根据供给主体（市级文化机构、区级文化机构、文化站、文化室）、需求内容（图书、活动、展览等）、可处理性（时效和难度）三个基本要素进行整理、归纳和分类。对于各自独立获得的信息，上下级部门要及时交流、沟通。

二是评估筛选。市、区文化部门、街道（镇）分别成立项目评审委员会，建立项目评估筛选机制，根据梳理分类的需求信息，结合现有文化资源、财力和上级政策，对现阶段可提供的公共文化产品和服务进行成本绩效分析，最终筛选确定符合群众需求的阶段性文化供给项目。

（执笔：曾德雄、梁礼宏、彭颖）

第三章 广州公共文化服务事业单位法人治理结构

　　党的十八届五中全会审议通过了《中共中央关于制定国民经济和社会发展第十三个五年规划的建议》。全会指出，"十三五"时期是全面建成小康社会决胜阶段，"实现'十三五'时期发展目标，破解发展难题，厚植发展优势，必须牢固树立并切实贯彻创新、协调、绿色、开放、共享的发展理念"。同时指出，"创新是引领发展的第一动力。必须把创新摆在国家发展全局的核心位置，不断推进理论创新、制度创新、科技创新、文化创新等各方面创新，让创新贯穿党和国家一切工作，让创新在全社会蔚然成风"。

　　进入"十二五"以来，广州围绕建设文化强市和培育世界文化名城的目标，大力推进公共文化设施建设，基本实现全市城乡公共文化基础设施全覆盖，基本建成城市"10分钟文化圈"和农村"十里文化圈"，形成了较为完善的市、区、街（镇）和社区（村）四级公共文化服务网络。"十二五"的建设成就，为未来的创新、发展和突破奠定了坚实基础。

　　党的十八届五中全会为广州下一步文化建设特别是"十三五"时期文化领域的改革创新指明了方向，按照《中共中央关于制定国民经济和社会发展第十三个五年规划的建议》的精神，就是一破一立。"破"指的是"加快完善各方面体制机制，破除一切不利于科学发展的体制机制障碍，为发展提供持续动力"；

"立"指的是"国家治理体系和治理能力现代化取得重大进展,各领域基础性制度体系基本形成"。

一 法人治理结构改革与政策推动

(一) 法人治理的理解

1. 法人治理结构概念

法人治理结构原指企业法人治理结构,又称公司法人治理结构,是现代市场经济发展的产物。其核心内容是,在公司内部通过设置股东会、董事会、经理层以及监事会从而实现分权制衡的目的。作为一种权力制衡机制,法人治理结构已成为现代企业制度的核心,被证明是一种解决所有权与经营权相分离及由此带来的委托代理问题的有效制度安排,并逐渐被引用、拓展到非营利组织、公立机构和社团等非经济领域。

2. 事业单位法人

按照《民法通则》(1986年),法人分为企业法人、机关法人、事业单位法人和社会团体法人。事业单位作为事业单位法人,是依法独立享有民事权利和承担民事义务的民事主体(见图3-1)。

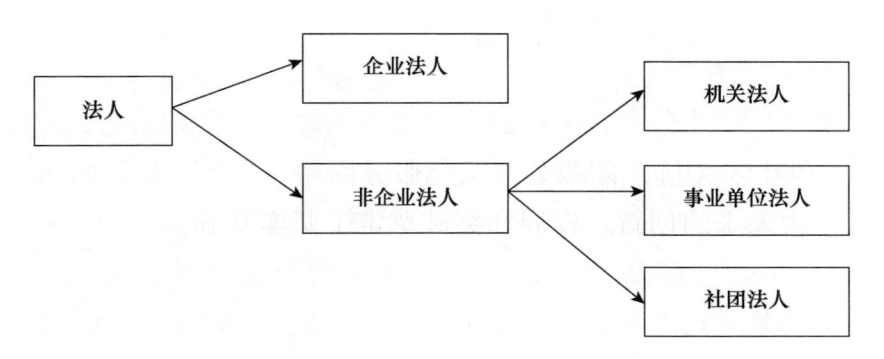

图3-1 我国《民法通则》规定的法人分类

根据《民法通则》的界定，事业单位法人的最大特征，是依法独立享有民事权利和承担民事义务。

3. 事业单位法人治理

从字面上理解，事业单位法人结构，简单来说包含三个方面的内容：一是它是法人，狭义地说是事业单位法人；二是它建立了某种制度，建立了多方共同参与治理的组织架构与运行机制；三是从结果来看，它能够依法独立运作、自我管理和承担职责，从而实现公共文化事业单位宗旨和职责。

4. 法人治理结构改革的关键

按照对事业单位法人治理的理解，公共文化事业单位法人治理结构改革的关键是使"法人"地位名副其实，使其成为真正的法人，使之成为依法独立享有民事权利和承担民事义务的民事主体。另外，在治理主体多元化前提下，建立事业单位法人决策权、管理执行权和监督权关系的制度安排，划分各项权利的界限，促使决策、执行、监督相互分离，并且三者之间互相制衡，从而形成有效的决策、激励机制。"法人治理结构"是以法人财产权为核心的综合治理模式，"法人"是行为的主体，"治理"是行为的本身。而"治理"的客体不仅仅是法人的财产，它应该是广义上的资源，即财产、人才资源、信息资源等在内的一系列的重要资源。

（二）建立公共文化事业单位法人治理结构的现实意义

1. 推动政府职能转变

当前，我国正在进行社会管理创新，建设法治政府。城市基层社会管理创新和综合体制改革的目标是"小政府、大社会"。公共文化服务，政府的主导应该是宏观的、间接的，具体的运作应交由相应机构来策划和自主完成。

2. 提高公共文化机构效能

建立法人治理结构是深化公益性文化事业单位改革的必然

要求。自 2003 年以来，公益性文化事业单位按照"增加投入、转换机制、增强活力、改善服务"的要求进行改革，取得了显著成效，但还存在管理体制不顺、运行机制不畅等问题。除了事业单位普遍存在着行政化现象、管办不分以外，还存在效能不高、活力不足、监督机制不健全等问题。上述问题制约着文化事业健康发展和公益文化服务有效提供。

通过建立法人治理结构，一是明确文化事业单位的自主权，把行政主管部门对事业单位的具体管理职责交给决策层，以激发文化事业单位活力。

二是扩大社会参与，通过吸收文化事业单位外部人员进入决策层，扩大参与文化事业单位决策和监督的人员范围。

三是规范运行机制。明确决策层和管理层的职责权限和运行规则，完善文化事业单位的激励约束机制，提高运行效率，确保公益文化目标的实现。

（三）改革政策的演变与推动

1. 中央政策

2005 年，《事业单位登记管理暂行条例实施细则》颁布实施，正式提出了"事业单位法人治理结构"概念，自此建立法人治理结构一直是我国事业单位改革的一项重要内容。2011 年 3 月，中共中央、国务院发布的《关于分类推进事业单位改革的指导意见》就把健全法人治理结构作为推进公益服务事业单位改革的重要内容。国务院办公厅还印发了《关于建立和完善事业单位法人治理结构的意见》，作为分类推进事业单位改革的配套文件之一。这份文件对建立事业单位法人治理结构的基本原则、总体要求、主要内容、组织实施等，做了系统论述。一些省市的事业单位法人治理结构改革的试点工作也及时展开，并取得了很好的经验。

党的十八届三中全会通过《中共中央关于全面深化改革若

干重大问题的决定》提出,要"明确不同文化事业单位功能定位,建立法人治理结构,完善绩效考核机制。推动公共图书馆、博物馆、文化馆、科技馆等组建理事会,吸纳有关方面代表、专业人士、各界群众参与管理"。

为了进一步推动改革工作,2015年1月中办、国办印发《关于加快构建现代公共文化服务体系的意见》,强调创新公共文化管理体制和运行机制要加大公益性文化事业单位改革力度,进一步落实公益性文化事业单位法人自主权,建立事业单位法人治理结构。建立和完善文化事业单位法人治理结构,被认为是激发文化事业单位的动力和活力的重要举措,也被视为衡量文化事业单位改革是否取得成效的重要标识之一。

2. 文化部推动工作

2014年7月,文化部办公厅发出《关于开展公共文化服务标准化等试点工作的通知》,正式部署了在全国开展公共文化机构法人治理试点工作。按照试点工作方案的要求,2014年9月至2015年底,各省(市、自治区)文化行政部门分别确定8—10个单位,作为本省的试点单位;文化部在各省申报的基础上,经专家工作组评审,确定10个单位作为国家公共文化机构法人治理结构试点单位。2014年9月,文化部公布了国家试点单位名单(见表3-1)。

表3-1　国家公共文化机构法人治理结构试点单位名单

序号	试点单位	责任部门
1	河北省唐山市丰南区图书馆	河北省唐山市丰南区文化体育局
2	山西省朔州市图书馆	山西省朔州市文化广电新闻出版局
3	南京图书馆	江苏省文化厅
4	浙江图书馆	浙江省文化厅
5	浙江省温州市图书馆	浙江省温州市文化广电新闻出版局

续表

序号	试点单位	责任部门
6	山东省济南市群众艺术馆	山东省济南市文化广电新闻出版局
7	广东省博物馆	广东省文化厅
8	广东省深圳市福田区图书馆	广东省深圳市福田区文化体育局
9	广西壮族自治区桂林市临桂县文化馆	广西壮族自治区桂林市临桂县文化体育局
10	重庆图书馆	重庆市文化委员会

按照文化部的安排，计划通过两年的时间，探索不同类型、不同层级的公共文化机构的法人治理结构改革经验。在此基础上，文化部将再进行总结，进行制度设计，形成推动全国公共文化机构法人治理结构建设的政策性文件，而形成具有中国特色的法人治理结构的政策和措施。①

二 法人治理结构的模式选择

（一）"四权"划分及建立原则

1. "四权"划分

法人治理结构虽产生于企业领域，但实际上将法人治理结构理论应用到社会公共事业领域，尤其是具有法人地位的社会公共服务组织的管理活动中，具有很强的现实意义和可操作性。公共文化机构内部管理实行法人治理结构，是当代西方国家文化艺术管理普遍采用的运作模式，在我国的港台地区的公共文化机构内部管理中也得到充分运用。② 比如英国1963年国会通

---

① 《文化部就公共文化机构法人治理结构试点做出安排》（2014年10月20日），中国经济网（http://www.ce.cn）。

② 祁述裕：《建立完善文化事业单位法人治理结构》，《人民日报》2013年12月6日。

过了《大英博物馆法》，明确规定大英博物馆理事会是大英博物馆的法人团体，同时也赋予了理事会管理大英博物馆的各项权力。大英博物馆理事会成员主要由相关领域的社会精英组成，主要职责有五项：

一是选聘博物馆馆长
二是公布博物馆年度财政收支状况
三是制定博物馆管理政策
四是制定博物馆发展规划
五是监督博物馆长职能履行等

再如，我国台湾的"两厅院"（类似于内地的国家大剧院）目前实行的是行政法人制度，由董事会、艺术表演委员会和监事会组成。这些公益性文化单位建立法人治理结构的做法，对我国公益性、公共性文化单位建立和完善法人治理结构有很高的参考价值。

参考法人治理结构的一般模式，以及其他国家或地区的经验，建立法人治理结构，需要平衡四种关系：所有权、控制权、监督权、管理权。

2. 基本原则

1999年5月，经济合作与发展组织（OECD）正式通过了其制定的《公司治理结构原则》。在这份文件中，提出了关于公司（法人）治理结构的五大原则。[①]

（1）公司治理结构框架应当维护股东的权利。

（2）公司治理结构框架应当确保包括小股东和外国股东在内的全体股东受到平等的待遇；如果股东的权利受到损害，他们应有机会得到补偿。

---

① 曹巍：《公司法人治理结构研究》，知识产权出版社2010年版，第20页。

（3）公司治理结构框架应当确认利益相关者的合法权利，并且鼓励公司和利益相关者为创造财富和工作机会以及为保持企业财务健全而积极地进行合作。

（4）公司治理结构框架应当保证及时准确地披露与公司有关的任何重大问题，包括财务状况、经营状况、所有权状况和公司治理状况的信息。

（5）公司治理结构框架应确保董事会对公司的战略性指导和对管理人员的有效监督，并确保董事会对公司和股东负责。

这五大原则为各国政府部门制定有关公司治理结构框架提供了重要参考，逐渐被国际社会承认，目前也成为法人治理机构的国际标准。

（二）以理事会为架构的法人治理结构模式

现有的公共文化服务事业单位所有制结构单一，几乎全部为国家投资举办的，公益服务的直接受益者是社会公众，与股权结构无紧密联系。按照国务院办公厅《关于建立和完善事业单位法人治理结构的意见》，我国事业单位法人治理机构一般应采用"理事会＋管理层"的模式。从理论上说，理事会是一个决策和监督机构（见图3-2）。

```
┌─────────────────────────┐
│  理事会（决策和监督机构）  │
└─────────────────────────┘
            │
            ▼
┌─────────────────────────┐
│  行政负责人（执行机构）    │
└─────────────────────────┘
```

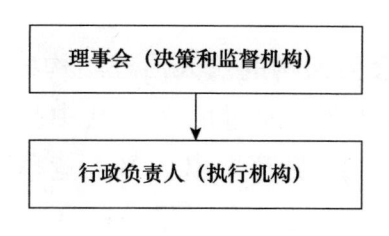

图3-2 理事会模式

现实中，理事会可能是摆设，决策被弱化为议事。"议事权"的权力边界在于"议"，这一权力的典型特征是"议而不决"。"议而不决"存在两种可能性：一是理事会的"议"可能对最后的决策产生一定的影响，二是理事会的"议"对最后的决策没有产生任何影响。

1. 理事会

理事会是决策和监督机构，负责本单位的发展规划、财务预决算等决策事项，按照有关规定履行人事管理方面的职责，并监督本单位的运行。理事会一般由政府有关部门、举办单位、事业单位、服务对象和其他有关方面的代表组成。理事产生方式方面，代表政府部门或相关组织的理事一般由政府部门或相关组织委派，代表服务对象和其他利益相关方的理事原则上推选产生，事业单位行政负责人及其他有关职位的负责人可以确定为当然理事。

2. 管理层

管理层作为理事会的执行机构，管理层对理事会负责，按照理事会决议独立自主履行日常业务管理、财务资产管理和一般工作人员管理等职责，定期向理事会报告工作。管理层由事业单位行政负责人及其他主要管理人员组成。产生方式方面，事业单位行政负责人由理事会任命或提名，并按照人事管理权限报有关部门备案或批准。事业单位其他主要管理人员的任命和提名，根据不同情况可以采取不同的方式。

（三）以董事会为架构的法人治理结构模式

党的十八届三中全会通过的《中共中央关于全面深化改革若干重大问题的决定》明确指出，引入竞争机制，推动公共文化服务社会化发展。鼓励社会力量、社会资本参与公共文化服务体系建设，培育文化非营利组织。随着文化体制改革的深化，公共文化事业单位举办（出资）主体也将走向多元化。这种类型的事业单位可以采用以董事会为架构的治理结构模式。虽然事业单位的出资者不存在利润的分配问题，但事业单位的发展却与出资者的利益密切相关，而且出资者应以不同的出资额承担相应的责任,所以对于出资多元的事业单位仍不能忽略其股权结构的存在(见图3-3)。

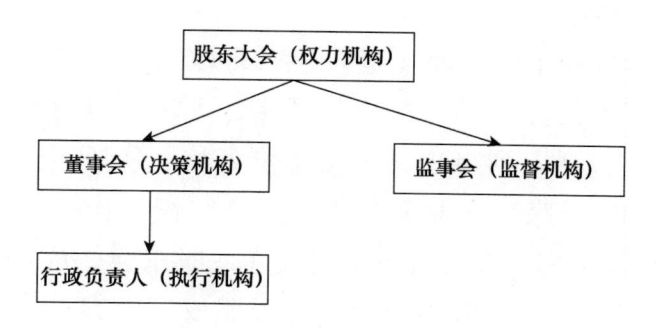

图3-3 多元主体公共文化服务事业单位的法人治理结构模式

在组织架构和运行机制上,文化事业单位法人治理结构可以借鉴企业法人治理结构的相关经验,形成决策、执行与监督相互分离又相互协调的权力运行机制。同时,文化事业单位具有公益属性,组织使命是提供公共文化服务,在借鉴企业法人治理结构的相关经验的时候,需要弱化出资者角色,突出利益相关方的多方共同治理。

(四)改革实践中建立法人治理结构的程序

根据法人治理结构改革的相关文件,特别是2015年中办、国办印发的《关于加快构建现代公共文化服务体系的意见》,以及全国的试点改革实践情况,全国的改革基本上采用以下程序:

● 筹建理(董)事会。对于建立理事会为架构的公共文化事业单位机构,一般是由举办单位牵头负责筹建理事会。理事会的组成人员主要是上级主管领导以及其他行政部门领导、该单位的现有领导、本单位职工代表以及其他社会代表。理事人选一般由上级主管部门委派,事业单位原来的负责人,比如图书馆原来的馆长,当仁不让地担任副理事长兼任改革后的行政负责人。理事会有一定的人数限制,理事会成员每届有一定的任期年限。

- 制定章程。章程通常由理（董）事会制定，需要上报主办单位审核批准（或审议通过）。章程对事业单位的宗旨和业务范围，对事业单位、理（董）事、行政负责人及高级管理人员的权限、责任分别做出相应的规定，理论上具有约束力。章程主要内容包括下列事项：一是单位名称、住所、开办资金和举办单位；二是宗旨和业务范围；三是组织机构（法人治理结构），明确规定理事会、行政负责人（或股东会、董事会、行政负责人）产生方式、人员组成、主要职权等内容；四是资产管理和使用原则；五是章程修改的程序；六是薪酬和社会保障；七是终止程序和终止后资产的处理办法；八是信息披露。

- 成立执行机构。理想模式是行政负责人由理事会提名、举办单位任命产生，行政负责人对理事会负责并报告工作。在现实操作中，行政负责人一般都是按干部管理权限任命，然后再与理事会的任命进行衔接。

- 验资和登记。经过法定验资机构验资后，事业单位即可按照《事业单位登记管理暂行条例》的规定向事业单位登记管理机关申请设立登记。经事业单位登记管理机关依法核准登记后，事业单位的章程正式生效，标志着事业单位的法人治理结构正式建立。

三　广州的改革情况

（一）推动政策

2011年7月，广东省编办印发《关于推进我省事业单位法人治理结构试点工作的指导意见》。意见指出，在符合条件的事业单位，设立以本单位以外人员为多数的理事会（或董事会、管委会），作为其决策和监督机构。2012年3月，广州市机构编制委员会出台了《广州市事业单位法人治理结构试点工作实施意见》。同月，市文广新局制订《广州市文化广电新闻出版局事业单位法人治理结构试点工作实施方案》。

2015年，广州市编办联合市委组织部、市财政局和市人社局出台《关于支持事业单位法人治理结构试点工作有关政策的意见》（189号文），就组织框架、人事管理、机构编制管理、财政管理和监督管理等方面做出具体规定。

（二）广州图书馆试点

广州图书馆于2012年成为该市第二批事业单位法人治理结构试点单位，当年4月开始理事会筹建及《广州图书馆章程（草案）》起草工作，7月18日，市文广新局批复同意了广州图书馆理事会成立的申请。7月31日，广州图书馆理事会成立大会暨第一次会议召开，任命分管副局长为理事长，提名并选举图书馆馆长任副理事长，讨论并审议通过了《广州图书馆章程》。9月3日，该章程经广州市事业单位登记管理局核准生效。

- 理事会被定位为广州图书馆的决策机构和监督机构，向举办单位报告工作。
- 理事会由15名理事组成。
——政府代表5名，市人大教科文卫委员会、市机构编制委员会、市财政局、市人力资源和社会保障局、市文化广电新闻出版局代表各1名，由各部门委派产生。
——社会代表5名，其中图书馆行业专家1名，文化艺术、地方历史等社会人士代表2名，服务对象代表2名，分别由市图书馆学会、市文史研究馆、中山大学历史系、读者推荐或推选产生。
——图书馆代表5名，馆长、党委书记为当然理事，副馆长、馆员代表、职工代表各1名，由该馆推选产生。
- 理事每届任期4年。理事会会议每年定期召开两次，分别在第一季度和第三季度举行。

（三）南越王博物馆

西汉南越王墓博物馆是全国重点文物保护单位，原本是专为南越王墓而建立的古墓葬专题博物馆。亚运会期间，南越王墓博物馆改名为南越王博物馆。其原因，民间的说法是"讨吉利"，馆方的说法是"更名主要是因为受'墓'所限，发展面太窄，不利博物馆扩大搜集、收藏文物的范围"。[①]

2015年，《关于支持事业单位法人治理结构试点工作有关政策的意见》（189号文）出台后，为了落实这个文件，市文广新局决定选取南越王博物馆作为试点单位开展试点改革。

2014年10月基本完成了方案，并确定了理事长人选，基本确定了理事人选。基本照搬广州图书馆的改革模式，实行"三三制"，政府代表全部是实权部门中有实权的处长。按计划，10月成立理事会，因主管副局长调任市委宣传部副部长，理事长人选需要重新确定而有所推迟。调查中，相关人员明确表示，改革只是配合上级工作要求，没有什么实质意义。

（四）区县法人治理结构建立情况

- 越秀区。越秀区图书馆理事会是公共文化事业单位理事会的试点，成立于2013年2月。
- 增城区。2013年增城市图书馆被定为增城市第一批事业单位法人治理结构试点单位。已制定了《增城市图书馆事业单位法人治理结构试点工作方案》《增城图书馆章程》和《增城市图书馆法人治理结构工作制度》，按程序推选确定了政府代表、图书馆代表、社会代表共13名理事成员，于2013年7月30日成立了增城市图书馆第一届理事会，并召开了第一届理事会议。

---

① 《南越王墓博物馆因何改名》，《信息时报》2009年3月2日。

● 花都区。2015 年，花都区选定了区图书馆作为建设理事会的试点单位。目前，区图书馆已起草了《广州市花都区图书馆章程》和《花都区图书馆理事会成员招募公告》，规定了理事会及其管理层的构成、职责、运行规则和业务范围，并计划向全区公开招募关注和关心公共文化事业发展的社会各界人士为理事会成员。

● 海珠区。海珠区已确定图书馆法人治理工作方案。按照实施方案，已完成理事会成员的社会理事公开招聘工作、职代会选举出理事成员，并计划于 2015 年 5 月前完成首届理事会会议。

● 天河区。天河区文化馆于 2015 年 1 月 8 日成立了理事会。按照天河区事业单位登记管理局的要求，组建了理事会组织架构，制定了天河区文化馆章程，并召开了第一次理事会。

（五）对改革的三点判断

从广州改革及其他省市改革的情况看，公共文化事业机构的法人制度改革总体上并未取得实质性进展。改革的结果，就是多了一层可有可无的空架子，象征意义较为明显。

1. 政事无法分离

改革的初衷是重新界定政府与公共文化服务机构的关系，形成政府负责宏观政策、单位负责具体业务的二分局面。但现实是不可能分离，一部分原因是政府不愿意放权，更大的原因是政府不敢放权，原因是主管部门对下属事业单位负有连带责任、领导责任，一旦有纰漏会面临追责，比如基本的防火、防盗、计划生育等问题，遑论人事任命、业务开展。

2. 理事会无权

关于自主权问题，人们的普遍观点是"长期以来，事业单位习惯于在主管部门的庇护下开展工作，担心难以生存，不敢也不愿尝试行使法人自主权"①。实际上，事业单位或者理事会行使自主权只是一句空话，因为除了具体的部门业务，它没有任何自主权，核心权力如人事任命、用人、财务等，事业单位或者理事会行使这些权力没有任何法律或者政策依据，自主权中的"权"缺乏合法来源。

3. 事业单位运行机制无实质改变

试点单位虽然制定了法人章程，建立了议事规则，完善了配套制度，理事会行使决策权缺乏制度保障，还没有形成决策者、执行者、监督者各归其位、各行其职、各负其责的有效运转机制。比如南越王墓博物馆或者广州图书馆，社会代表、外部理事是该馆（具体说馆长）专门挑选的相关人员，一方面与馆长有好的交情，另一方面场馆发展的好坏与社会代表也无任何关系，同时也不是他们的本职工作，参与意识低和缺乏责任意识也是理所当然。再则，文化是个大概念，具体到博物、图书、文化活动、艺术创作等都是专业性很强的工作，社会代表理事受知识、专业所限，很难发挥议事、决策、监督作用。

（六）推进改革需要面对的三个问题

从2007年中央编办选择深圳市图书馆等5家单位开展试点改革以来，事业单位法人治理结构改革已经探索了近10年，积累了一定的经验。但从改革实践看，有几个宏观的核心问题往往被忽视或者主动避开。

1. 无法可依

国务院于2011年印发了《关于建立和完善事业单位法人治理结构的意见》（国办发〔2011〕37号），对事业单位法人治理结构的组织形式等进行了规定。《意见》提出，"理事会作为事业单位的决策和监督机构，依照法律法规、国家有关政策

---

① 王春风：《事业单位法人治理机构建设难点分析》，《中国改革与管理》2015年第9期。

和单位章程开展工作"。这句话在全国各省市的相关文件中，基本一致。比如，《关于支持事业单位开展法人治理结构试点工作有关政策的意见》（穗编办〔2015〕189号文），提出"理事会是事业单位的决策和监督机构，依照法律法规、国家政策、行业规划和单位章程的有关规定开展工作"，仅仅比国家的意见多了个可有可无的"行业规划"和"有关规定"，实际上没有任何区别。实际上，没有任何指导性，理事会开展工作要"依照法律法规、国家有关政策"，但相应的法律法规并不健全，而且"法人"帽子也只是空壳，缺乏配套的法律支持。通过查阅各种政策文件，无法弄清到底依照什么法律法规和哪些国家政策开展工作。法律无授权，没有法律做后盾，理事会注定无所作为。

建立理事会制度，需要有一套完整的制度体系特别是法律做保障。[①] 广东顺德文化艺术发展中心是国内改革的成功典范，理事会运转也比较良好，首先源于法律上的保障。为了配合改革，顺德区人大常委会2012年6月通过了一项专门的法律——《顺德区文化艺术中心管理规定》，由此奠定了顺德区文艺中心法定机构的地位。44条规定中，从理事会成员如何任命到招聘员工的程序、报送财务报告的时间，都有具体详尽的规定。

2. 无权能放

法人治理结构建设的过程就是政府、相关职能部门、举办单位下放权力的过程，同时也是公共文化事业单位获得自主权力的过程。政府放权、单位自主，是一个问题的两个方面。"权"涉及人、财、物各个方面，行政主管部门应该放哪些权、如何放权，放权后责任由谁承担并无明文规定。行政主管部门没有权利敢放、可以放、应该放，单位在没有权力的情况下，不可能自主自立。

[①] 素心：《推行理事会，我们准备好了吗？》，《中国文化报》2014年2月24日。

3. 与现行政策相矛盾

关于建立和完善事业单位法人治理结构的意见，从中央、广东到广州市都基本一致，提出"理事会负责本单位的发展规划、财务预决算、重大业务、章程拟订和修订等决策事项，按照有关规定履行人事管理方面的职责，并监督本单位的运行"。但这些要求与我国现行管理制度相冲突，比如，在财务管理上，法人治理结构模式要求事业单位自主进行财务核算，项目资金自主使用，人员工资根据绩效考核结果自行发放；而财政部门要求事业单位经费统一核算、集中支付，项目资金由财政部门统一管理，人员工资实行统一发放。广州2015年出台了《关于支持事业单位开展法人治理结构试点工作有关政策意见》（穗编办〔2015〕189号文）更加保守，特别要求"试点单位应健全严格的财务管理制度"。

二是在人事管理上，现行的干部体制坚持的是"党管干部"原则，人事权由组织、人社及主管部门行使。在此背景下，提出理事长、行政负责人或者员工由理事会聘任或解聘，自主决定单位的人员及构成，实际上给改革的公共文化事业机构出了一道难题。

四 广州完善事业单位法人治理结构的对策建议

（一）主要政策依据

- 2011年3月，中共中央、国务院印发了《关于分类推进事业单位改革的指导意见》，明确提出了事业单位法人治理结构改革的方向和原则要求，要求围绕重建新的政事关系和改革财政投入、人事制度、收入分配制度、社会保障制度等方面做出积极探索。
- 2015年1月中共中央办公厅、国务院办公厅印发的《关于加快构建现代公共文化服务体系的意见》，特别强调加大公益性文化事业单位改革力度，再次强调理顺政府和公益性文化事业单位之间的关系,探索管办分离的有效形式,推进事业单位人事制度、收入分配制度、社会保障、经费保障制度改革。

● 2015年3月中共中央办公厅、国务院办公厅印发了《关于推行地方各级政府工作部门权力清单制度的指导意见》,指出建立权力清单制度,是深化行政体制改革,实现国家治理体系和治理能力现代化建设的重要举措。

● 2015年10月召开的中共十八届五中全会指出,深化行政管理体制改革,需进一步转变政府职能,持续推进简政放权、放管结合、优化服务,激发市场活力和社会创造力。创新运行机制,完善事业单位法人治理结构,配套相关的政策法规,将是推动公共图书馆、博物馆、文化馆、科技馆等文化事业单位改革发展的主要方向,而完善公众监督,提高理事会自我运作能力,显然是今后推进法人治理结构试点工作的重要内容。

(二) 政策建议

1. 加强制度设计,构建事业单位法人治理结构支撑保障体系

(1) 以改革创新为驱动,破解体制机制症结,为试点单位配套必要的保障政策

目前针对地方事业单位管理体制改革的探索事实上已涉及现行法律法规和国家管理制度的天花板,如何进一步深化改革,客观上需要于法有据,需要国家层面的顶层设计,需要破解改革遭遇的体制症结。建议通盘考虑事业单位法人治理结构问题,通过制度设计,制定专项配套政策,构建一套适用于理事会为主要架构的运作机制,统一协调或确定试点单位的目标任务、人员编制、活动经费、岗位设置、人事任免、财务制度、人事制度、福利制度等规定,为试点单位法人治理结构的良性运行提供充分的政策保障。在制度先行的基础上,遵循职权法定、程序合法、公开透明的原则,发挥法治对事业单位管理体制改革的引导、规范和保障作用,以法治思维和法治方式指导试点

单位履行法人治理职责。

（2）公布文化权力清单，启动政府放权，为理事会承接公共服务职能腾出权力空间

建立法人治理结构和政府职能转变是一体两面、密不可分的关系。政府职能转变是事业单位建立法人治理结构的重要条件和基本前提。我们认为，法人治理结构改革的目标是要实现管办分离，通过将文化事务决策权交还给理事会，帮助政府从繁杂的微观管理转向宏观监控，实现由红头文件为主的行政管理转向依法依规的法治管理，从而使事业单位成为主体独立、权责统一的法人，自主行使权利，独立承担民事责任。因此，如何进一步完善事业单位法人治理结构，关键的问题还是推动政府职能转变，塑造新型的政、事关系。

建议梳理现行政府在公共文化服务领域内的管理事务，尽快公布政府管文化的权力清单，将政府文化部门行使的各项行政职权及其依据、行使主体、运行流程、对应的责任等，以清单形式明确列示出来，向法人治理结构及其理事会、管理层公布，接受各方监督。通过公布权力清单，可以明确政府文化工作部门职责权限，进一步推动简政放权，推进形成分工合理、权责一致、依法保障的政府权力监督、制约、协调机制。尤其是直接面对法人治理机构和其他相关组织行使的职权，应分门别类进行梳理，逐项列明设定依据，汇总形成部门行政职权目录。这样做一方面可以使行政主管部门减少对事业单位的直接干预，落实事业单位法人自主权，淡化事业单位的行政级别；另一方面可以有效落实理事会法人地位的职权职能，形成政府宏观管理、文化事业单位自主发展、社会力量积极参与的格局。

（3）增进部门间沟通协调，实现事业单位新旧制度的平衡衔接

事业单位只有在人、财、物等方面拥有真正的决策权和处分权，才能确保法人治理结构的正常运转，如果改革不能

跨越现有体制，那么相应的财政管理、分配制度、绩效考核、人事与编制管理等将无法满足法人治理结构改革的要求，势必会造成理事会决策无法实施、流于形式、难以发挥作用的局面。目前试点单位在人、财、物管理方面尚未被主管部门赋予事实上的自主权，受到诸如人力资源、社会保障、财政、机构编制、发展改革、审计、价格等十几个政府部门的制约，这些部门通过审批的方式仍然在行使本应下放给理事会的决策权。建议总结试点单位经验，按照统筹协调、整体推进的原则，更加注重改革的系统性、整体性、协同性，推动政策创新，确保政策系统的各个部分即各项具体政策之间的有机联系，统筹解决如何衔接现行财政、收入分配、养老保险、人事管理等制度安排。对于确需保留的行政职权，相关部门要按照透明、高效、便民原则，制定行政职权运行流程图，规范行政裁量权，以保障理事会运行机制与现行管理制度的平衡对接。

2. 健全理事激励约束机制，增强理事会运作能力

（1）合理架构和充实理事会，逐步增加理事会中的利益相关者和社会公共人士拥有科学合理的理事会架构，才能吸纳各类社会精英加入理事会，集思广益、广开言路，促进理事会独立运作并形成良性循环

我们认为，突出理事会法人机构的独立性，首先需要遴选理事时大幅减少政府部门和管理层出任理事的名额，提升服务对象、专业人士理事的比重。目前通行的三三制并非理事会组织成员的最佳选择，实践过程中理事会的社会性并不突出，相反，因为体制内成员占了太大比重，社会性理事往往沦为点缀，法人治理机构仍然没有从政府主管部门的绑架中脱身，理事会的独立性并未真正形成。建议根据事业单位的职能性质，借鉴温州图书馆经验，制定一个公开透明的委任准则和筛选机制，严格限制或减少政府机关成员（特别是政府主管事业单位的部

门）和管理层人员出任理事，改变体制内理事人数占绝对多数的比例关系，增加利益相关者和社会代表人数，从源头上增强理事会的独立性和社会代表性。

（2）提升理事任职能力，编制理事工作指南，开办理事培训课程

事业单位法人治理结构是个新鲜事，理事怎么做，做什么，即便是担任理事的专业人士也不见得很清楚。建议由权威部门参照美、英等国经验，先编制一套理事履职的工作指南，规范理事的工作内容和方式方法，让新晋理事从一开始就知道自己具体做什么、怎么做，理事会决策要点和咨询渠道，以及如何与公众互动取得民意支持，等等。必要的话还可以委托本地高校就理事资质提升举办专门的培训课程，使得理事刚刚进入公益性机构的时候就接受专门培训，为其今后的工作开展提供帮助。

（3）以权责统一为原则，清晰界定理事会与各方职责关系

通过建立理事会会议、决策执行检查等制度，实现理事会决策但不干预管理层的日常工作，理事决策时兼顾管理层与职工代表大会的意见，从而处理好理事会在决策内容、决策程序上与管理层执行的关系。

（4）设置理事公益津贴，形成理事激励机制

作为一个社会人，理事的工作肯定会与其个人利益发生联系，要理事积极履职显然离不开相应的激励机制。这里所说的激励机制主要是以理事目标责任制为前提、以绩效考核制度为手段、以激励约束制度为核心的一整套激励约束管理制度。没有激励就没有理事的积极性，没有激励，对理事的约束也就缺乏依据，一切理事职责就无从谈起。调查发现，目前试点单位组建的理事会，其章程大都规定了理事的具体责任，而对其权益和激励却鲜有明确的规定。理事毕竟不是活雷锋，没有激励，只有时间、精力付出和约束缠身，大部分人的心态可能都难以

持久平衡。应借鉴国外公益机构理事津贴制度，研究设定理事表彰政策，明确理事激励的具体形式，给予履职优秀者以必要的物质奖励和精神激励，其中物质奖励方面可以从其年薪、福利和津贴等方面体现，精神激励方面，可以从提高理事的声誉、社会地位、荣誉称号和晋升预期等方面体现出来。

3. 筹建理事会专业咨询委员会，协助理事调研、评议和决策

咨询委员会由专业人士组成，可以是社会上某方面的专家和民意代表，其主要职能是帮助理事会决策提供知识保障和智力支持，避免理事会决策投票的盲目性。咨询委员以其专业知识和技能协助理事进行民意调查，完成决策议题的初审、决策方案设计，并对决策草案进行前期评议和审查。在具体操作方面，可以由理事牵头组建若干个专业咨询小组，对当前改革中遇到的一些敏感问题如薪酬体系、人力资源等方面进行先期研究，再提到理事会来进行决策。

4. 健全监督和第三方评估机制，形成法人治理结构自律自治的绩效考核体系

（1）编制法人治理结构绩效评估办法

法人治理结构绩效评估是指评估机构依据一套指标体系，运用科学、合理的方法，对公共文化法人治理结构运行效能进行独立、公正的综合评价。这首先有赖于探索建立一种能够准确反映事业单位绩效的评价体系，包括宗旨实现程度、财务信息、服务价格、质量评价、效率效能等多项定量分析与定性评价指标，重点对法人机构公共文化服务项目的财务绩效如资金使用情况、资源利用效率、公众满意度及服务规范进行评估，确保政策落实到位、服务保障到位。通过制定绩效评估办法，将法人治理结构运作的文化机构、文化设施和文化服务项目纳入绩效评估范围。

（2）探索建立法人治理结构第三方评估机制

将原先由政府单方面考核所承担的部分职责和管理任务委

托非政府的第三方来执行，充分发挥社会评价在公共文化服务考核中的作用。通过社会招标，以公平、公正、公开的方式确定承担工作的专业评估机构。评估机构通过现场考察、小组访谈、问卷调查、收集文化服务单位的日常服务统计数据等，形成评估意见和分值。评价过程和评估结果应接受全社会的监督并作为法人治理结构承接政府购买服务的参考依据。在加强审计、监管的同时，还可以通过政府主管部门与法人治理结构签署行政安排备忘录，审议工作进度报告并定期举行督导会，构建起政府与法人治理结构之间的现代契约管理模式。

（执笔：曾德雄、贾云平、梁礼宏）

第四章 迈向全球城市，提升广州城市文化品质

——基于广州文化问卷调查的分析报告

2016年12月底广州市第十一次党代会召开，会议做出了"强化枢纽型网络城市功能，提高全球资源配置能力，推动国家重要中心城市建设全面上水平"的战略决策部署，市委书记任学锋也多次强调广州要对标世界先进，代表国家参与全球竞争与合作，他尤其强调"广州一定要在全球城市体系中找标杆"，"广州要有全球视野"，提出了广州迈向全球城市的宏伟目标。

所谓全球城市（Global City），一般认为是指对全球政治、经济、文化具有控制力和影响力的主要节点城市。为了全面地反映全球城市的特征，许多学者和研究机构采用构建综合性指标体系的方式来判别全球城市，比较有代表性的如美国科尔尼管理咨询公司的"全球化城市指数"（Kearney Global Cities Index，KGCI），日本森纪念财团的"全球城市实力指数"（Global Power City Index，GPCI），以及澳洲智库2Thinknow的"全球城市创新指数"（Innovation Cities Global Index）等。

在这三个综合性指标体系中，文化指标都占据了一定的比重。GCI指标涵盖经济活动、人力资源、信息交流、文化体验、政策参与五大维度，其中文化体验占15%的权重，采用博物馆、视觉与表演艺术、体育赛事、国际旅客、美食、友好城市等指标，主要衡量的是城市文化的能见度和吸引力。GPCI的70个指

标涵盖经济、研发、文化、宜居、环境、可达性六大领域，其中文化领域的指标有 5 组 17 个，分别是：引领潮流的潜力（承办国际会议、大型文化活动的数量、影视音乐及相关文化产业贸易值）、文化资源（创意活动的环境、世界文化遗产的数量、历史文化资源的整合）、公共文化设施（影剧院、音乐厅、博物馆、体育馆）、旅游吸引力（酒店数量、豪华酒店客房数、购物吸引力、美食吸引力）、国际交流（外国居民、国际旅客、国际学生）。全球城市创新指数含 162 个指标，包括文化资本、基础设施、网络市场三大类，其中文化资本类设定为 62 个指标，主要涵盖建筑历史与规划、艺术与文化、文化创意产业（影视生产、设计、绿色经济等）、文化与旅游、信息媒体与出版、音乐与表演、体育健身、餐饮美食等门类。

  由此可见，衡量全球城市的标准不仅在于经济实力，还取决于城市的文化资本和创新能力。文化在其中的功能和作用，不仅在于城市的人文环境和宜居程度往往会影响创意人才的流动性，而且城市的独特性和能见度也往往会成为全球资本再分配的区位选择的关键性因素。因此，文化被认为是全球城市的至关重要因素，它不仅能够创建共享空间并使人们集聚在一起，还为城市经济做出贡献，更重要的是文化定义了城市发展最重要的包容性和创新性。

  为了准确把握广州文化的特征和广州文化建设的成就，2017 年上半年广州市社会科学院哲学文化研究所联合南方都市报民调中心开展了针对广州文化的问卷调查。调查问卷分为两份，一份针对广州居民（包括广州本地人和在广州居住、生活、工作的外地人，下称"广州卷"），一份针对全国其他城市的市民（下称"全国卷"）。两份调查问卷都包括以下两个方面的内容，一是受访者对广州文化的整体印象，包括广州文化特色、文化地标、代表性文化人物等；二是受访者对广州公共文化服务体系的评价，包括参与广州公共文化服务活动的情况及其评价等。此外，同为一线城市，本调查特地将北京、上海、深圳市民对于广州文化的关注度和评价、印象等单列，以便于一线城市之间更直观地比较。调查的目的是全面了解广州文化的特质，社会公众对广州文化的整体印象、评价以及广州文化建设特别是广州公共文化服务体系建设方面所取得的成就、存在的不足和今后的努力方向，结合相关的学术研究提出对策建议，为领导决策提供依据。

一 调查情况概述

（一）广州卷

1. 调查方法

"广州卷"主要针对广州居民，采用街头拦截访问与网络问卷调查结合的方式展开调查。一方面，通过调查员在广州市越秀区、海珠区、白云区、荔湾区、天河区、番禺区等区域以随机拦截的方式，对符合条件的受访者进行访问；另一方面，通过问卷宝调查平台，面向全广州范围的用户开展网络调查。

2. 调查内容

本次调查的主要内容为广州居民对广州文化的体会和意见，具体包括以下几个方面：一是受访者对广州文化的主要印象；二是受访者对广州公共文化服务设施的了解程度和使用频率；三是对广州公共文化服务设施、文化活动以及政府投入的评价，其中文化设施评价包括对硬件设施、文化产品以及服务水平三个方面的满意度；四是公众对公共文化服务设施的改善建议。

3. 调查对象

本次调查对象均为广州常住居民。正式调查环节历时两周，共完成有效问卷1006份，其中街头问卷506份，网络问卷500份。调查对象人口学特征构成情况如表4-1所示。

表4-1　　　　　　　　　　调查对象基本信息

信息	数量	比例
在广州的居住时间		
广州本地人	352	34.99%
在广州居住5年以下	309	30.72%
在广州居住5年及以上	345	34.29%
性别		
男	536	53.28%
女	470	46.72%
受教育程度		
初中以下	114	11.33%
高中/中专	196	19.48%
大专	281	27.93%
本科	374	37.18%
硕士研究生及以上	41	4.08%
出生年代		
"50后"	51	5.07%
"60后"	57	5.67%
"70后"	116	11.53%
"80后"	358	35.59%
"90后"	379	37.67%
其他	45	4.47%
职业情况		
公务员	16	1.59%
事业单位员工	112	11.13%
企业员工	371	36.88%
个体经营者	109	10.83%
自由职业	140	13.92%
学生	126	12.52%
退休人员	88	8.75%
其他	44	4.37%

如表4-1所示，广州卷将调查对象分为广州本地人和外地人。其中本地人是指在广州本地出生、本地成长且具有本地户

籍的群体；而外地人则是相对于本地人的概念，即"非本地人"。但在实际调查过程中，该题的填写主要基于受访者本人的身份认同做出选择。此外，由于非本地人在广州居住的时间不同，对广州文化的了解和认知可能存在差异，因此又将外地人分为在广州居住五年以下、在广州居住五年及以上两类。调查中，广州本地人占总数的34.99%，在广州居住不满五年的居民占30.72%，在广州居住超过五年的居民则占34.29%。

从其他人口学特征来看，受访者性别比例相对均衡，其中男性占53.28%，女性占46.72%。但从年龄来看，"80后"与"90后"调查对象占比较高，分别为35.59%、37.67%。此外，调查对象的受教育程度普遍偏高，其中大专与本科的受访者占比分别为27.93%、37.18%。就职业情况而言，调查对象涵盖公务员、企事业单位员工、学生、个体经营者、自由职业者以及退休人员等，其中企业员工人数相对较多，占比36.88%。

（二）全国卷

"全国卷"的问卷调查主要包括两个方面的内容，一是对广州文化的整体印象，二是对广州公共文化设施的评价。

调查主要针对全国其他城市市民，采用网络调查的方式，通过问卷宝平台在全国范围内共完成有效问卷978份。受访者来自全国26个省级行政区域，具体信息如表4-2所示。

表4-2　　　　　　　　全国卷样本来源

省级行政区域	样本数	百分比	省级行政区域	样本数	百分比
北京	92	9.41%	湖南	46	4.7%
安徽	7	0.72%	江苏	45	4.6%
福建	42	4.29%	江西	40	4.09%
甘肃	2	0.2%	辽宁	1	0.1%
广东	210	21.47%	宁夏	1	0.1%
广西	14	1.43%	山东	37	3.78%

续表

省级行政区域	样本数	百分比	省级行政区域	样本数	百分比
贵州	2	0.2%	山西	4	0.41%
海南	5	0.51%	陕西	24	2.45%
河北	5	0.51%	上海	87	8.9%
河南	38	3.89%	四川	42	4.29%
黑龙江	3	0.31%	天津	45	4.6%
湖北	73	7.46%	新疆	1	0.1%
重庆	72	7.36%	浙江	40	4.09%

调查对象中，男性占总数的51.94%，女性占48.06%。从年龄来看，"50后""60后""70后""80后""90后"及其他年龄的调查对象占比分别为1.43%、2.97%、13.39%、39.78%、42.02%以及0.41%。此外，本调查也采集了调查对象的受教育信息与职业情况，受教育程度为初中及以下、高中/中专、大专、本科、硕士研究生及以上的受访者占比分别为3.07%、17.59%、26.38%、44.99%和7.98%。就工作情况而言，调查对象包括公务员、企事业单位员工、学生、个体经营者、自由职业者以及退休人员等，其中企业员工人数相对较多，占比39.37%，事业单位员工、自由职业者与学生占总体比例也超过10%，分别为13.8%、15.75%和15.24%，具体情况如表4-3所示。

表4-3　　　　　　　　调查对象基本信息

信息	数量	比例
性别		
男	508	51.94%
女	470	48.06%
受教育程度		
初中及以下	30	3.07%
高中/中专	172	17.59%
大专	258	26.38%

续表

信息	数量	比例
本科	440	44.99%
硕士研究生及以上	78	7.98%
出生年代		
"50后"	14	1.43%
"60后"	29	2.97%
"70后"	131	13.39%
"80后"	389	39.78%
"90后"	411	42.02%
其他	4	0.41%
职业		
公务员	37	3.78%
事业单位员工	135	13.8%
企业员工	385	39.37%
个体经营者	97	9.92%
自由职业者	154	15.75%
学生	149	15.24%
退休人员	12	1.23%
其他	9	0.92%

二 广州文化的整体印象

为了解受访者对广州文化的整体印象，"广州卷"和"全国卷"两份调查问卷都设置如下两个问题："提起广州文化，您首先想到的是什么？""您认为哪些方面最能体现广州文化特色？"具体调查结果如下。

（一）受访者认为粤语、粤菜最能代表广州文化

提起广州文化时，38.88%的广州本地受访者表示首先想到粤语，35.63%的受访者首先想到食在广州，13.50%的受访者首先想到岭南文化（见图4-1）。此外，表示首先想到迎春花

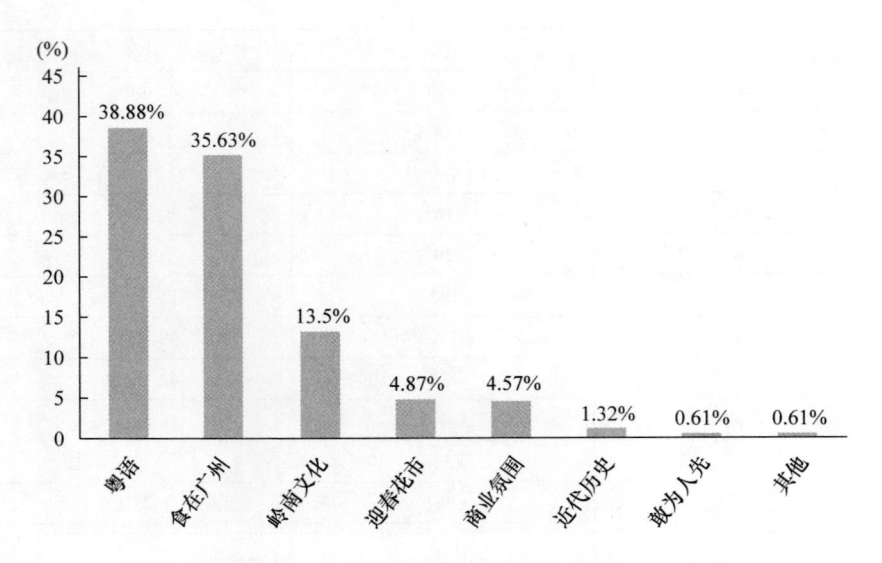

图 4-1　提起广州文化，广州本地受访者首先想到的是什么

市、商业氛围、近代历史、敢为人先者，分别占 4.87%、4.57%、1.32%、0.61%。相较而言，在广州居住的年限长的受访者，提起广州文化时更容易想到粤语，而居住时间短的受访者则更容易想到食在广州。其中，在广州居住的年限低于五年、五年及以上以及广州本地人首先想到粤语的比例分别为 34.32%、35.48%、46.33%，首先想到食在广州的比例则为 38.28%、36.95%、31.96%。同理，年龄越大的本地受访者越容易想到粤语，年轻人则更容易想到食在广州。

当问及对广州文化的第一印象时，38.65% 的外地受访者首先想到食在广州；30.88% 的受访者首先想到粤语；分别有 9.2%、8.28% 和 6.13% 的受访者首先想到岭南文化、商业氛围和迎春花市；仅 3.89% 和 2.97% 的受访者首先想到近代历史和敢为人先（见图 4-2）。从年龄上看，多数"50 后""70 后"和"90 后"受访者首先想到粤语，分别为 35.71%、32.82% 和 45.26%；多数"60 后"受访者首先想到食在广州和商业氛围，同为 27.59%；而多数"80 后"首先想到食在广州，为

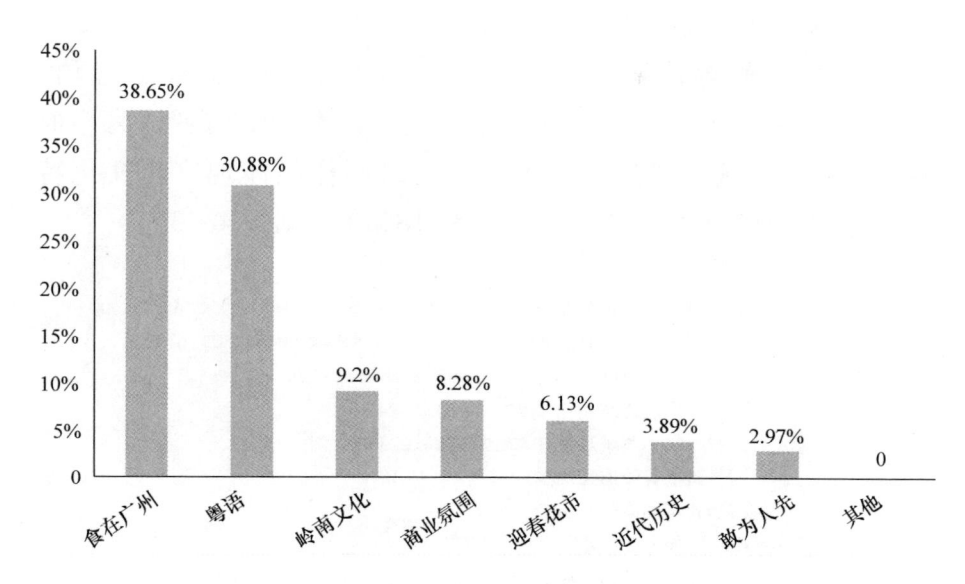

第四章　迈向全球城市，提升广州城市文化品质

```
45%
40%  38.65%
35%
30%        30.88%
25%
20%
15%
10%              9.2%  8.28%
5%                          6.13%  3.89%  2.97%
0%                                              0
   食在广州 粤语 岭南文化 商业氛围 迎春花市 近代历史 敢为人先 其他
```

图 4-2　提起广州文化，外地受访者首先想到的是什么

34.96%。从学历来看，初中及以下、高中学历的受访者想到粤语的比例更高，分别为 43.33%、44.19%；而高学历者想到食在广州的比例更高。从职业上看，五成以上的学生受访者首先想到粤语。不同于其他职业的受访者，公务员受访者首先想到食在广州的人数略高于首先想到粤语的人数，为 40.54%。

对比可以发现，不管是广州人还是全国其他城市的市民，对广州文化的第一印象排名前三的都是粤语、食在广州、岭南文化，这三样也是构成传统广州文化的核心内容，可见广州文化的这个形象已经深入人心。不同的是，接下来广州人首先想到的是迎春花市，而外地受访者想到的却是商业氛围，这充分说明广州人较为看重广州的生活品质，而外地人更看重广州的商业机会。这也完全符合广州一贯以来特别是改革开放以来的城市特质和地位，对于绝大多数外地人而言，广州是一座机遇之城，来广州主要不是为了玩，而是为了寻求事业机会、追求人生理想。

哪些方面最能体现广州文化特色？63.72%的广州本地受访者选择了粤菜等广州美食，61.93%的受访者选择了粤语，35.79%的受访者选择了粤剧粤曲。此外，不少受访者认为广府传统文化、羊城八景、骑楼等岭南建筑同样能体现广州文化特色（分别占24.25%、22.07%、19.18%）（见图4-3）。

类别	比例
粤菜等广州美食	63.72%
粤语	61.93%
粤剧粤曲	35.79%
广府传统文化	24.25%
羊城八景	22.07%
骑楼等岭南建筑	19.18%
港台/本地流行音乐	8.95%
改革开放及当代商业文化	6.66%
岭南画派	6.66%
近代民主革命历史文化及其遗存	5.47%
其他	0.4%

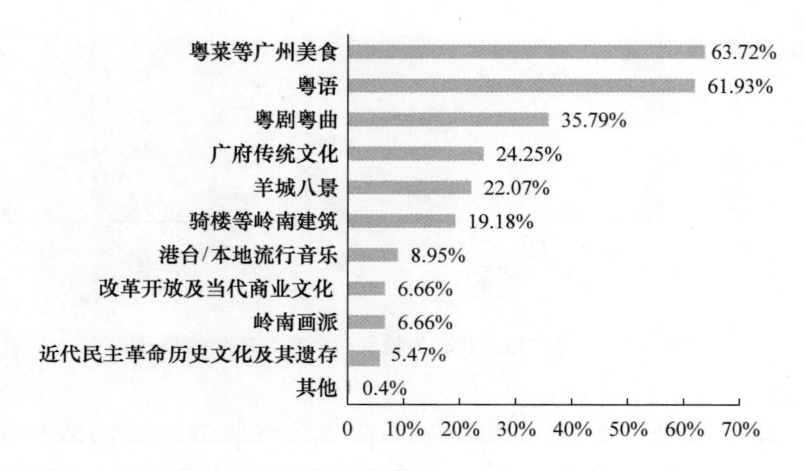

图4-3 广州本地受访者认为最能体现广州文化特色的方面（多选）

当问及哪些方面最能体现广州文化特色时，多数外地受访者选择了粤菜等广州美食，比例高达68%；其次是粤语和粤剧粤曲，比例分别为47.65%和32.41%；此外，认为港台/本地流行音乐、羊城八景、改革开放及当代商业文化和广府传统文化最能够体现广州文化特色的受访者分别占17.48%、17.18%、16.87%和15.85%。从性别上看，女性受访者对粤菜等广州美食的支持率要高于男性，比例为71.70%，男性受访者比例为64.57%。此外，本科及研究生以上学历的受访者选择粤菜等广州美食的比例同样高于其他学历人群，选择比例均在七成左右。另外，"70后""80后"和"90后"比年长者更倾向认为粤菜等广州美食最能体现广州文化特色（见图4-4）。

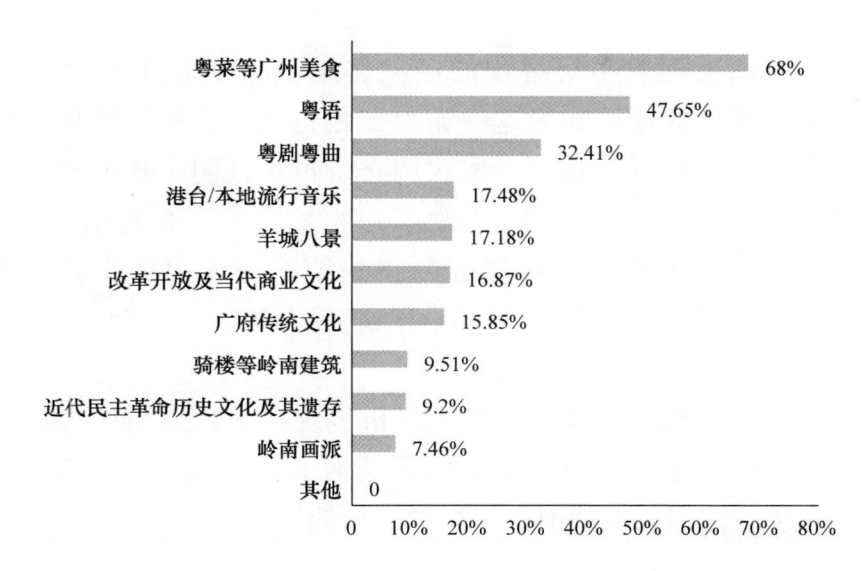

第四章 迈向全球城市，提升广州城市文化品质

类别	百分比
粤菜等广州美食	68%
粤语	47.65%
粤剧粤曲	32.41%
港台/本地流行音乐	17.48%
羊城八景	17.18%
改革开放及当代商业文化	16.87%
广府传统文化	15.85%
骑楼等岭南建筑	9.51%
近代民主革命历史文化及其遗存	9.2%
岭南画派	7.46%
其他	0

图 4-4 外地受访者认为最能体现广州文化特色的方面（多选）

同样，不管是广州本地受访者还是外地受访者，在最能体现广州文化特色的选项上，粤菜、粤语、粤剧粤曲均占据前三位，再次说明了广州的传统文化形象已经根深蒂固。当然在选择比例上略有差别，特别是粤语，有高达61.93%的广州本地受访者认为其最能体现广州文化特色，而做这一选择的外地受访者占47.65%，充分说明了广州本地受访者对粤语的喜爱和对这一传统文化的坚守。

非常有意思的是"广府传统文化"和"港台/本地流行音乐"这两个选项，在前三项相同的情况下，接下来本地受访者和外地受访者对于"最能体现广州文化特色的方面"做了不同的选择，"广府传统文化"在本地受访者的选择中排名第四，"港台/本地流行音乐"排名第七；外地受访者正好相反，"广府传统文化"排名第七，而"港台/本地流行音乐"排名第四。这充分说明广州本地受访者对于传统广府文化的熟知和认同，而外地受访者显然更看重广州改革开放以来的文化辐射力和影响力。近现代以来广州以其独特的地理位置一直处于中国对外开放的桥头堡地位，在引进外来文明、推动中国社会转型进步方面发挥着不可替代的巨大作用。20世纪七八十年代中国的改革开放使广州的这一城市文化特质再次得以体现，其流风余韵一直持续到现在。本次调查也再次证明了这一点，不仅"港台/本地流行音乐"，"改革开放及当代商业文化""近代民主革命历史文化及其遗存"在外地受访者中的排名也相对靠前，都说明了广州这一对外开放桥头堡的城市文化特质已经深入人心。

事实上在本次调查中，除了广州传统文化，广州作为中国对外开放桥头堡的城市文化特质最为外地受访者熟知和看重，这一点从不同的调查选项中都得到生动的体现。

（二）多元、开放：外地受访者眼中的广州

1. 近九成外地受访者对广州表示关注

本次调查中，外地受访者对广州总体关注率较高，仅1.31%的受访者表示从未关注过广州，有10.49%不太关注（见图4-5）。从性别来看，男性受访者对广州关注度更高，36.81%男性表示非常关注广州，女性该比例为28.09%。从职业上来看，公务员与事业单位的受访者对广州的关注程度更高，表示非常关注者分别为54.05%、42.22%，远高于其他群体。从学历上看，硕士研究生及以上的受访者相较于其他学历对广州关注度更高，表示非常关注的达到41.03%；表示比较关注的达到48.72%。高中学历的受访者中仅27.91%的人表示自己非常关注广州。从出生年代来看，年轻人对广州的关注度更高，其中"50后""60后""70后""80后"和"90后"群体中，表示非常关注广州的比例分别为21.43%、24.14%、29.01%、34.45%、33.33%。

调查结果显示，外地受访者对广州饮食文化的关注度最高，占了60.63%，远高于其他项的关注度（见图4-6）。而关注经

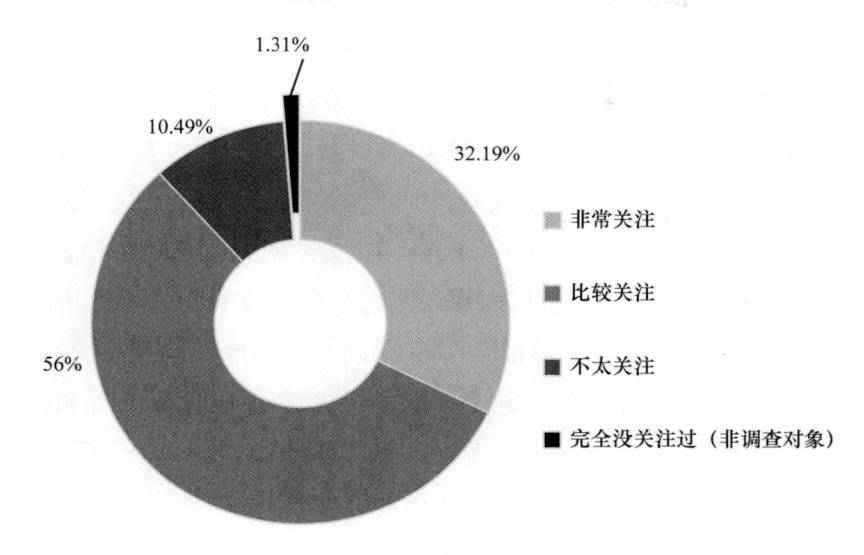

第四章 迈向全球城市，提升广州城市文化品质 81

图4-5 外地受访者对广州的关注度

济以及社会发展、娱乐及流行文化，分别占40.29%、38.24%，排在第二、第三位。对旅游景点及游乐设施、现代都市及标志性建筑的关注为37.42%、30.16%，排在第四、第五位。此外，其余项均不超过30%。

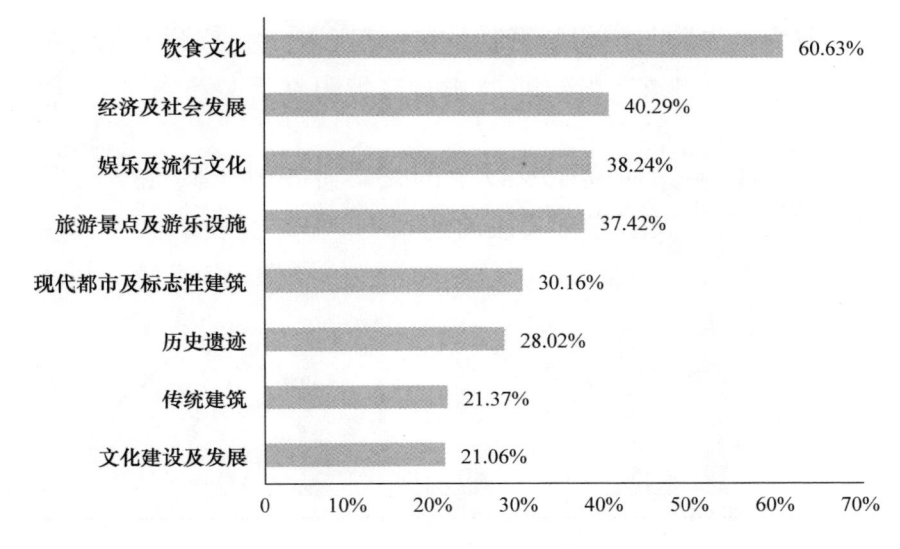

图4-6 外地受访者更关注广州哪些方面（多选）

在被问及对广州哪方面比较关注的问题时，外地女性相较而言更关注广州的饮食文化，为63.83%，男性该项为57.68%。而男性对经济及社会发展关注度更高，为41.54%，女性则为38.94%。在广州文化中，外地男性对文化建设以及发展的关注度最低，占18.90%，而外地女性对传统建筑关注度最低，关注度为19.79%。从不同学历上来看，初中及以下学历的受访者对旅游景点及游乐设施的关注度更高，为50%，而其他学历的受访者对饮食文化的关注度更高。本科以上的受访者对经济和社会发展的关注度更高。从不同出生年代来看，"80后""90后"对饮食文化的关注度更高。从不同职业来看，企业员工和学生对经济和社会发展的关注度更高，分别为44.94%、48.32%。

2. 多数外地受访者认为广州"多元化""开放"

在外地受访者对广州城市文化的直观印象中，"多元化"占比最高，为27.91%；其次是"开放""商业化"，分别占23.21%、12.27%（见图4-7）。当外地受访者用两个词语形容广州文化时，"开放""包容""多元""时尚""美食"成为被提及最多的词语（见图4-8）。其中，在受访者眼中，"开放""先锋""发展""改革""敢为人先"与广州紧密联系在一起。同时，广州文化给予受访者"时尚""潮流""美丽""丰富"等印象。

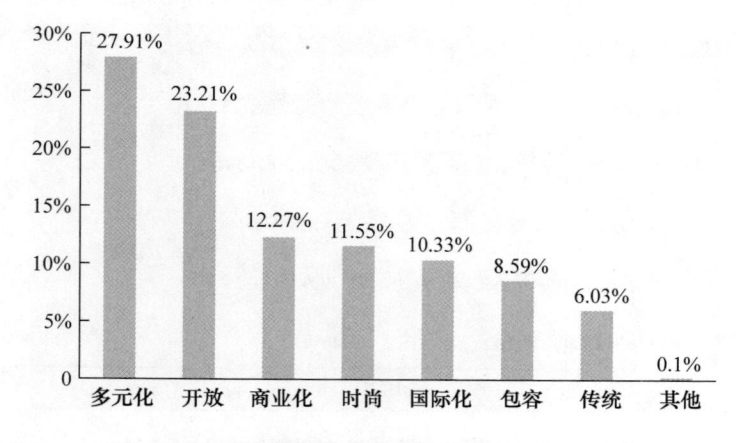

图4-7 外地受访者对广州城市文化的直观印象

第四章　迈向全球城市，提升广州城市文化品质

图 4-8　外地受访者用两个词形容广州词云图

不同群体对广州文化的直观印象也有差异，在外地受访者中，女性受访者更认为是多元化，而男性受访者更认为是开放。其中女性对广州城市文化直观排在前三位的是多元化、开放及商业化；而在男性中，排在前三位的为开放、多元化、国际化。在比例上，女性对广州城市文化的直观印象是多元化的比例更高，为30.43%，男性该比例为25.59%；而男性更多对广州城市文化的直观印象为开放，为26.38%，女性为19.79%。

从不同出生年代来看，年龄大的外地受访者对广州城市文化的直观印象是开放的比例更高，"50后""60后""70后"群体选择此项的比例分别为35.71%、31.03%、25.19%；而年轻人更多对广州城市文化直观印象为多元化，"80后""90后"受访者选择此项的比例分别为28.53%、31.39%。

从学历上看，不同学历的外地受访者对广州文化的直观印象多为"多元化"。其中，初中及以下、高中/中专、本科对广州城市文化的直观印象为"多元化"，比例分别为33.33%、31.98%、29.32%。学历为大专和硕士研究生及以上的受访者中对广州文化的直观印象为"开放"的比例略高于"多元化"

的比例,分别为24.42%和23.08%,而直观印象为"多元化"的比例分别为24.03%和21.79%,两者相差不大。

从职业上看,外地公务员、企业员工、个体经营者、自由职业、学生对广州城市文化的直观印象是"多元化"的比例均超过27%。事业单位员工对广州城市文化的直观印象是"开放",比例为24.44%。退休人员对广州城市文化的直观印象是"时尚""国际化",比例均为33.33%。

3. 超过八成的外地受访者认为广州是一个有文化的城市

一直以来,广州被称为"文化沙漠",最极端的说法是"即便是北方农村的荒灯野火也比广州街头的霓虹灯有文化"。在本次调查中,有85.79%的外地受访者认为广州是一个有文化的地方,9.41%的受访者表示说不清,仅仅4.81%的受访者认为广州是一个没有文化的地方。这充分说明随着中国改革开放的不断深入,人员的流动带来文化的融通交汇,地域之间的文化界限不断缩小、模糊,不同群体、不同地域之间的文化认同也日益增强,人们对广州文化的认同更加客观、全面(见图4-9)。

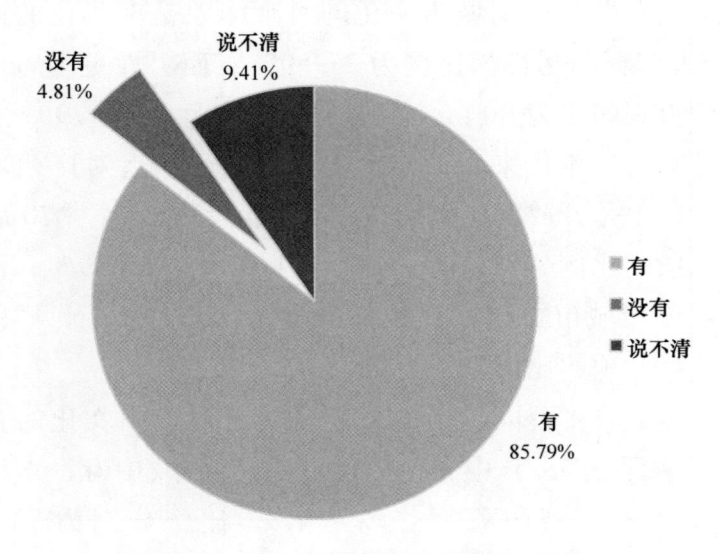

图4-9 外地受访者是否认为广州有文化

4. 广州塔、孙中山成外地受访者心中的广州文化代表

在外地受访者眼中,广州塔最能代表广州的文化地标,以44.99%的得票率居首位;其次是中山纪念堂/大元帅府,选择比例为42.64%;黄埔军校旧址和越秀山五羊雕塑分别以33.03%和30.98%的得票率排在第三和第四位(见图4-10)。

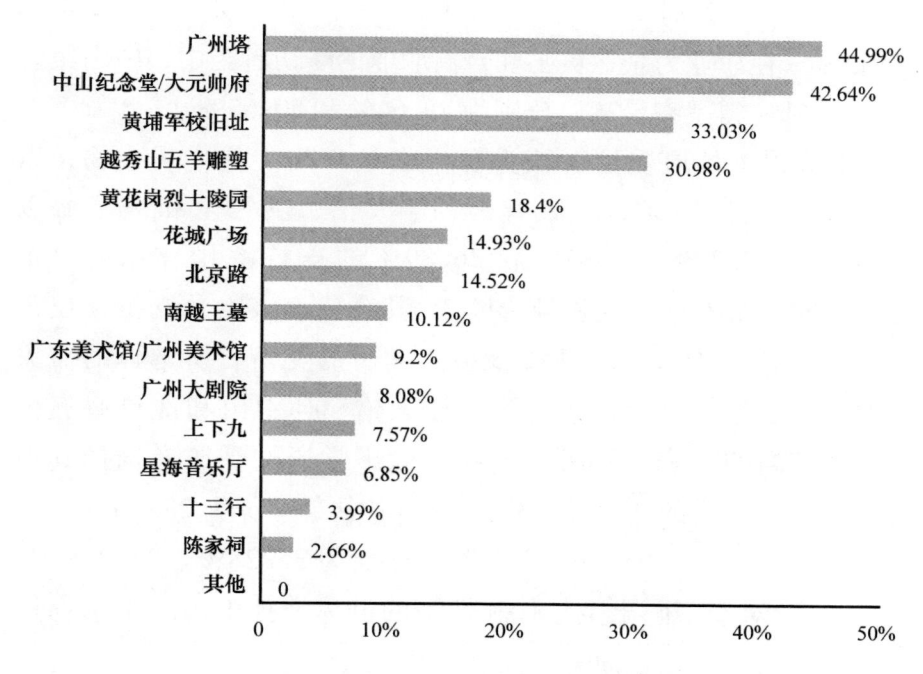

广州塔	44.99%
中山纪念堂/大元帅府	42.64%
黄埔军校旧址	33.03%
越秀山五羊雕塑	30.98%
黄花岗烈士陵园	18.4%
花城广场	14.93%
北京路	14.52%
南越王墓	10.12%
广东美术馆/广州美术馆	9.2%
广州大剧院	8.08%
上下九	7.57%
星海音乐厅	6.85%
十三行	3.99%
陈家祠	2.66%
其他	0

图4-10 外地受访者眼中的广州文化地标(多选)

从性别上看,更多外地女性受访者比男性受访者认为广东美术馆/广州美术馆是能够代表广州的文化地标,比例为12.13%,而男性受访者比例为6.50%。从学历上看,在初中及以下、高中/中专和本科学历的受访者中,得票率最高的是广州塔,分别为50%、51.74%和43.18%;而在大专和硕士研究生及以上学历的受访者当中,得票率最高的是中山纪念堂/大元帅府,分别为44.57%和48.72%。

从出生年代来看,与其他年龄群最认同广州塔不同,"60后"

受访者眼中最能代表广州文化地标的是黄埔军校旧址,选择比例占48.28%,显示年龄与取向密切相关;"70后"眼中则是越秀山五羊雕塑更能代表广州文化地标,占比38.17%,略高于广州塔的选择率(37.40%)。从职业上看,在职业为公务员、事业单位员工、个体经营者、学生和退休人员的受访者当中,广州塔得票率最高,分别为40.54%、45.19%、48.65%、48.32%和83.33%。在职业为企业员工和自由职业的受访者当中,中山纪念堂/大元帅府得票率最高,分别为43.64%和50.65%。

七成以上外地受访者认为孙中山是广州文化代表人物,以77.51%的支持率居首,康有为、詹天佑、洪秀全和冼星海以43.56%、37.22%、31.7%和26.89%的支持率排在第二、第三、第四和第五位(见图4-11)。其余代表人物总支持率仅为33.53%。从学历上看,大专及以上学历的受访者所选择的对象更加丰富。除洪秀全、康有为、詹天佑、孙中山和冼星海五位支持率较高的代表人物外,初中及以下学历的受访者选择其他选项的代表人物的比例为30%,高中/中专学历为27.33%,大专、本科、硕士研究生及以上学历分别为35.28%、35.22%和33.32%。对于不同出生年代和性别的群体,孙中山均是选择比例最高的人物。相较而言,女性对洪秀全的提及率略高于男性,为36.38%,男性这一比例则为27.36%。此外,"80后"和"90后"选择詹天佑的比例略高于其他年龄群,"50后"和"60后"选择冼星海的比例略高于其他年龄群。

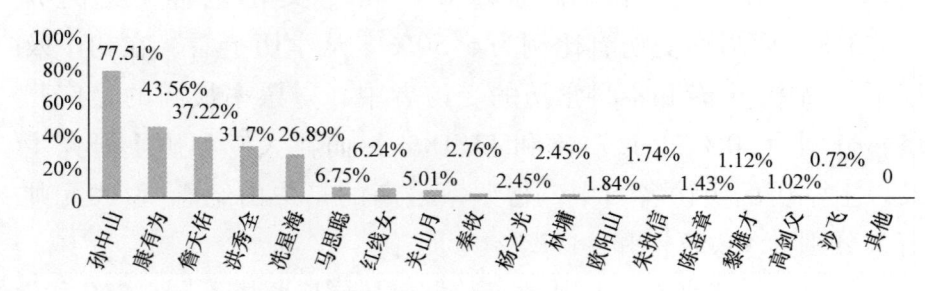

图4-11 外地受访者眼中的广州文化代表人物(限选3项)

三 北京、上海、深圳市民眼中的广州文化

同为中国一线城市,北京、上海、深圳市民心目中的广州文化是什么样的?这个问题也是本次调查的关注重点。统计分析的时候,我们有意将这三个城市的相关数据单列出来,从城市关注度、文化印象、文化评价等几个方面进行对比分析。

(一)关注度:深圳受访者最关注广州

如表4-4所示,北京、上海、深圳三个城市中,由于同处珠三角地区,交流联系频密,深圳受访者对广州的关注度最高,表示非常关注广州的比例为40.98%,远高于北京、上海。上海受访者次之,非常关注的比例为29.89%;北京受访者关注广州的比例则相对较低,其中18.48%的受访者表示不太关注广州,远高于其他城市。

表4-4　　　　　　　　　受访者对广州的关注度

选项	北京	上海	深圳	其他城市	总计
非常关注	20.65%	29.89%	40.98%	33.16%	32.19%
比较关注	60.87%	59.77%	54.1%	55.13%	56%
不太关注	18.48%	10.34%	4.92%	9.99%	10.49%
本题有效填写人次	92	87	61	751	991

如表4-5所示,不同城市的受访者对广州文化最关注的方面都是饮食文化,其中,上海受访者对饮食文化的关注度略高于其他城市。此外,深圳受访者对广州经济及社会发展、历史遗迹、文化建设及发展三个方面的关注度显著高于其他城市;而北京受访者则对娱乐及流行文化、旅游景点及游乐设施等方面关注度更高。

表4-5　　　　　　　受访者最关注广州文化哪些方面

选项	北京	上海	深圳	其他城市	总计
饮食文化	64.13%	67.82%	60.66%	59.35%	60.63%
历史遗迹	20.65%	22.99%	31.15%	29.27%	28.02%
传统建筑	10.87%	17.24%	31.15%	22.36%	21.37%
娱乐及流行文化	48.91%	39.08%	31.15%	37.40%	38.24%
现代都市及标志性建筑	28.26%	21.84%	26.23%	31.71%	30.16%
旅游景点及游乐设施	41.30%	39.08%	29.51%	37.40%	37.42%
文化建设及发展	19.57%	20.69%	31.15%	20.46%	21.06%
经济及社会发展	30.43%	26.44%	50.82%	42.28%	40.29%
其他	0	0	0	0	0
本题有效填写人次	92	87	61	738	978

（二）文化印象：北京受访者更认为广州文化开放

如表4-6所示，北京受访者中，对广州文化的直观印象为"开放"的比例更高；上海和深圳受访者则认为广州文化"多元化"的比例更高。这个结果符合广州文化给人的一贯印象，也符合中国的地域文化特征。基本上，北方城市认为包括广州在内的南方文化更开放、更现代。

表4-6　　　　　　　对广州城市文化的直观印象

选项	北京	上海	深圳	其他城市	总计
传统	3.26%	6.90%	16.39%	5.42%	6.03%
包容	7.61%	6.90%	9.84%	8.81%	8.59%
开放	28.26%	24.14%	13.11%	23.31%	23.21%
时尚	16.30%	16.09%	9.84%	10.57%	11.55%
多元化	23.91%	25.29%	21.31%	29.27%	27.91%
商业化	11.96%	8.05%	16.39%	12.47%	12.27%
国际化	8.70%	12.64%	13.11%	10.03%	10.33%

续表

选项	北京	上海	深圳	其他城市	总计
其他	0	0	0	0.14%	0.1%
本题有效填写人次	92	87	61	738	978

提起广州文化，不同城市的受访者首先想到的均为"粤语"和"食在广州"（见表4-7）。此外，深圳受访者想到"岭南文化"的比例更高，这说明广深同处岭南文化圈，对岭南文化有共同的认知。

表4-7　　　　　　　提起广州文化，首先想到的内容

选项	北京	上海	深圳	其他城市	总计
粤语	40.22%	39.08%	40.98%	38.21%	38.65%
食在广州	32.61%	34.48%	32.79%	30.08%	30.88%
迎春花市	5.43%	5.75%	4.92%	6.37%	6.13%
商业氛围	6.52%	9.20%	0	9.08%	8.28%
岭南文化	4.35%	8.05%	14.75%	9.49%	9.20%
近代历史	7.61%	3.45%	4.92%	3.39%	3.89%
敢为人先	3.26%	0	1.64%	3.39%	2.97%
本题有效填写人次	92	87	61	738	978

对于广州文化地标，北京受访者更倾向于选择"中山纪念堂/大元帅府"和"黄埔军校旧址"等近代文化遗产；上海受访者则倾向于选择"中山纪念堂/大元帅府"和"越秀山五羊雕塑"；而深圳受访者中，选择"广州塔"作为广州文化地标的比例远高于其他城市（见表4-8）。

表4-8　　　　哪些地方最能代表广州文化地标（多选）

选项	北京	上海	深圳	其他城市	总计
越秀山五羊雕塑	32.61%	40.23%	36.07%	29.27%	30.98%
北京路	5.43%	18.39%	22.95%	14.50%	14.52%
中山纪念堂/大元帅府	42.39%	51.72%	34.43%	42.28%	42.64%
广州塔	34.78%	29.89%	52.46%	47.43%	44.99%
花城广场	23.91%	13.79%	16.39%	13.82%	14.93%
南越王墓	9.78%	5.75%	6.56%	10.98%	10.12%
星海音乐厅	9.78%	10.34%	3.28%	6.37%	6.85%
广东美术馆/广州美术馆	9.78%	5.75%	6.56%	9.76%	9.20%
广州大剧院	10.87%	2.30%	3.28%	8.81%	8.08%
黄埔军校旧址	41.30%	28.74%	32.79%	32.52%	33.03%
黄花岗烈士陵园	23.91%	21.84%	8.20%	18.16%	18.40%
陈家祠	4.35%	0.00%	0.00%	2.98%	2.66%
上下九	4.35%	2.30%	16.39%	7.86%	7.57%
十三行	3.26%	8.05%	1.64%	3.79%	3.99%
其他	0	0	0	0	0
本题有效填写人次	92	87	61	738	978

（三）文化评价：深圳受访者对广州文化评价更高

由于地缘因素，深圳受访者中去过广州的比例最高，高达93.34%，而其他城市受访者中均有六成左右去过广州（见表4-9）。

表4-9　　　　　　　　　是否去过广州

选项	北京	上海	深圳	其他城市	总计
是	60.87%	58.62%	93.44%	76.15%	74.23%
否	39.13%	41.38%	6.56%	23.85%	25.77%
本题有效填写人次	92	87	61	738	978

如表4-10所示，相较而言，深圳受访者对广州文化的评价更高，91.80%的深圳受访者认为广州是个有文化的地方。这

个结果让人颇感意外,这充分说明广州和深圳在文化上高度认同,文化上的这种认同可以使双方的合作、联系更为紧密,从而互利互惠、彼此双赢。

表4-10　　　　　　是否认为广州是一个有文化的地方

选项	北京	上海	深圳	其他城市	总计
有	79.35%	86.21%	91.8%	86.04%	85.79%
没有	7.61%	5.75%	0.00%	4.74%	4.81%
说不清	13.04%	8.05%	8.20%	9.21%	9.41%
本题有效填写人次	92	87	61	738	978

同样,深圳受访者对广州公共文化服务的评价也更高,深圳受访者给广州公共文化服务打了4.295分,上海和北京受访者的打分则分别为4.275分、4.163分(见表4-11)。

表4-11　　　　　受访者对广州公共文化服务的打分

(满分5分,最低1分)

城市	北京	上海	深圳	其他城市	总计
分值	4.163	4.275	4.295	4.248	4.245

四　广州市民对广州公共文化设施知晓度与使用情况

文化是一个城市的灵魂,让文化融入城市发展和居民生活,是政府民生建设的责任担当。作为城市经济社会发展战略的重要组成部分,公共文化服务体系建设包括满足人民群众的精神文化需求,让公民普惠、便利、公平地享受公共文化服务,保障公民基本文化权利等方面。广州作为历史底蕴深厚并不断融合多元文化的国际化大都市，一方面拥有南越王博物馆、陈家祠、中山纪念堂、黄埔军校旧址、大元帅府等一系列丰富的历史文化资源，有着独具一格的传统与气韵。另一方面，随着政府不断加大对公共文化服务体系建设的投入，广州的公益性和功能性文化设施建设得到了全面加强，近10年来，相继建成了广州塔、海心沙亚运公园、广东省博物馆、广州图书馆、广州大剧院等一批公共文化设施，为广州文化发展奠定了坚实的基础。

但在不断完善公共文化建设的道路上，仍存在许多问题和困难。究竟广州市民对广州的公共文化服务体系建设了解程度如何？是否能享受到公共文化服务体系建设的成果？而公共文化设施、产品与服务能否满足公众的文化需求？这些也是本次调查的重点之一。

本次调查问卷将公共文化设施分为图书阅读类（图书馆/阅览室）、演出场馆类（影院/剧院/音乐厅）、文化博览类（博物馆/美术馆/科技馆）、历史纪念类［历史遗迹/名人故居/纪念堂（馆）］、文化活动类（文化宫/妇女/儿童/老人/社区文化活动中心）、文化馆/文化站、文化广场及文化主题公园七大类别。本部分包含以下内容，分别为广州本地受访者对广州公共文化设施的知晓度、对居住地附近公共文化设施的了解程度以及使用公共文化设施的频率，等等。具体调查结果如下。

（一）公共文化设施知晓度

1. 图书阅读类、文化博览类、历史纪念类的公共文化设施知晓度最高

调查中，被问及"您知道广州有哪些公共文化设施及服务"时，超过六成受访者表示知晓"图书馆/阅读室""历史遗迹/名人故居/纪念堂（馆）""博物馆/美术馆/科技馆等"，分别占67.89%、63.82%、61.73%。其次，表示知晓"剧院/音乐厅等演出场馆类""文化广场/文化主题公园""文化宫/妇女/儿

童/老人/社区文化活动中心"的受访者分别占55.96%、45.63%、43.44%。值得注意的是,表示知晓"市/区/街道的文化馆或文化站"的受访者仅占29.13%(见图4-12)。

图书馆/阅读室 67.89%
历史遗迹/名人故居/纪念堂(馆) 63.82%
博物馆/美术馆/科技馆等 61.73%
剧院/音乐厅等演出场馆类 55.96%
文化广场/文化主题公园 45.63%
文化宫/妇女/儿童/老人/社区文化活动中心 43.44%
市/区/街道的文化馆或文化站 29.13%
以上均不知道 2.49%
其他 0.1%

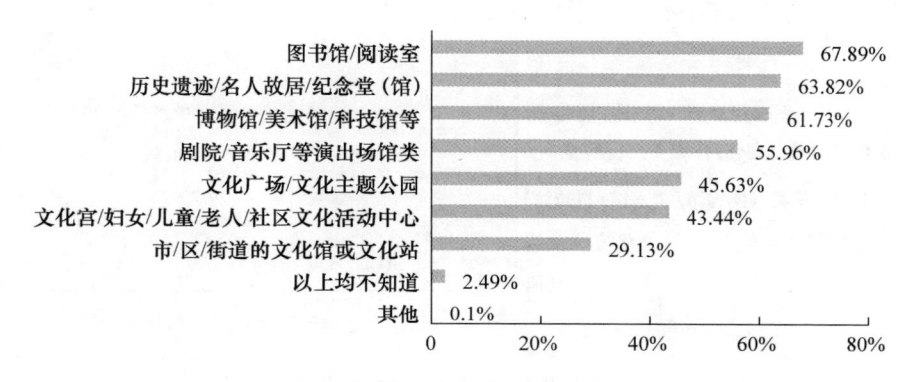

图4-12 受访者知道的广州公共文化设施(多选)

2. 不同群体情况

从不同学历来看,受教育程度越高的受访者,对于广州公共文化设施的知晓度越高。其中,学历为初中及以下、高中/中专、大专、本科、硕士研究生及以上的受访者对于图书馆/阅览室的知晓度分别占64.91%、56.12%、68.68%、72.73%、82.93%。学历为初中及以下、高中/中专、大专、本科、硕士研究生及以上的受访者对于剧院/音乐厅等演出场馆类的知晓度分别占54.39%、47.96%、52.67%、61.23%、73.17%。学历为初中及以下、高中/中专、大专、本科、硕士研究生及以上的受访者对于博物馆/美术馆/科技馆等的知晓度分别占50%、55.61%、57.3%、70.32%、75.61%。

(二)公共文化设施普及度

1. 近五成受访者居住地附近有图书阅读类公共文化设施

调查结果显示,表示居住地附近有图书阅读类公共文化设施的受访者占比最高,为46.22%。其次,表示居住地附近有历史纪念类、文化活动类、演出场馆类公共文化设施的受访者分别占32.01%、31.81%、31.11%，而表示居住地附近有文化博览类、文化广场及文化主题公园公共文化设施的受访者分别占29.72%、27.04%（见图4-13）。

```
图书阅读类（图书馆/阅览室）                          46.22%
                                        32.01%
文化活动类（文化宫/妇女/儿童/老人/     31.81%
         社区文化活动中心）            31.11%
文化博览类（博物馆/美术馆/科技馆）      29.72%
                                   27.04%
文化馆/文化站              11.43%
                         11.53%
其他    0.89%
     0    10%   20%   30%   40%
```

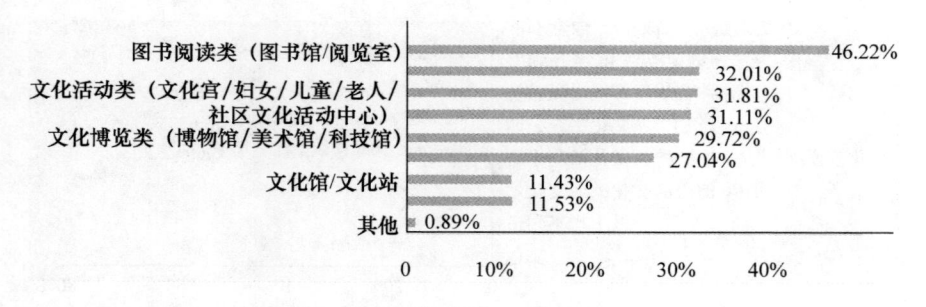

图4-13 受访者居住地附近的公共文化设施（多选）

需要注意的是，此项结果代表的受访者认为居住地附近有哪些公共文化服务设施，是受访者的主观判断，并不代表公共文化设施的实际普及率。

2. 不同群体情况

从不同学历来看，受教育程度越高的受访者，选择居住地附近有公共文化设施的比例越高。调查结果显示，表示居住地附近有图书阅读类（图书馆/阅览室）的受访者中，学历为初中及以下、高中/中专、大专、本科、硕士研究生及以上的受访者分别占33.33%、32.65%、46.62%、56.42%、51.22%。表示居住地附近有演出场馆类（影院/剧院/音乐厅）的受访者中，学历为初中及以下、高中/中专、大专、本科、硕士研究生及以上的受访者分别占21.05%、27.55%、28.47%、36.9%、41.46%。表示居住地附近有文化博览类（博物馆/美术馆/科技馆）的受访者中，学历为初中及以下、高中/中专、大专、本科、硕士研究生及以上的受访者分别占11.4%、28.06%、28.83%、35.83%、39.02%。

(三) 公共文化设施使用频率

1. 图书阅读类公共文化设施使用频率最高

调查显示，去图书馆/阅览室的频率为一个月一次及以上的受访者占50%，其次是去文化广场及文化主题公园、影院/剧院/音乐厅的频率为一个月一次及以上的受访者分别占40.66%、40.35%（见图4-14）。而受访者去博物馆/美术馆/科技馆、历史遗迹/名人故居/纪念堂（馆）、文化馆/文化站的频率相对较低，其中一年仅去一次及以上的受访者分别占43.44%、46.72%、30.32%。

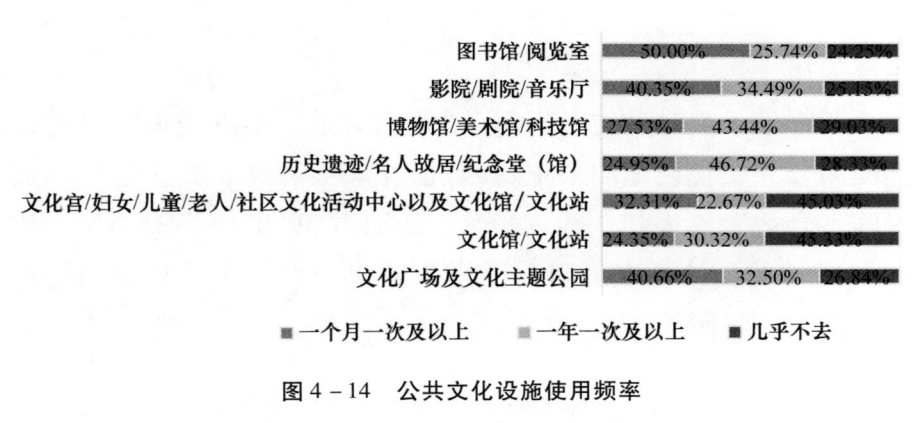

设施	一个月一次及以上	一年一次及以上	几乎不去
图书馆/阅览室	50.00%	25.74%	24.25%
影院/剧院/音乐厅	40.35%	34.49%	25.15%
博物馆/美术馆/科技馆	27.53%	43.44%	29.03%
历史遗迹/名人故居/纪念堂（馆）	24.95%	46.72%	28.33%
文化宫/妇女/儿童/老人/社区文化活动中心以及文化馆/文化站	32.31%	22.67%	45.03%
文化馆/文化站	24.35%	30.32%	45.33%
文化广场及文化主题公园	40.66%	32.50%	26.84%

图4-14 公共文化设施使用频率

2. 逾四成受访者几乎不去文化宫/妇女/儿童/老人/社区文化活动中心以及文化馆/文化站

调查显示，几乎不去文化宫/妇女/儿童/老人/社区文化活动中心、文化馆/文化站的受访者分别占45.03%、45.33%。

3. 不同群体情况

从不同出生年代来看，"80后"和"90后"使用影院/剧院/音乐厅的频率更高。调查显示，在不同出生年代的群体中，去影院/剧院/音乐厅的频率为一个月一次及以上的受访者中，"80后""90后"受访者分别占43.57%、48.55%，"70后""60后""50后"受访者分别占33.62%、26.32%、5.88%。

从不同出生年代来看，年龄越大的受访者对公共文化设施的使用频率越低。调查显示，在不同出生年代的受访者中，"90后""80后""70后""60后""50后"几乎不去图书馆/阅览室的比例分别为17.68%、22.07%、33.62%、33.33%、41.18%；几乎不去影院/剧院/音乐厅的比例分别为18.73%、17.6%、29.31%、36.84%、70.59%；几乎不去博物馆/美术馆/科技馆的比例分别为22.16%、25.7%、31.03%、40.35%、58.82%。

（四）使用公共文化设施的阻碍因素

1. "距离太远，不方便去"为受访者使用公共文化设施的主要阻碍

调查显示，对受访者而言，"距离太远，不方便去"是阻碍其使用公共文化设施的最主要因素，占54.77%；其次是"开放时间不合适""太忙，没时间"，分别占39.07%、33.3%。仅有16.2%的受访者表示阻碍因素为超出消费能力。具体调查结果如图4-15所示。

阻碍因素	比例
距离太远，不方便去	54.77%
开放时间不合适	39.07%
太忙，没时间	33.3%
没有感兴趣的文化设施或活动	29.22%
推广宣传不到位	28.53%
文化服务项目太少	26.94%
设施陈旧，环境不好	25.25%
超出消费能力	16.2%
其他	2.19%

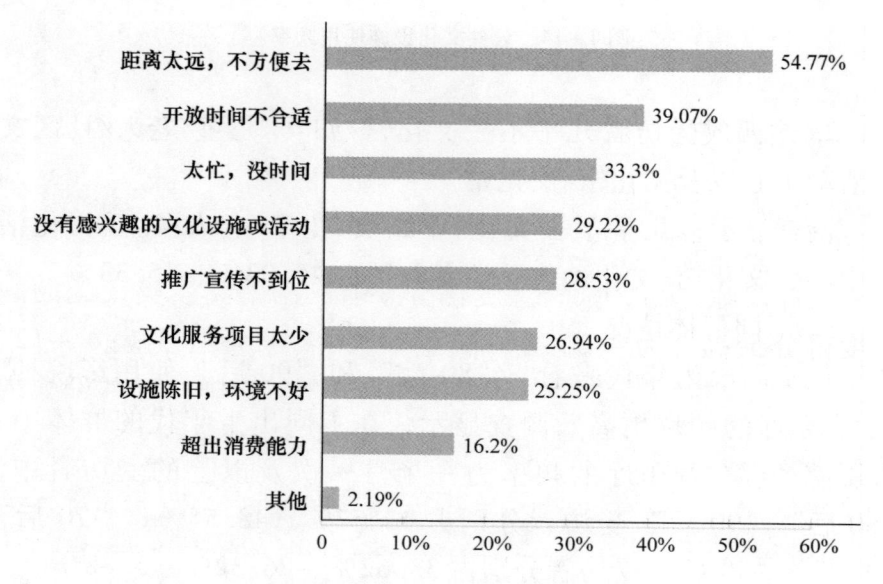

图4-15 受访者使用公共文化设施的阻碍因素（多选）

2. 不同群体情况

近五成"50后"受访者认为阻碍因素是没有感兴趣的文化设施或活动。在调查中显示，有49.02%的"50后"受访者认为阻碍其使用公共文化设施的主要原因是没有感兴趣的文化设施活动，而对于"60后""70后""80后""90后"的受访者，主要阻碍因素则为距离太远，不方便去，分别占43.86%、56.9%、58.1%、58.05%。

（五）公共文化服务评价

本次调查包含广州本地受访者对广州公共文化服务设施、文化活动以及政府投入的评价。其中公共文化服务设施的评价从硬件设施、文化产品、服务水平三个方面入手，采用"非常满意/完全满足""比较满意/比较满足""一般""比较不满意/不太满足""非常不满意/完全不满足"五级量表进行测量。报告中主要以满意率和满意度得分的形式进行呈现，其中满意率百分比为"非常满意"与"比较满意"的百分比之和，满意度得分则是将五级量表转换为1—5分的分值所得："非常满意/完全满足" = 5，"比较满意/比较满足" = 4，"一般" = 3，"比较不满意/不太满足" = 2，"非常不满意/完全不满足" = 1。具体分析结果如下。

1. 公共文化设施及服务满意度

（1）硬件设施满意度

硬件设施方面，从满意度得分来看，图书阅读类设施的满意度得分最高，为4.04分，满意率为83.47%（见表4-12、图4-16）。其次是文化博览类和历史纪念类设施，硬件设施满意度得分分别为3.98分、3.92分。而文化活动类设施、文化广场及文化主题公园、文化馆/文化站硬件设施满意度的得分偏低，分别为3.83分、3.81分、3.79分。

表 4-12　　公共文化设施硬件设施满意程度

公共文化设施满意度	非常满意	比较满意	一般	不太满意	很不满意	有效填答人数
公共图书馆/阅览室	23.10%	60.37%	14.04%	2.23%	0.26%	762
影院/剧院/音乐厅	15.14%	62.15%	20.85%	1.86%	0	753
博物馆/美术馆/科技馆	19.19%	61.76%	16.95%	1.68%	0.42%	714
历史遗迹/名人故居/纪念堂（馆）	18.17%	59.08%	19.69%	2.64%	0.42%	721
文化宫/妇女/儿童/老人/社区文化活动中心	16.46%	53.71%	26.58%	2.53%	0.72%	553
文化馆/文化站	13.82%	56.18%	26.36%	2.91%	0.73%	550
文化广场及文化主题公园	15.22%	56.11%	23.78%	4.21%	0.68%	736

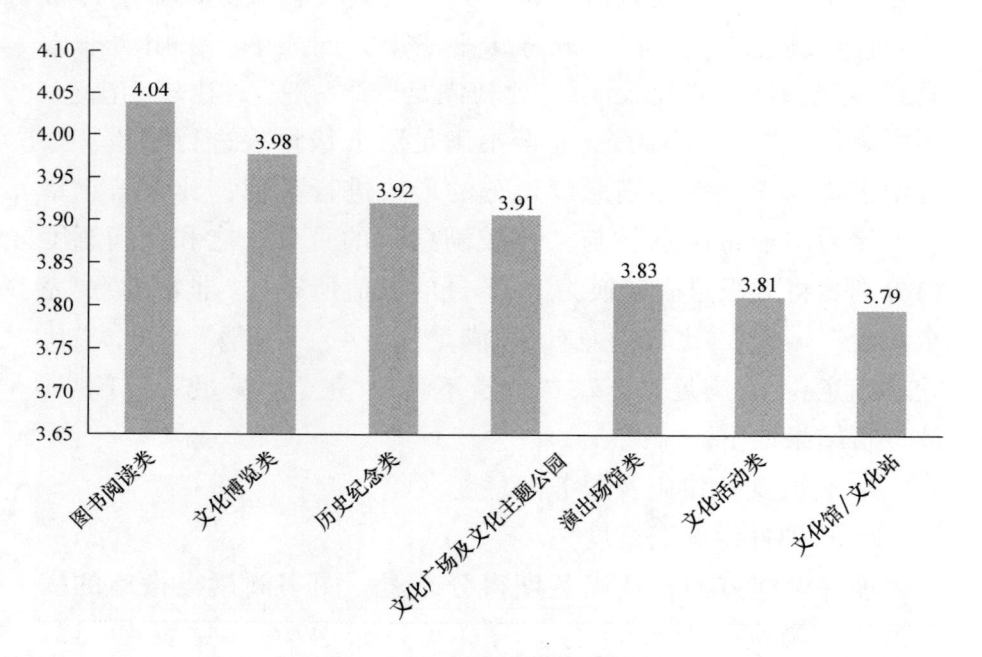

图 4-16　硬件设施满意度得分

从不同群体来看，女性受访者对于硬件设施的满意率普遍高于男性受访者。女性对各类公共文化设施的硬件满意率均高于 70%，其中图书阅读类的硬件设施满意度高达 87.57%；而

第四章 迈向全球城市,提升广州城市文化品质

男性受访者对各类公共文化设施的硬件满意率均不超过80%,文化馆/文化站硬件设施满意度为65.73%(见表4-13)。

表4-13 不同性别受访者对公共文化设施硬件设施的满意率

性别	男	女
公共图书馆/阅览室硬件设施	79.59%	87.57%
影院/剧院/音乐厅硬件设施	75.83%	78.85%
博物馆/美术馆/科技馆硬件设施	78.33%	83.61%
历史遗迹/名人故居/纪念堂(馆)硬件设	72.61%	82.63%
文化宫/妇女/儿童/老人/社区文化活动中心硬件设施	66.78%	73.94%
文化馆/文化站硬件设施	65.73%	74.62%
文化广场及文化主题公园硬件设施	68.78%	74.27%

此外,受访者在广州居住的时间越长,对公共文化设施的硬件满意率越高。以图书阅读类设施为例,广州本地人、在广州居住五年以上、在广州居住五年以下的受访者对硬件设施的满意率分别为85.77%、84.79%、79.31%(见表4-14)。

表4-14 不同居住时间的受访者对公共文化设施硬件设施的满意率

在广州居住时间	在广州居住5年以下	在广州居住5年及以上	广州本地人
公共图书馆/阅览室	79.31%	84.79%	85.77%
影院/剧院/音乐厅	73.91%	78.03%	79.48%
博物馆/美术馆/科技馆	72.17%	84.49%	84.82%
历史遗迹/名人故居/纪念堂(馆)	72.61%	80.95%	77.6%
文化宫/妇女/儿童/老人/社区文化活动中心	63.81%	71.36%	74.35%
文化馆/文化站	62.15%	73.16%	74.32%
文化广场及文化主题公园	71.82%	74.43%	67.71%

(2) 文化产品满意度

调查中,对于不同公共文化设施提供的文化产品,均有超过七成受访者表示能满足其文化需求。其中,83.73%的受访者表示公共图书馆/阅览室的藏书能满足阅读的需求,得分为4.03分;其次是演出场馆类设施和文化博览类设施,分别有83.40%、80.95%的受访者表示演出内容和展品能满足其文化需求,得分分别为4.00分、4.01分。而文化馆/文化站、文化活动类设施、文化广场及文化主题公园在文化产品方面得分较低,分别为3.86分、3.84分、3.82分(见表4-15、图4-17)。

表4-15　　　　　　　　文化产品满意程度

公共文化设施满意度	非常满意	比较满意	一般	不太满意	很不满意	有效填答人数
公共图书馆/阅览室	24.28%	59.45%	11.81%	3.94%	0.52%	762
影院/剧院/音乐厅	18.86%	64.54%	14.21%	2.12%	0.27%	753
博物馆/美术馆/科技馆	23.53%	57.42%	15.97%	2.52%	0.56%	714
历史遗迹/名人故居/纪念堂(馆)	21.36%	56.31%	19.56%	2.22%	0.55%	721
文化宫/妇女/儿童/老人/社区文化活动中心	17.90%	53.16%	24.59%	3.62%	0.72%	553
文化馆/文化站	16.18%	56.73%	24.36%	2.55%	0.18%	550
文化广场及文化主题公园	16.85%	54.76%	22.55%	5.43%	0.41%	736

从不同群体来看,仍是女性对公共文化设施所提供的文化产品满意率更高。同时,在广州居住时间长的受访者对公共文化设施所提供的文化产品满意率更高。此外,对于文化广场及文化公园,受教育程度高的受访者满意率更高。受访者中,本科学历和硕士研究生及以上学历的受访者的满意率分别为76.41%和73.08%,大专学历的受访者满意率为71.16%,高中/中专学历的受访者的满意率为67.58%,而初中及以下学历

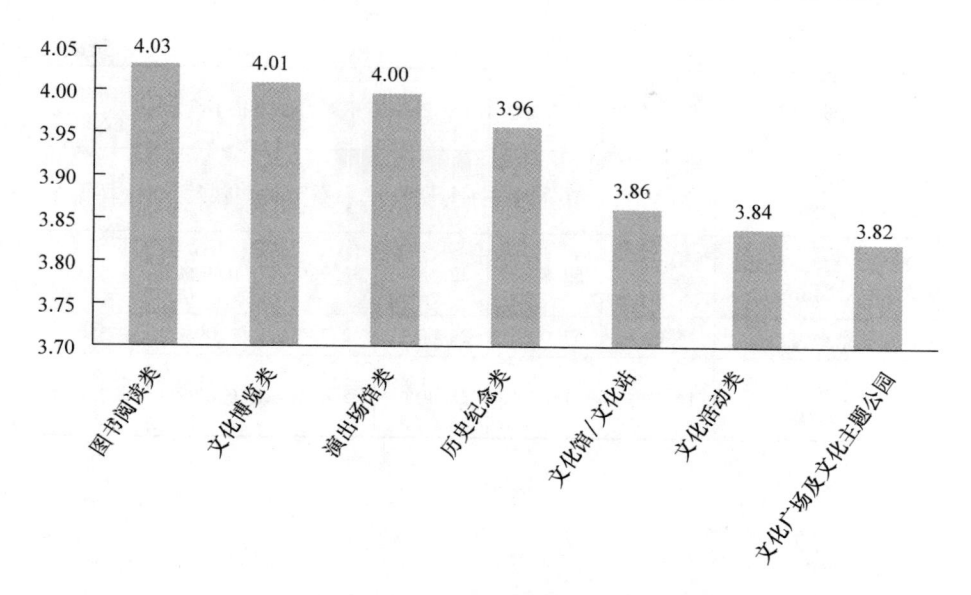

图 4-17 公共文化设施提供的文化产品满意度得分

的受访者的满意率最低，为 60.61%。

（3）服务水平满意度

在七类公共文化设施中，受访者对于图书阅读类设施的服务水平的满意度最高，满意率为 79.53%，得分为 3.96 分；其次是文化博览类和演出场馆类，受访者对其服务水平的满意度得分分别是 3.93 分、3.91 分。相对来说，文化馆/文化站、文化活动类设施和文化广场及文化主题公园的服务水平满意度得分较低，分别是 3.82 分、3.81 分和 3.73 分（见表 4-16、图 4-18）。

表 4-16　　　　公共文化设施服务水平满意程度

公共文化设施满意度	非常满意	比较满意	一般	不太满意	很不满意	有效填答人数
公共图书馆/阅览室	20.21%	59.32%	17.72%	1.97%	0.79%	762
影院/剧院/音乐厅	16.60%	61.22%	18.99%	2.92%	0.27%	753
博物馆/美术馆/科技馆	20.17%	55.60%	21.99%	1.96%	0.28%	714

续表

公共文化设施满意度	非常满意	比较满意	一般	不太满意	很不满意	有效填答人数
历史遗迹/名人故居/纪念堂（馆）	20.11%	52.57%	24.41%	2.77%	0.14%	721
文化宫/妇女/儿童/老人/社区文化活动中心	16.27%	52.80%	26.58%	3.98%	0.36%	553
文化馆/文化站	15.09%	57.09%	24.00%	2.73%	1.09%	550
文化广场及文化主题公园	14.27%	51.09%	28.40%	5.43%	0.82%	736

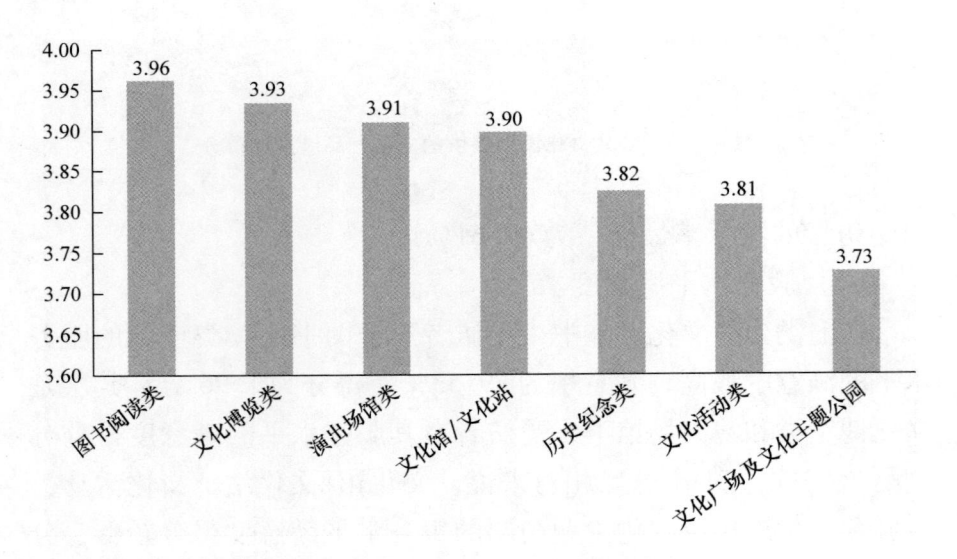

图 4-18 公共文化设施服务水平满意度得分

从不同群体来看，受访者对服务水平的满意度同样与性别和在广州居住的时间长短相关。在受访者中，女性对于服务水平的满意率普遍高于男性。除去历史纪念类场馆和文化广场及文化主题公园外，其余各个场所的文化服务的满意度均与受访者在广州的居住时间成正相关关系（见表 4-17、表 4-18）。

表4-17　在广州居住时间不同的受访者对文化设施服务水平的满意率

在广州居住时间	在广州居住5年以下	在广州居住5年及以上	广州本地人
公共图书馆/阅览室服务水平	71.99%	80.23%	85.39%
影院/剧院/音乐厅服务水平	73.04%	77.65%	82.09%
博物馆/美术馆/科技馆服务水平	66.04%	77.55%	82.10%
历史遗迹/名人故居/纪念堂（馆）服务水平	68.49%	75.79%	73.20%
文化宫/妇女/儿童/老人/社区文化活动中心服务水平	65.65%	68.34%	72.78%
文化馆/文化站服务水平	66.66%	74.21%	75.41%
文化广场及文化主题公园服务水平	63.18%	67.55%	64.96%

表4-18　不同性别对公共文化设施服务水平的满意率

性别	男	女
公共图书馆/阅览室服务水平	77.04%	82.16%
影院/剧院/音乐厅服务水平	74.55%	81.32%
博物馆/美术馆/科技馆服务水平	72.78%	78.81%
历史遗迹/名人故居/纪念堂（馆）服务水平	68.73%	77.25%
文化宫/妇女/儿童/老人/社区文化活动中心服务水平	64.73%	73.94%
文化馆/文化站服务水平	70.62%	73.86%
文化广场及文化主题公园服务水平	61.17%	70.18%

（4）总体满意度

如图4-19所示，被问及对广州公共文化设施的总体满意度时，超过七成的受访者表示满意。受访者中女性的满意率略高于男性的满意率。女性的总体满意率为73.19%，而男性的总体满意率为68.84%。受访者中职业为公务员的群体满意率总的来说远高于其他人群，为87.5%。满意率次高的群体为企业员工群体，为75.75%。

104 广州文化体制改革与公共文化服务体系建设

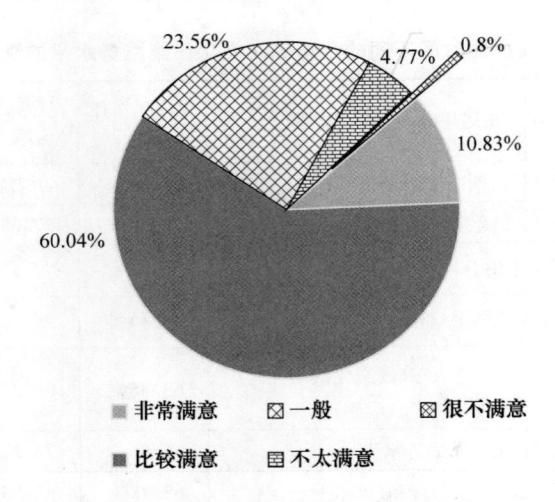

23.56%　4.77%　0.8%
10.83%
60.04%

■ 非常满意　☒ 一般　☒ 很不满意
■ 比较满意　☐ 不太满意

图4-19　受访者对广州公共文化设施的总体满意度

2. 文化活动满意度

调查结果显示，超过七成受访者所在街道/乡镇在最近一年举办过文化活动。其中，受访者对于所举办的文化活动的满意率为50.69%（见图4-20、图4-21）。

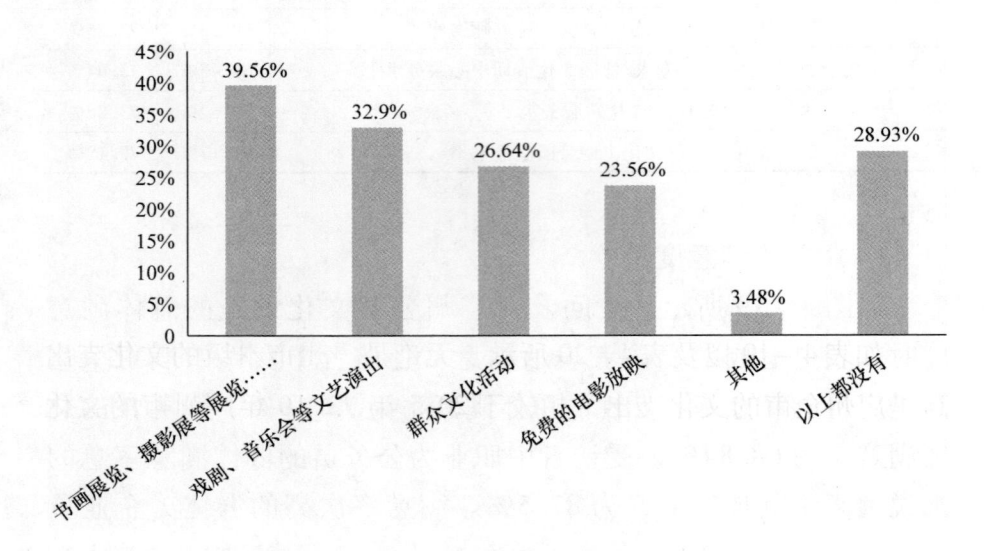

类别	比例
书画展览、摄影展等展览……	39.56%
戏剧、音乐会等文艺演出	32.9%
群众文化活动	26.64%
免费的电影放映	23.56%
其他	3.48%
以上都没有	28.93%

图4-20　受访者所在社区最近一年开展的文化活动（多选）

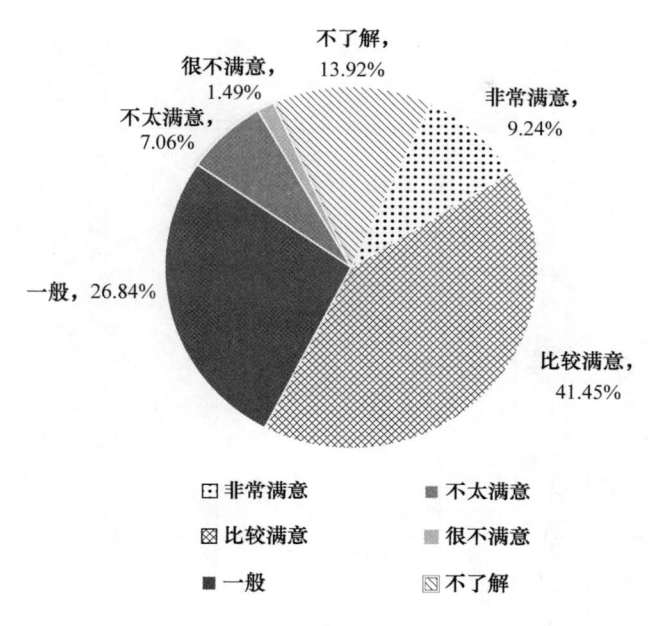

第四章　迈向全球城市，提升广州城市文化品质　105

图4-21　受访者对文化活动的满意程度

从不同年龄来看，年龄大的受访者表示所在的街道在最近一年举办的文化活动较少。"50后"的受访者中有近五成人表示所在街道近一年没有举办过所列举的文化活动，退休人员群体则有超过五成的人表示所在街道近一年没有举办过所列举的文化活动。

从不同性别来看，女性对文化活动的满意度较男性高。女性的满意率为53.83%，较男性的满意率高出5.88%。

（六）政府投入评价

如表4-19以及表4-20所示，无论是广州市本级的文化支出还是广州全市的文化支出，相较于2015年，2016年广州市的文化支出占一般公共预算支出的比例均显著提升。2017年广州市文化支出的占比略有下降，但仍明显高于2015年的比例。此外，同样作为一线城市，广州市本级的文化支出占市本级一般公共预算支出的比例明显低于北京；而与上海相比，2015年广州市本级文化支出低于上海，2016年占比反超上海，2017年又略有下降。

表4-19 北京、上海、广州、深圳四城文化投入数据

年份	2015				2016				2017			
城市	北京	上海	广州	深圳	北京	上海	广州	深圳	北京	上海	广州	深圳
市本级一般公共预算支出	2278亿元	2042亿元	682.1亿元	2464亿元	2765亿元	2624亿元	745.6亿元	2373亿元	3050亿元	2310亿元	712亿元	2425.5亿元
文化支出	345523万元	182000万元	51895万元	—	656415万元	180000万元	69343万元	—	636410万元	200000万元	58244万元	—
基本建设	—	—	—	—	70000万元	—	—	—	69905万元	—	—	—
其他文化体育与传媒支出	—	211000万元	13785万元	—	—	216000万元	12005万元	—	102939万元	228000万元	22496万元	—
宣传文化发展专项支出（包含在其他文化体育与传媒支出中）	—	210000万元	12785万元	—	—	206000万元	11785万元	—	48000万元	227000万元	17799万元	—
文化产业发展专项支出（包含在其他文化体育与传媒支出中）	—	1000万元	—	—	—	10000万元	—	—	—	1000万元	3000万元	—
文化创意产业发展专项支出（包含在其他文化体育与传媒支出中）	—	—	—	50000万元	—	—	—	50000万元	50000万元	—	—	50000万元
文化支出占市本级一般公共预算支出比例	1.52%	0.89%	0.76%	—	2.37%	0.69%	0.93%	—	2.09%	0.87%	0.82%	—

数据来源：市本级一般公共预算报告。

表 4-20　　　　2015—2017 年广州市全市一般公共预算支出

年份	2015	2016	2017
一般公共预算支出	1728.2 亿元	1888.2 亿元	1818.5 亿元
文化支出	113098 万元	139736 万元	131850 万元
其他文化体育与传媒支出	27929 万元	69488 万元	31962 万元
文化支出占全市一般公共预算支出比例	0.65%	0.74%	0.73%

数据来源：广州全市一般公共预算报告。

调查中，我们询问了广州本地受访者对政府公共文化设施投入力度的看法，有 46.92% 的受访者认为投入适中，有 10.64% 的受访者认为投入较大，另外，认为投入较少、投入不足的受访者分别占 23.16%、7.55%（见图 4-22）。

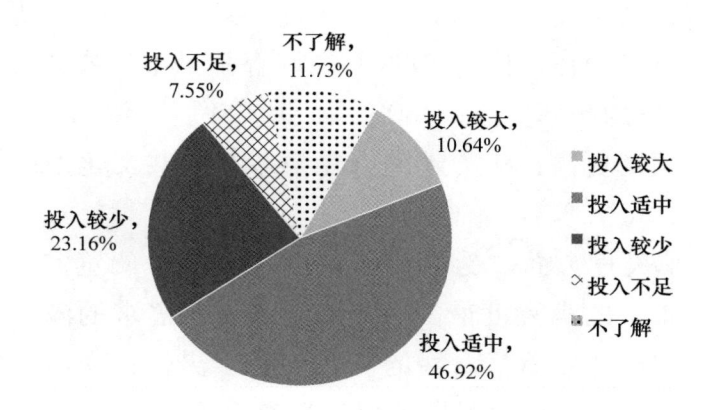

图 4-22　广州本地受访者对政府公共文化设施投入力度的评价

从不同群体来看，年龄越小的受访者越认为政府的公共文化设施投入大。认为政府对公共文化设施投入力度适中的"50 后"受访者占 31.37%；而"60 后""70 后"受访者分别占 31.58%、37.93%；"80 后""90 后"受访者分别占 48.04%、53.3%。

总的来说，近年来广州的公共文化投入占比有所提升，但与北京相比仍有很大差距。超过半数广州本地受访者对市政府的公共文化设施投入评价较好，但仍有三成受访者认为公共文化投入存在一定不足。由此可见，广州市公共文化支出仍有提升空间。

（七）调查主要结果

一是公共文化设施的知晓度方面，逾六成的受访者知晓图书阅读类、文化博览类、历史纪念类的公共文化设施，并且学历越高的受访者对于广州公共文化设施的知晓度越高。

二是公共文化设施的普及度方面，近五成受访者表示居住地附近有图书阅读类公共文化设施，图书馆/阅读室的普及程度最高，其次是演出场馆类、历史纪念类、文化活动类、文化博览类、文化广场及文化主题公园。

三是公共文化设施的使用频率方面，受访者去图书馆/阅览室的频率较高，文化宫/妇女/儿童/老人/社区文化活动中心和文化馆/文化站的使用频率较低。在调查结果中，公务员使用图书馆/阅览室的频率更高；"80后"和"90后"使用影院/剧院/音乐厅的频率更高；年龄越大的受访者对公共文化设施的使用频率越低。

四是满意度方面，受访者对于公共图书馆/阅览室的硬件设施和服务水平的满意度最高，其对于读者的需求的满足度也最高。从不同群体来看，女性的满意度高于男性；受访者的满意度与其在广州的居住时间呈正相关关系。

五 外地受访者对广州公共文化设施知晓度与使用情况

广州是一座南来北往的城市，每年有无数的外地人来广州，或公务，或探亲，或旅游。来到广州，他们中的相当一部分人也会参与广州的公共文化活动，他们心目中的广州公共文化服务体系建设情况如何？有哪些可取之处？还有哪些有待完善的地方？这也是本次调查的一个重点内容。

（一）公共文化场所体验情况：逾七成外地受访者去过广州，越秀公园游玩率高

在本次调查中，有74.23%的外地受访者表示去过广州，只有25.77%的人表示没有去过广州。在男性受访者中，有78.35%的人表示去过广州，高于去过广州的女性受访者（所占比例为69.79%）。除初中及以下学历之外，高中及以上学历的受访者中，超七成去过广州。从出生年代和职业上看，去过广州的受访者中"80后"和个体经营者居多。

在被问及去过广州哪些公共文化场所时，超三成外地受访者表示去过越秀公园、中山图书馆/广州图书馆，比例分别为34.3%、31.27%。广东美术馆/广州美术馆、中山纪念堂和广州大剧院分别以27.55%、26.58%、25.76%的比例排在第三、第四、第五位，超两成以上的场所还有黄埔军校旧址和星海音乐厅，分别为23.14%和23%。此外，还有部分受访者去过海心沙亚运公园、花城广场、黄花岗/广州起义烈士陵园、广东省博物馆、广州国际演艺中心，分别占比19.83%、18.32%、15.15%、15.01%、12.81%。其余的场所均低于10%，最低的是大元帅府，比例仅为5.51%（见图4-23）。

场所	比例
越秀公园	34.3%
中山图书馆/广州图书馆	31.27%
广东美术馆/广州美术馆	27.55%
中山纪念堂	26.58%
广州大剧院	25.76%
黄埔军校旧址	23.14%
星海音乐厅	23%
海心沙亚运公园	19.83%
花城广场	18.32%
黄花岗/广州起义烈士陵园	15.15%
广东省博物馆	15.01%
广州国际演艺中心	12.81%
陈家祠	8.13%
毛泽东农民运动讲习所	7.3%
南越王博物馆	5.92%
大元帅府	5.51%
其他	1.79%

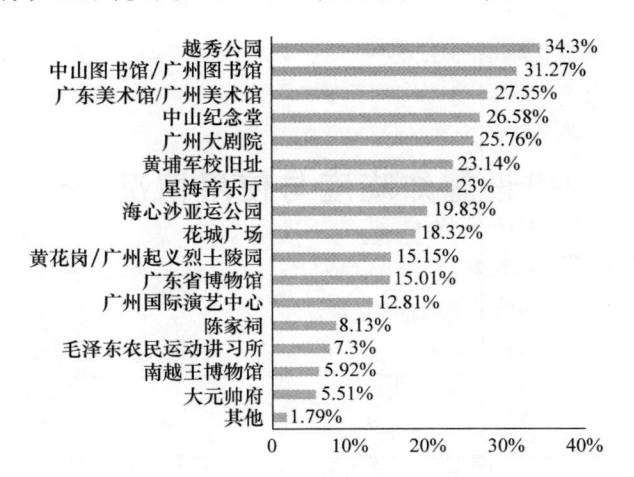

图4-23　外地受访者去过的公共文化场所（多选）

（二）公共文化场所的吸引力

1. 黄埔军校旧址最受欢迎，各场所吸引力相差较小

调查结果显示，排在外地受访群体最想去的公共文化场所前三位的分别是黄埔军校旧址、星海音乐厅和广州大剧院，所占比例分别为29.86%、28.02%、27.2%（见图4-24）。其次是中山纪念堂、中山图书馆/广州图书馆、海心沙亚运公园、广东美术馆/广州美术馆和广州国际演艺中心，分别占26.99%、23.11%、21.17%、20.76%、20.65%。而吸引力不到10%的场所有两个，分别是毛泽东农民运动讲习所和陈家祠，各占

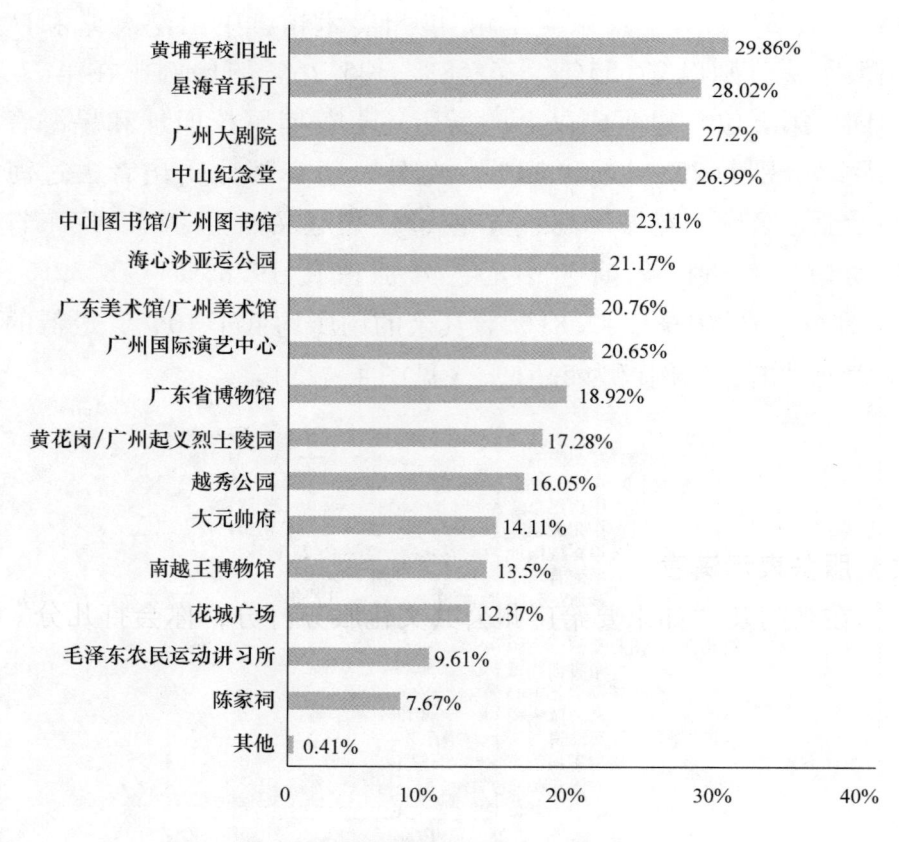

场所	比例
黄埔军校旧址	29.86%
星海音乐厅	28.02%
广州大剧院	27.2%
中山纪念堂	26.99%
中山图书馆/广州图书馆	23.11%
海心沙亚运公园	21.17%
广东美术馆/广州美术馆	20.76%
广州国际演艺中心	20.65%
广东省博物馆	18.92%
黄花岗/广州起义烈士陵园	17.28%
越秀公园	16.05%
大元帅府	14.11%
南越王博物馆	13.5%
花城广场	12.37%
毛泽东农民运动讲习所	9.61%
陈家祠	7.67%
其他	0.41%

图4-24 外地受访者最想去的公共文化场所（多选）

9.61%和7.67%。从总体上看，广州公共文化场所对受访者的吸引力大小分布较为均匀。这个调查充分显示，对于外地人来说，黄埔军校是广州最知名也最具有吸引力的文化品牌。

2. 不同群体意见：**女性更爱星海音乐厅，图书馆对高学历人群吸引力大**

从性别来看，不同类型的场所对不同性别的人群的吸引力不同。对男性吸引力较高的公共文化场所是黄埔军校旧址，占比为30.12%，而对女性吸引力最高的场所是星海音乐厅，为31.49%。两者差异最大的场所为花城广场，女性所占比例为15.96%，男性仅为9.06%。

从受教育程度上看，中山图书馆/广州图书馆对硕士研究生及以上学历的受访者更具有吸引力，占比34.62%，远高于其他受教育水平的受访者。而初中及以下学历的受访者更愿意去广州国际演艺中心、花城广场和越秀公园，比例分别为33.33%、30.00%、30.00%，同样远高于其他群体。

从职业上看，退休人员最想去的大多为历史纪念类的场所，如中山纪念堂、黄埔军校旧址和大元帅府，占比分别为66.67%、41.67%、33.33%。而演出展览类场所如广东美术馆/广州美术馆、星海音乐厅和广州大剧院更受公务员的欢迎，占比均为40.54%。

（三）公共文化服务满意度：超八成外地受访者对广州公共文化服务表示满意

在被问及"如果要给广州公共文化服务打分，你会打几分"（5分为最高分，1分为最低分）时，52.04%的外地受访者给广州的公共文化服务打了4分，30.78%的受访者打了最高分5分。根据调查结果，受访者给广州公共文化服务的评分为4.25分。

其中男性对广州公共文化服务总体评价更好，打5分的比例为33.66%，女性则为27.66%。相比较来说，只有少部分受访者给广州公共文化服务打了较低的分数。打了2分的受访者占1.02%，而打了最低分1分的受访者仅占0.31%。总的来说，受访者对广州公共文化服务的满意度较高。

总体来说，有超八成的外地受访者对广州公共文化服务表示满意。在到过广州游玩的七成受访者中，越秀公园的游玩率是最高的，其次是中山图书馆/广州图书馆。对于受访者来说，黄埔军校旧址最受欢迎，而女性表示更偏爱星海音乐厅，图书馆对于高学历人群吸引力大。

六　主要结论

城市文化是凝聚力和创造力的重要源泉，也是城市发展的核心动力。全球城市竞争力的一个重要体现，是对资本和人才的高整合能力。优秀的城市文化能够优化配置各种城市资源，对全球范围内资本和人才的流动构成吸引，从而成为在全球竞争中获胜的重要因素。

（一）全球城市语境下广州的文化优势

1. 作为国内一线城市的代表，广州得到的关注度高，城市文化认可度高

调查中发现，来自全国各地的受访者大部分都表示关注广州，32.19%的受访者表示非常关注，56%的受访者比较关注，两者合计88.19%；从未关注过广州的受访者仅占1.31%。这一调查结果表明，广州作为四大一线城市之一，其经济、社会、文化等方面都得到较高的关注度。在现今的信息时代，信息的海量化和碎片化成为信息传播的一个重要阻碍，关注度因而成为一种至关重要的文化软实力资源。正如约瑟夫·奈（Joseph Nye）在其著作《软实力》一书中所指出的，"当人们被大量信息包围时，难以辨别哪些才是真正应该关注的焦点。因此，真正稀缺的资源不是信息，而是人们的关注度"。高关注度才能带来高认知度和高竞争力，广州所具备的高关注度，是广州迈向全球城市，吸引全球资本和人才流动的一项重要的潜力资源。尽管这种高关注度目前仅限于国内，但通过广州经济、文化等各项实力的提升和粤语文化圈的拓展、"文化走出去"等宣传推广策略的实施，广州可以有的放矢地逐步将高关注度、高认知度扩大到全球范围。

调查数据也表明，广州文化在全国各地的受访者心目中获得较高的认可度。虽然只有76.15%的受访者到过广州，但高达85.79%的受访者认为广州是一个有文化的城市，仅有4.81%的受访者认为广州没文化。由于古代广州地处岭南边陲，历史发展具有特殊的外向型特征，岭南文化也具有世俗性、商业性等特点，与中原正统文化相隔离，所以一直以来被视为"蛮夷之地"。但实际上，以广州为核心的岭南文化自成一体，并非是一种封闭的、落后的地方文化，而是与全球化进程紧密相连的具有多元、开放特征的外生型文化。随着改革开放四十年全国人口向珠江三角洲的流动以及广州经济、文化向全国各地的传播，广州本土文化受到普遍认可。从"文化沙漠"的形象劣势转变为一个有文化的城市，特别是美食文化受到全国各地受访者的青睐，60.63%的受访者最关心广州的饮食文化，"食在广州"的城市形象几乎家喻户晓。全球城市的综合性评价指标体系如科尔尼全球化城市指数（GCI）、全球城市实力指数（GPCI）以及全球城市创新指数（Innovation Cities Global Index）等，餐饮美食都是其中一项重要的文化类评价指标。因为城市美食的好评度和丰富度直接关系到全球创意人才的流动，从而为城市创新发展创造机遇和环境。从这个意义上来说，"食在广州"可以看作是广州最重要的一项优势文化资源。

2. 开放、多元的城市文化品质受到广泛认同

开放、多元的城市文化是全球城市普遍具备的优秀品质。在各类有关全球城市（世界城市）的评比和排名中，纽约、伦敦、巴黎、东京基本上都是稳居前四位。这几个全球影响力最大的城市也都以文化的开放和包容而著称。全球城市最看重的是城市的创新发展能力，而开放、多元的城市文化品质则是创新、创意的动力源泉。例如，伦敦是全球创意产业的领导者，产业门类涵盖艺术、演艺、电影、时装、设计、数字传媒、音乐等多个领域。伦敦创意产业的成功，原因之一是伦敦的开放环境、自由沟通氛围更有利于电影电视、表演艺术、音乐、摄影及其他文化创意的自由职业者生存和发展。很多时尚科技公司选择伦敦也是因为伦敦被视为全球机遇的绝佳出发点，不仅仅因为时区和距离方面的因素，还因为伦敦的多元文化背景。

广州两千多年的城市发展史，也造就了广州城市文化的开放、多元和包容的优秀品质，宽松、自由、平等的城市文化氛围是广州在国内各大城市的比较中最受到认同和喜爱的优势之一。与中国大多数城市的发展历程不同，广州的发展是典型的因港兴市，自先秦时期就已经与海外有贸易往来，可以说从诞生之日起广州就是一个开放的城市。古代广州的城市发展史就是一部"海上丝绸之路"的贸易交通史；近代广州得风气之先，是西学东渐的首要之地；当代广州是中国最早开始改革开放的城市。两千年的城市发展历程中，广州几乎从未停止与外界的交流与互动，因此广州也深受外来文化的影响和浸润。开放和多元已经深深地融入并成为广州城市发展的精神内核。

本次调查的结果也再次印证了这一点。在外地受访者对广州城市文化的直观印象中，"多元化"和"开放"是占比最高的两个选项。在外地受访者用两个词形容广州词云图中也可明显看到，开放、多元、包容以及时尚、美食是外地受访者对广州最直观最深刻的城市印象。这是广州迈向全球城市、参与全

球化竞争的基础和优势条件，从提升城市吸引力和竞争力的战略高度，广州应充分利用这种优势资源，通过制定专门的城市文化政策以及宣传推广策略，吸引来自全球各地的资本、创意企业、人才等落户广州。

3. 城市文化具备鲜明的独特性和差异性，有助于提升城市辨识度和能见度

《2015世界城市文化报告》指出，独特性是文化创新的动力。城市的独特性和差异性也有助于城市提升辨识度和吸引力以竞逐全球范围内流动的资本。广州在城市发展的历史进程中一直保持着开放性和外生性的特征，也因此形成与中原文化迥异的独特地方性。作为1982年公布的国家首批历史文化名城，广州具有独特的城市发展史，在语言、民俗、饮食、工艺、建筑、绘画、音乐、戏剧、文学等方面都独树一帜。作为国内一线城市代表的北上广，北京有京派文化，上海有海派文化，广州也有自己的粤派文化。本次调查结果也表明，粤语、粤菜等具有鲜明广东地域文化色彩的表征元素在全国各地的受访者中具有很高的认知度。

在"最能体现广州文化特色"的选项中，广州本地的受访者最多选择了"粤菜等广州美食"，比例高达63.72%，其次是61.93%的受访者选择了"粤语"，35.79%的受访者选择了"粤剧粤曲"；广州以外来自全国各地的受访者最多选择了"粤菜等广州美食"，比例高达68%，其次是粤语和粤剧粤曲，比例分别为47.65%和32.41%。这个调查结果表明无论是广州本地居民还是外地受访者，对广州城市文化的认同都趋向于城市作为"地方（place）"的独特性和差异性。粤语、粤菜、粤剧粤曲，无一不是广州迥异于"他地"的具有排他性的文化景观。在调查中正是这些具有地方表征的文化元素，体现了广州城市文化的能见度和辨识度。即便是像粤剧粤曲这种已经成为小众文化的地方元素，仍然界定了大众对广州的文化认同。因此，根植

于城市地方的历史文化属性及其表征，才是广州城市文化形象建构和认同的根本。特别是在大众传播媒介移动化以及消费社会等全球化因素的影响和作用下，强调地方的独特性和差异性更有助于消解全球化带来的趋同效应，突出城市能见度，进一步提升城市的对外认知度、吸引力和竞争力，从而在全球化资本竞争中获得更好的生存和发展机会。

4. 文化底蕴深厚，文化体验层次丰富多彩

广州是一座具有两千年历史的古城，也是时尚和国际化的现代大都市。调查结果显示，来自全国各地的受访者在用两个词形容广州时，除了开放、多元、包容、时尚、美食等比较一致的文化认同之外，不同受访者对广州的城市印象也有很大的差异性，有些甚至是对立的两面。有的受访者印象深刻的是广州作为历史文化名城传统的一面，比如历史悠久、传统文化、底蕴、传承、古典、粤剧、粤曲、粤菜、早茶、源远流长、博大精深等；有的受访者印象深刻的是广州现代繁华的都市文化的一面，如国际化、商业化、与时俱进、大气、进步、富饶、前沿、繁华、创新、高端、发展、奔放、前卫等。作为具有两千年不间断城市发展史的古城，广州无疑历史文化底蕴深厚；作为与北京、上海并列为北上广的一线城市，广州的现代都市文化同样丰富多彩。在广州，新旧文化交融，去荔湾的老城区可以感受原汁原味的西关风情，到天河新城区可以体验现代高端时尚的商业、消费和休闲文化。新旧两条城市中轴线作为城市地标，也可以看作是广州现代与传统、创新与记忆、全球化与本土文化认同的两个不同侧面的符号表述。另外，从伦敦、纽约、东京、巴黎等世界级城市的发展经验可证，全球城市不仅要有强劲的经济实力，还要有深厚的历史底蕴和文化多样性。因此，深厚的岭南文化底蕴、多元化的城市文化体验也是广州竞逐全球资本和人才流动的基础要素。2017年世界城市研究机构 GaWC 发布的世界级城市名册显示广州位列第40位，首次入

围Alpha—级，成为全球49个世界一线城市之一，在中国仅次于北京和上海。广州排名大幅上升的原因之一，中山大学薛德升教授认为，"是随着华南地区在世界经济版图中的地位越来越重，境外跨国公司将高级生产者服务业放在本地有利于效率的提高。而广州作为广东省会，凭借深厚的文化底蕴，成为这些公司在华南地区的首选之地"①。如世界500强企业中，已有289家企业投资广州，设立项目近800个。②与广州地域相近的深圳，在城市发展的很多方面都是广州的竞争对手，但深圳与广州相比最大的短板就在于缺乏深厚的历史文化底蕴。反之，这也是广州竞争全球城市的潜在优势，虽然不一定直接起作用，但在基础、要素、环境等方面都是广州综合实力的体现。

5. 广州公共文化建设总体受到市民肯定

本次调查显示，不管是本地受访者还是外地受访者，普遍对广州的公共文化建设表示肯定和满意。尽管广州市本级的文化支出占市本级一般公共预算支出的比例明显低于北京，但还是受到广大市民的肯定，广州本地受访者对政府公共文化设施投入力度，有46.92%的受访者认为投入适中，有10.64%的受访者认为投入较大。

对于公共文化设施硬件，市民的满意率较高。调查数据显示，市民对公共图书馆/阅览室、博物馆/美术馆/科技馆、历史遗迹/名人故居/纪念堂（馆）的满意度都超过了七成。对文化宫/妇女/儿童/老人/社区文化活动中、文化馆/文化站、文化广场及文化主题公园的满意度也超过六成。而且对上述七类文化设施提供的文化产品也有很高的满意度，有六成以上的市民持非常满意或者比较满意的态度。

七类文化机构的服务水平也受到市民肯定，满意度（包括

---

① 《广州日报》2017年6月15日。
② 《"枢纽广州"登上〈华尔街日报〉》，2017年9月27日，http://mp.weixin.qq.com/s/oHWE1eDdLrP-ZdBCxitJcQ。

非常满意和比较满意）都在六成以上。其中受访者对于图书阅读类设施的服务水平的满意度最高，满意率为79.53%，得分为3.96分；其次是文化博览类和演出场馆类，受访者对其服务水平的满意度得分分别是3.93分、3.91分。

6. 广州"图书馆之城"建设成效显著

按照中央和广东省的文件精神，从2011年开始实施图书馆、文化馆免费开放，并将免费开放后所需经费纳入本级财政预算予以保障。"十二五"期间，广州图书馆事业发生巨变，2014年10月29日广州市第十四届人民代表大会常务委员会通过了《广州市图书馆条例》，2015年年底，广州市政府常务会议审议通过了《广州市"图书馆之城"建设规划（2015—2020）》（以下简称《规划》），更进一步推动广州图书馆事业进入快车道。截至2017年8月底，全市加入通借通还服务网络且对公众开放的公共图书馆（分馆）共139所，其中市级2所，区级11所，馆舍17座，街镇分馆96所，社区（村）分馆9所，与社会力量共建分馆15所，初步形成了一个全方位的、立体的、互通互联的公共图书馆服务网络。市区13间图书馆被评选为国家一级馆，总建筑面积为27.8万平方米，比2014年末增长了2.8万平方米。

据《广州市"图书馆之城"建设2016年度报告》披露，过去一年，广州市在公共图书馆建设方面的经费投入为3.93亿元，公共图书馆经费投入年增长率与全市财政支出年增长率的比率高达461.39%，为过去5年最高，其中购书经费为8693.05万元，即广州市为公共图书馆提供的人均购书经费达到6.19元。目前，广州市各公共图书馆馆藏图书的总量达到1871.14万册（件），人均藏书量为1.33册（件）（全国的公共图书馆人均藏量为0.61册件）。

目前图书馆已成为广州重要的文化场所。统计显示，2016年广州市公共图书馆的人均到馆次数达到1.15次，首次超过1

次，而全市所有公共图书馆的注册读者总计超过220万，即约每100人之中就有约16人是各公共图书馆的注册读者。此外，2016年所有广州市、区级图书馆所举办的公众活动场次达到5317次，参加读者活动人次合计为358.03万人，如果按一年365日计，广州各公共图书馆平均每天为市民提供约15场活动，每日参加活动的人数近10000人（约9800人）。

本次调查显示，广州图书馆事业的发展受到市民的认可与肯定。"图书馆/阅读室"在市民心目中具有重要分量，超过六成受访者表示知晓"图书馆/阅读室"，明显高于"剧院/音乐厅等演出场馆类""文化广场/文化主题公园""文化宫/妇女/儿童/老人/社区文化活动中心"和"市/区/街道的文化馆或文化站"等。在广州本地居民的受访者调查中，公共图书馆/阅览室的硬件设施、文化产品、服务水平的满意度都是7类公共文化设施中最高的，分别占83.47%、83.73%和79.53%。其中，50%的受访者平均每月（含一周一次及以上）都会去图书馆。调查表明，在公共文化设施的使用情况中，图书馆是利用率最高、满意度也最高的公共文化设施。

（二）全球城市语境下广州的文化短板

1. 岭南文化的存在感低，本土文化挖掘不够

粤语和食在广州，是无论本地人还是外地人都十分认同的广州文化特色。然而广州虽然是名副其实的岭南文化的中心地，但岭南文化无论在本地人还是外地人心目中的存在感都比较低。在"提起广州文化，您首先想到的是什么"选项中，仅有13.5%的本地受访者和9.2%的外地受访者选择了"岭南文化"。这说明广州尽管有深厚的岭南文化底蕴，但本土文化的挖掘和利用还有很大的提升空间。特别是民俗、工艺、建筑、绘画、音乐、戏剧等非物质文化遗产的保护和传承，目前都只是局限在非常小众的范围内，没有或者很少进入大众视线，导致

国内外甚至本地的居民对岭南文化都缺乏直观的认识和感受。广州市社会科学院在2012年年底开展的"在穗外国人眼中的广州城市形象"问卷调查表明，在穗外国人对"民风民俗""本地特产"的印象最浅，对代表岭南文化的粤剧、广绣和岭南音乐等也了解不多。对于非物质文化遗产的推广，本来旅游是最好的宣传方式，如广州传统的民间工艺如牙雕、玉雕、木雕、广彩瓷和广绣等，均具有独特的文化内涵，但目前这些工艺尚未有针对旅游购物进行系统性的商业开发，而天津的杨柳青年画、泥人张泥塑等产品，在开发力度上大大超过广州的岭南民间工艺品。另外，岭南文化的概念本身含义不明，作为一个总称它似乎涵盖了太多方面，给人印象太过笼统，反而在认知上面形成模糊不清的错觉。粤语和食在广州其实都是岭南文化的选项之一，但因为有具体和清晰的感受更容易获得认同。广州在推广城市形象时，通常都是将城市文化的总体特色概括和凝练为岭南文化的中心，但由于岭南文化本身的概念比较模糊，岭南文化中心的表述也很难落到实处，推介广州城市文化形象时这一表述也不具备足够的吸引力和说服力。因此，政府在发展和弘扬岭南文化的同时，也有必要对岭南文化做一个明确的界定，不需要包罗万象，或者可以通过政府文件的形式约定岭南文化特别需要保护和传承的那些具体内容并通过大众传播的形式宣传普及，帮助国内外的受众对岭南文化形成清晰的认知和了解，这样也更有助于岭南文化的对外传播。

2. 历史文化资源丰厚，但吸引力小、关注度低

作为两千多年历史的古城，广州文化根脉深厚，文物古迹众多。2014年12月公布实施的《广州市历史文化名城保护规划》显示，截至2013年10月18日，广州有全国重点文物保护单位29处、广东省文物保护单位42处，广州市文物保护单位251处，区文物保护单位224处；尚未核定公布为文物保护单位的不可移动文物2821处（包括市登记、区登记）。全市范围内

划定了26片历史文化街区和19片历史风貌区，7个历史文化名镇名村，93个传统村镇，478处历史建筑纳入保护。然而这么丰富的历史文化资源，对于外来游客却没什么吸引力。

调查结果显示，外地受访者对广州最关注的是饮食文化，占比60.63%；而历史遗迹、传统建筑、文化建设与发展三个选项的关注度最低，分别为28.02%、21.37%和21.06%。表现在实际的到访人次上，外地受访者去的最多的公共文化场所是越秀公园和中山图书馆/广州图书馆，占比都在30%以上；去的最少的是西汉南越王博物馆和大元帅府，占比仅为5.92%和5.51%。西汉南越王博物馆和孙中山大元帅府是广州历史遗存中保护相对较好也比较有价值、影响力和代表性的两处，由此也可推知广州的历史遗迹、传统建筑等可能都存在吸引力不足的问题，广州的历史文化资源虽然丰富但可能确实没有与千年古城地位相匹配的受欢迎度。

《广州市统计年鉴》的数据也印证了历史人文景观旅游资源对广州旅游经济的贡献度并不高。2008—2013年，广州市所有博物馆、纪念馆等历史人文景观旅游点年参观人次仅占全市年旅游人次的13%—16%，如果除去广州本地居民的贡献值，这一比例还会更低。这说明来广州旅游的大多数国内外游客并不会去参观广州的历史人文景观。此外，2015年大年初一、初二两天广州景点人气排行结果显示：唯一进入人气前十名榜内的历史人文景观仅有中山纪念堂，且排名仅居第七位，其他最能代表广州文化特色的人文景观如陈家祠、西汉南越王博物馆却均未上榜，而白云山风景区接待游客总量几乎是中山纪念堂接待游客的20倍。历史文化景观如何改善文化体验、提升旅游吸引力，是广州历史文化资源利用急需解决的一个迫切问题。

3. 图书馆的资源配置有待进一步改进

广州公共图书馆的资源配置和使用还存在不均衡的问题。优质资源主要集中于中心城区，如越秀区、天河区两区省、市图书馆聚集且总量和人均指标水平较高，而白云区、海珠区就非常薄弱，常住人口228.89万人、面积达1042.7平方公里的白云区图书馆建筑面积仅为8388平方米。广州图书馆新馆自开馆以来，人流量一直居高不下。特别是周末节假日，座无虚席。广州图书馆原本设计的日接待读者量是1万人，最大限额1.5万，但现在实际使用一天最多达到3.8万人。与此相对应的是众多的街道、社区图书馆往往门可罗雀。公共图书馆建设面临一个合理分流的问题。在问卷调查中，54.77%的受访者认为"距离太远，不方便"是阻碍其使用公共文化设施的最主要因素，这也说明最基层的街道、社区公共文化服务还不到位。从公共图书馆的建设来说，需要解决的一个重要问题就是如何遵循就近服务的原则，合理有效地分流读者以及充分利用居住地附近的街道、社区图书馆设施为公众提供学习、社交以及休憩娱乐等多样化的服务。此外，广州图书馆之城的建设还需继续努力，比如藏书量，按照《广州市图书馆条例》指标要求，到2020年广州人均图书应达到3册以上，目前尚未达到一半。

4. 文化馆（站）影响力需要进一步提升

文化馆是公共文化服务体系建设的重要机构，也是开展社会宣传教育、普及科学文化知识、组织辅导群众文化艺术（娱乐）活动的综合性文化事业单位和活动场所，其工作特点是"贴近实际、贴近生活、贴近群众"。截至2017年，广州市、区、街道（镇）、社区（村）四级公共文化服务网络已基本建立，城市"10分钟文化圈"、农村"10里文化圈"的目标基本实现。各区基本形成文化馆、图书馆、博物馆三馆齐全的格局，11个区12间公共图书馆、文化馆全部被评为国家一级馆。全市170个文化站中，131个达到省特级站标准，39个达到省一级站标准。从政府的投入和文化馆体系的资源配置来看，都已经具备了一定的覆盖面和普及率。

但是文化馆（站）的标准化、网格化并未发挥其应有的作用。一是表现为知名度低。本次调查中,使用过或者了解文化馆/文化站的市民对文化馆/文化站的设施建设和服务项目表示满意(包括非常满意和比较满意两项)的分别占70%和72.91%,说明文化馆/文化站本身的服务质量并不差。但知晓度却比较低,去的人少,吸引力小。在这次针对广州本地居民的调查中,表示知晓"市/区/街道的文化馆或文化站"的受访者仅占29.13%;认为居住地附近有文化馆/文化站的受访者只有11.41%。

二是使用率低。调查中,几乎不去文化馆/文化站的受访者为45.33%;对文化馆/文化站表示有兴趣的仅占10.34%,是公共文化设施七大类选项中最低的一类。

三是群众文化活动的专业水平有待提高。文化活动项目及安排最能表现文化机构的专业化水平,调查中除了"距离太远,不方便"外,有几项阻碍因素比较突出:没有感兴趣的文化设施活动(29.22%)、推广宣传不到位(28.53%)、文化服务项目太少(26.94%)。这三个因素都和服务提供者的水平密切相关,因此提高文化设施及服务人员的专业能力势在必行。

四是需要建立评价与反馈机制。当前文化馆/文化站的主要服务群体是老年人和少年儿童,除了最主要的开放时间的限制之外,场地设施有限、服务项目不契合大众消费需求等也是重要的影响因素。即使是老年人群体,在调查中仍有高达48.86%的退休人员因为没有感兴趣的设施和活动而不愿意去公共文化场所。公共文化服务应加强对群众文化需求反馈和评价机制的建设,从需求侧指导供给侧,进一步丰富公共文化服务供给,提升公共文化服务效能。作为群众文化建设的主力军,文化馆/文化站服务体系的建设也应尽快实现从单向供给向双向互动方式的转变,充分了解公众的多元化、个性化需求,推动文化场馆的多样化服务和深层次服务的建设。

5. 历史文化类设施需要提升效益

本次调查显示,表示居住地附近有历史纪念类、文化活动类、演出场馆类公共文化设施的受访者分别占32.01%、31.81%、31.11%，而表示居住地附近有文化博览类、文化广场及文化主题公园公共文化设施的受访者分别占29.72%、27.04%。同时，相较于去图书馆/阅览室、文化广场/文化主题公园、影院/剧院/音乐厅的频率，受访者去博物馆/美术馆/科技馆、历史遗迹/名人故居/纪念堂（馆）以及文化馆/文化站的频率相对较低，其中一年仅去一次及以上的受访者分别占43.44%、46.72%、30.32%。在文博类公共文化设施中，受访者去博物馆/美术馆/科技馆一年一次及以上、几乎不去的分别占20.38%、29.03%，二者合计共49.41%。去历史遗迹/名人故居/纪念堂（馆）一年一次及以上、几乎不去的分别占23.76%、28.33%，二者合计52.09%。相比较而言，公共图书馆、阅览室这两项的指标合计仅32.40%。

受访者对文博类公共文化设施的利用率或者参与度相对有所欠缺。这种情况的出现，可以归结为三个方面的原因。

一是与文博类城市公共文化服务供给的内容结构问题有一定关系。"距离太远，不方便"是阻碍其使用公共文化设施的最主要因素，占54.77%，"开放时间不合适""太忙，没时间"分别占39.07%、33.3%。这显示出对于广州这样的特大型、人口密集型大城市，存在着不可回避的城市公共文化服务设施空间结构不均衡问题，以及城市公共文化服务受众的结构不均衡问题。

二是服务水平有待提升。根据此次问卷调查，不论是设施的硬件还是服务，文博类公共文化设施满意度基本位居第二，这说明受众对既有的文博类公共文化服务比较满意。但同时，有57.85%的受访者认为文博类公共文化设施在服务质量和专业程度方面需要得到改善。根据既有调查研究，部分文博类设施存在着公众服务意识较弱、服务效能较差的问题。比如博物馆、纪念馆中某些较为老旧的场馆，公共服务意识相对较为落后。

这部分与硬件、环境等外部条件影响有关，也与传统文博类博物馆行业以收藏为中心的旧思路旧路径的制约有关，博物馆管理效率较低，配套服务更新滞后。目前文博场馆的管理模式还是事业式的，行政化的层层审批制度不利于做好博物馆的工作。在拓展博物馆自身经费来源、加强资源利用上缺乏动力。

三是资源需要进一步优化。解决文博类公共文化设施供给问题，并不需一味对场馆大修大建，增加场馆数量。调查显示，在受众对公共文化的建议中，认为要优化资源配置、合理规划文化设施建设的受众比例达到了53.08%，反而是认为要增加公共文化设施的数量、提高设施的规模和档次的受众比例只有39.46%。

四是对体现广州文化底蕴的代表性、标志性文博类公共文化设施的品牌宣传不充分。调查中显示，去过越秀公园、中山图书馆/广州图书馆的外地受访者分别占34.3%、31.27%，而去过很有广州历史特色、体现广州历史文化浓厚底蕴的博物馆陈家祠和西汉南越王博物馆的，比例分别仅有8.13%和5.59%。

6. 信息平台建设未跟上时代的步伐

网络化生活已经成为当前社会生活领域的一个重要特征，国内不少城市如上海、苏州等已经实现了公共文化数字化服务平台的建设。本次调查也显示，受访者中有73.86%的受访对象表示最希望从网络渠道了解公共文化服务相关信息。但广州在文化云平台方面的建设推进较为缓慢，无法满足市民的需求。就其原因，主要有三个方面：

一是数据库划分不科学。目前广州所推进的数字博物馆、数字图书馆、数字档案馆、数字文化馆等，实际上是一种以建设主体为命名标准的数据库。参照传统图书馆而建立虚拟图书馆，或者图书馆开发的资源保存、管理、利用和传输的系统，就叫数字图书馆；博物馆建设的数据库，就命名为数字博物馆。

数据库的划分标准，对资源类型考虑较少，对实体场馆的利益考虑较多。

二是重复建设。市区各级、各单位重复建设情况比较严重，造成了巨大的人力、财力和资源浪费。全市14间图书馆中，有12间图书馆建有自己独立的官方网站，12间建有自己的微信平台，7间拥有自己的官方微博。9个市属博物馆均开通了微博、微信，其中7个还建立了独立网站。全市12个文化馆中，5个文化馆开通了自己的微信平台，5个文化馆还建有专门的官方独立微博。一些基层文化机构也不甘落后，建设官网，如越秀区文化馆小剧场、花都区文化馆小剧场、番禺沙湾文化中心影剧院、南沙东涌镇文化中心影剧院等。

三是服务效能低。重复建设、自搞一套、资源分散，形成了众多"信息孤岛"，不但对文化监控管理提出了挑战，而且还削弱了文化服务的便捷性。虽然数字化平台、新媒体平台纷纷搭建，但更新慢、互动少、内容单调、存在感低，影响力极其微弱，是广州目前大部分文化场馆数字化平台建设的现状。以微博为例，除广州图书馆、从化区图书馆外，其他图书馆均以发布信息公告为主，而且更新缓慢，甚至成为"僵尸号"。博物馆的微博，部分馆仅有十多个粉丝。大部分微博更新频率较低，有的甚至从2013年就已经不再更新。文化馆方面，市文化馆粉丝最多，截至2017年9月底也只有2128个；其次是越秀区文化馆，为1502个；其他馆少有甚至没有内容发布，粉丝甚少。

四是基层薄弱。全市尚未形成一盘棋，基层公共文化设施功能不健全、服务效能低等问题比较突出，群众参与共享的满意度还有待提高。硬件设施建设方面，普遍存在专项经费不足，社会资本进入的渠道不畅，多年来共享工程配套设施建设的投入问题一直无法有效解决。街镇、社区（村）等基层文化站点、多媒体阅览室设备日益老化陈旧、带宽不足等问题逐渐显示出来，严重地阻碍了海量数字文化资源向基层传送。

七 对策与建议

城市文化是凝聚力和创造力的重要源泉,也是城市创新发展的核心动力。广州要实现全球城市的目标定位,必须在文化政策上有所跟进。通过统一的城市文化战略规划,引领各项城市文化建设,提升城市文化品质。文化政策的制定首先要立足城市的历史积淀,其次要服务于城市的现实生活,再次要驱动城市的创新发展。政策的重点在于通过优化配置各种城市资源,构建"想象的地方",为培育城市核心竞争力(特别是科技创新和文化创意)提供良好的人文环境。

(一)根植于历史,突出广州作为"地方"(Place)的真实性和独特性,建构具有共同记忆的城市文化空间

全球城市都有自己的城市文化个性。独特的文化传统和样态,既是提升城市辨识度和认知度的最佳途径,也是提升城市全球资源配置能力的要素之一。广州独特的历史和文化是参与全球化竞争的重要资源,发展重点在于如何根据需求反馈,设计更好的文化体验形式和内容、增加历史文化资源的吸引力,建立城市文化空间表述的连续性和整体性,从而建构"想象的地方",即具有独特形态并能使本地人产生文化认同、对外地人构成文化吸引的城市文化空间。从历史文化资源的整合来说,政府可以考虑将历史遗产的保护放在居民需求和可持续发展等更大的城市框架内思考,譬如在当前主导的城市微改造的更新方式中,逐步推广小规模渐进式的社区更新,将历史遗产的保护与现代生活需求有机结合起来,加入地方感的考量,明确可持续发展和传统生活的延续比历史建筑的静态保留更重要。广州的历史文化虽然具有独特性,但历史遗迹、传统建筑等在以往静态的博物馆式保护中不能完全展示广州历史遗产的美感和

价值，而且广州文化中最重要的市井风情需要在真实的历史文化街区环境中才能充分领略。从文化旅游的发展趋势来看，游客需要的不仅是观光，更强调和看重真实文化的情感体验。因此，历史文化遗产不仅是一种需要保护的资源，还需要与城市的现实生活和未来发展紧密结合起来，只有把它作为一种地方可持续发展资源，才能释放历史文化遗产的真正价值。

（二）推动历史建筑活化利用，打造广州文化地标，增强文化自觉和文化自信

1. 加强历史建筑保护利用，打造城市文化地标

文化地标是城市文化传承和创意的重要载体，充分展示了城市精神内核。独一无二的城市文化地标是提高城市知名度和影响力的重要媒介，也是城市的重要标识。世界大都市都有代表城市文化个性的地标，如巴黎的埃菲尔铁塔、纽约的自由女神像、悉尼的歌剧院等。人们只要提起这些城市的名字，脑中自然浮现出这些文化地标；只要看到这些个性化的文化地标，人们自然联想到对应的城市。

但广州的文化地标却较为模糊，缺乏共识。本次调查显示，北京受访者选择中山纪念堂/大元帅府、广州塔、越秀山五羊雕塑为广州文化地标的比例排在前三位；上海受访者选择中山纪念堂/大元帅府、越秀山五羊雕塑、广州塔为广州文化地标的比例排在前三位；深圳受访者中选择广州塔、越秀山五羊雕塑、中山纪念堂/大元帅府为广州文化地标的比例排在前三位；其他城市受访者选择广州塔、中山纪念堂/大元帅府、黄埔军校旧址为广州文化地标的比例排在前三位。虽然外界对广州文化地标认知存在较大差异，但我们注意到他们的认知也存在一定集中度，即重点关注中山纪念堂/大元帅府、广州塔、越秀山五羊雕塑和黄埔军校旧址。四个地标中三个是历史建筑（遗迹）、一个是现代建筑。

上述分析提出了一个需要我们认真思考的严肃问题：外界关于广州文化地标的认知是否符合我们对广州城市文化的理解？广州一向自认为是广府文化重镇，岭南文化中心。中共广州市第十一次代表大会强调"建设岭南文化中心，培育世界文化名城"。那么，外界所熟知的一些地标是否体现了传统岭南文化特征？如果不能，需要广州实施什么样的行动方案？

很明显，加强历史建筑活化利用能实现这个目的。如何建设岭南文化中心？大会报告指出，"传承岭南文化，延续羊城脉络，留住广州记忆。加强历史文化遗产、历史城区、历史文化街区等保护利用，推进中心城区传统文化商旅的活化提升"。加强历史建筑活化利用，有助于深化外界对广州城市文化的理解，有助于打造独一无二或者内在逻辑一致性的城市文化地标。这方面他山之石可为借鉴，香港和爱丁堡将历史建筑保护利用作为打造城市文化特征的重要手段，香港"活化历史建筑伙伴计划"提出"把历史建筑改建为独一无二的文化地标"，爱丁堡的城市规划表明"历史建筑保护利用的目标包括突出爱丁堡与众不同之处等"。

借鉴香港"活化历史建筑伙伴计划"经验，可以遴选能集中体现岭南文化及广州城市精神特质的重点传统建筑，加以活化利用，再现广州城市文化风貌。在活化利用中，支持文商旅结合，坚持"经济搭台，文化唱戏"原则，让文化展示、演绎更加丰富多彩。此外，通过各种形式加以推广，深化外界关于广州文化的认知。

2. 开展历史遗产文化教育，增强市民文化自觉和文化自信

城市文化认知的传播性特征明显，外界对于城市文化的认识既通过城市居民获取，也通过各种媒介获得。相比而言，城市居民对于城市文化的自我认知更具信赖性。如果城市居民对于自身文化特质缺乏清晰的认识，那么外界对于城市文化的认识将趋于模糊化。

事实上,广州居民对广州文化的内涵及特质的认知存在偏差,表现在对广州文化表征的印象方面。关于"广州城市文化印象"调查结果印证了这一点。受访者被问及"提起广州文化,您首先想到的是什么",结果是"粤菜等广州美食"的选择率高达38.88%,"粤语"的选择率为35.63%,"岭南文化"的选择率为13.5%,其他选项均不超过5%。受访者被问及"您认为哪些方面最能体现广州文化特色",答案与前面基本相同,选择率较高的前五位分别是:粤菜等广州美食、粤语、粤剧粤曲、广府传统文化和羊城八景。也就是说,广州居民对于城市文化的自我认知就是:食文化和语言。但是,粤菜、粤语非广州独有,在珠三角城市也非常普遍。这反映出居民对于城市文化的个性化特征认知模糊。

外界对广州文化的认知也存在较大偏差。调查显示,在"最关注广州哪些方面"的问题中,"历史遗迹""传统建筑"的选择比例几乎是所有选项中最低的,而"饮食文化"的选择比例高居榜首。以北京受访者为例,选择"饮食文化"的比例为64.13%,而选择"历史遗迹""传统建筑"的比例分别为20.65%和10.7%。在"提起广州文化,首先想到的内容"问题中,"岭南文化""近代历史"选择的比例基本上是垫底。以离广州较近的深圳受访者为例,选择"粤语"的比例为40.98%,选择"食在广州"的比例为32.79%,而选择"岭南文化""近代历史"的比例分别为14.75%和4.92%。这不能不说是一种遗憾。毕竟,"吃在广州"的饮食文化只是广州文化的一部分。

那么,广州文化的内涵是什么?《广州建设文化强市培育世界文化名城规划纲要(2011—2020年)》(以下简称《纲要》)做出了很好的回答。《纲要》对广州的文化定位是"岭南文化的中心地、古代"海上丝绸之路"的发祥地、中国近现代革命的策源地和改革开放的前沿地"。关于城市文化发展目标,《纲要》

提出，"把广州培育建设成为具有深厚历史内涵、浓郁地域特色、强烈时代特征、鲜明文化品格、高度创新精神、国际化程度较高的世界文化名城"。无论城市文化定位，还是近期城市文化发展目标，岭南文化是不可或缺的。换而言之，岭南文化是广州文化的核心内容或个性化特征。传统岭南文化是两千年来广州城市发展的不竭动力。习近平总书记讲过："我国今天的国家治理体系，是在我国历史传统、文化传统、经济社会发展的基础上长期发展、渐进改进、内生性演化的结果。"因此，在宣扬广州城市文化时一定要彰显传统岭南文化，让传统岭南文化成为广州城市文化的重要标识。

彰显传统岭南文化，明晰市民对广州城市文化的认知，有利于增强市民的文化自觉和文化自信。在庆祝中国共产党成立95周年的大会上，习近平总书记指出："文化自信，是更基础、更广泛、更深厚的自信。"他认为："只有坚持从历史走向未来，从延续民族文化血脉中开拓前进，我们才能做好今天的事业。"于广州而言，要建设枢纽型网络城市，打造成"一带一路"枢纽型城市，必须坚持文化自觉和文化自信，才能真正做到"民心相通"，实现广州在"一带一路"建设中的引领作用。

加强历史遗产文化教育，是彰显传统岭南文化、增强市民传统文化自觉和文化自信的重要途径。加强历史遗产文化教育，借鉴香港和国外经验，重点从以下四方面着手：

第一，针对青少年开展历史文化遗产教育。在广州中小学中开展系列相关课程、课外活动、竞赛等，加强中小学生对广州历史文化的认知，提升历史文化保护的责任感。可以参照英国及其他欧洲国家模式，要求中小学历史课必须有一定数量的课时安排于广州一些重要的历史建筑或博物馆。重要的历史建筑或博物馆对中小学生实行免票制度。

第二，建立广州历史遗产日。综合考虑，设立"广州历史遗产日"，每年开展纪念活动，向社会公众免费开放，并配套相关的文化活动、展览和讲座等。通过这些活动，增强民众对广州历史文化遗产的认知度，培养人们自觉保护历史遗产的意识。

第三，鼓励居民积极使用历史建筑类公共文化设施。根据调查，广州市民使用"历史遗迹/名人故居/纪念堂"公共文化设施的频率较低，受访人员中，使用频率为"一个月一次及以上"的占24.95%，"一年一次及以上"的占46.72%，"几乎不去"的占28.33%。使用频率如此低，一个重要原因是使用成本（交通距离、门票等）高。可以考虑对于具有重大公益性、文化宣传性的历史建筑类公共文化设施实行免票制，让公众参观历史建筑变成习惯。

第四，向公众普及历史建筑保护利用的专业知识及法律知识。政府相关部门可以通过各种途径、形式向社会公众普及历史建筑外观、内部结构及其修缮等相关专业知识，引导民众自觉加入到保护历史建筑的行列中来。

（三）进一步开发利用传统历史文化资源，发展文化旅游，提升广州城市文化形象识别度

一个城市在全球城市格局中的地位与其旅游业的发达程度是成正比的，全球城市必然是世界一流的旅游城市。广州迈向全球城市，应建设世界一流的旅游城市。2014年年底，国家旅游局正式批复广州市成为全国旅游综合改革试点城市。2015年1月30日，广州市委书记任学锋在广州市委全会上提出"深入推进国家旅游综合改革试点，推动商旅文有机结合，促进旅游业与其他产业融合发展，建设国际旅游目的地和旅游集散中心，把旅游业培育成为战略支柱产业"，旅游首次被提升到广州发展战略层面。2015年12月，《广州市国家旅游综合改革试点实施方案（2015—2020）》出台，正式提出了"确立旅游战略性支柱产业地位、建成世界旅游名城和国际旅游目的地、集散地"的目标。2017年颁布的《广州市人民政府关于进一步加快旅游

业发展的意见》，再次强调广州到2020年"成为世界旅游名城和重要的国际旅游目的地、集散地"的发展目标。旅游业已经成为广州迈向全球城市发展战略中的重要部分。

当今世界旅游业发展最显著的趋势之一是文化旅游的快速发展。国外有关专家认为，21世纪世界旅游业的主要增长点是文化。世界旅游组织的相关统计也表明，60%的游客外出旅游是出于对异文化的好奇心。据世界旅游组织预测，文化旅游将占全部旅游的37%，而且其需求正以每年15%的速度在增长。根据每年6.5亿国际游客人次来计算，其中有2.4亿人次旅行者属于文化旅游。文化旅游日益受到国家和地方政府的重视，2009年8月文化部和国家旅游局联合发布了《关于促进文化与旅游结合发展的指导意见》，把文化旅游产业发展正式上升至国家战略。2015年5月5日广东省文化厅、广东省旅游局联合发布《关于促进文化旅游融合发展的实施意见》。2017年颁布的《广州市人民政府关于进一步加快旅游业发展的意见》要求"加快商旅文融合发展"，将文化旅游列为广州旅游发展的一项重要任务。

从广州迈向全球城市、建设世界旅游名城和重要的国际旅游目的地的发展目标看，利用传统历史文化资源发展文化旅游，应受到高度重视。文化旅游的竞争力主要来自"文化差异"，无论是全球城市还是世界旅游名城，如巴黎、伦敦等，都是文化个性鲜明、文化形象突出并在全球范围内具有高识别度的城市。在全球化日益发展、世界逐渐趋同的今天，一个城市只有其传统文化和历史遗产是不可复制而具有独特性的，城市的"文化差异"也主要体现在这方面。广州作为国务院第一批公布的24个国家级历史文化名城之一，传统历史文化资源是其文化的最大特色，也是其发展文化旅游、塑造城市文化个性、提升城市文化形象识别度的基础和凭借。

但是，本次广州文化调查显示，一些最能代表广州历史文化特点、彰显广州文化个性的传统历史文化遗产并未得到外界相应的认识、了解和重视。在"最能体现广州文化特色的方面"的多选调查中，外地受访者选择"岭南画派""近代民主革命历史文化及其遗存""骑楼等岭南建筑""广府传统文化"的比例分别为7.46%、9.2%、9.51%、15.85%，居倒数第二、三、四、五位。在"更关注广州哪些方面"的调查中，外地受访者对"传统建筑""历史遗迹"的关注度较低，分列倒数第二、三位。在"对广州城市文化的直观印象"的调查中，选择"传统"的外地受访者比例垫后，仅6.03%。关于广州文化地标的多选调查表明，外地受访者对具有浓厚广州历史文化特色的文化遗产认知度较低，如陈家祠、十三行得票率仅分别为2.66%、3.99%，居倒数第二、三位；即使是被誉为近代中国五大考古新发现之一的全国重点文物保护单位西汉南越王墓，得票率也仅为10.12%，而北京路文化旅游区2017年6月被世界优秀旅游目的地组织评为世界优秀旅游目的地，为中国第三个获此殊荣的区域，得票率仅为14.52%。此外，调查还显示，外地受访者去过的公共文化场所中，大元帅府、南越王博物馆、陈家祠所占比例较低，仅为5.51%、5.92%、8.13%，居倒数第二、三、五位；关于"外地受访者最想去的公共文化场所"的调查也显示了类似的结果，陈家祠、南越王博物馆、大元帅府得票率仅分别为7.67%、13.5%、14.11%，居倒数第二、五、六位。外地受访者是广州的游客或潜在的游客，这些针对他们的调查在相当程度上反映了广州文化旅游的短板，说明在利用独具特色的传统历史文化资源发展文化旅游、提升城市文化形象识别度方面，广州还有很大的发展空间。

进一步整合、开发、利用传统历史文化资源，促进广州文化旅游业发展，建议采取以下思路和措施。

1. 完善文化旅游发展的协调管理机制

目前，广州市旅游局作为专业部门，权力有限。旅游开发管理各自为政，没有形成合力。由于体制上的原因，广州的历史文化资源和旅游景点，分属文化、园林、宗教、民政、房管等多部门以及各区管理，开发、整合文化旅游资源的工作缺乏统一的协调组织。例如，2017年出台的《广州市人民政府关于进一步加快旅游业发展的意见》提出了"加快商旅文融合发展"的任务，并指定市委宣传部、市旅游局、市文广新局等为责任单位，但对于这些单位的协调组织却无进一步的规定。

在理顺行政管理权限的基础上，可以考虑成立一个市一级的由市政府直接管理的文化旅游发展委员会，联合各相关部门，以建设世界旅游名城和世界旅游目的地为目标，制定文化旅游规划，统筹协调全市文化旅游的发展，统一对外宣传口径，策划具有高识别度的文化旅游形象、宣传口号，并制定和指导实施宣传方案。在条件不成熟的情况下，也可以考虑建立市、区两级的文化部门和旅游部门的联席会议制度，或成立由两部门组成的文化旅游发展小组，定期举行会议，加强两部门之间的协调与沟通，建立两者之间的公共信息平台，共享信息，交流经验，协商解决文化旅游业的问题。

2. 彰显广州传统文化特点，培育具有世界影响力的广州特色文化旅游品牌

文化上的差异对旅游者产生吸引力，引发他们了解异质文化的欲望从而促使他们产生旅游的兴趣。目前，广州市文化旅游景区（点）虽然数量众多，但多数旅游景区（点）规模小、级别低，整体开发水平不高。主要原因在于现有的历史文化资源较为孤立、分散，缺乏具有文化创意的资源整合和深度开发，例如对"海上丝绸之路"文化、岭南文化等世界级旅游资源的挖掘不够系统、深入和全面，因此比较缺乏能够标识世界旅游目的地、有国际影响力的文化旅游品牌。

广州应凸显传统历史文化的特点和个性，利用资源优势和文化差异塑造具有高识别度的文化旅游品牌。结合当前的形势，

可以优先考虑培育以下两个品牌。一是"海上丝绸之路"旅游品牌。广州2012年被列为"海上丝绸之路"世界文化遗产的9个中国联合申请城市之一，南越王宫署遗址、南越王墓、光孝寺、怀圣寺与光塔、清真先贤古墓、南海神庙和明清古码头遗址7处文化遗迹作为广州"海上丝绸之路"的见证和遗存，也列入中国申请世界文化遗产的预备名单。目前，国家正大力推进"一带一路"建设，广州作为"21世纪'海上丝绸之路'"的枢纽城市，应利用这一契机，除积极推进申遗工作外，可考虑建设"海上丝绸之路"遗址公园，跨区域整合"海上丝绸之路"文化旅游资源，加强保护和文化旅游开发。例如，整合秦代造船工场遗址、南海神庙、怀圣寺光塔和蕃坊、十三夷馆、黄埔古港、十三行、太古仓等历史文化资源，通过招标方式联合有资质的旅行社规划并推广广州"海上丝绸之路"文化旅游线路；并可考虑争取国家层面支持，利用广州建设"博物馆之城"的机会，建设"海上丝绸之路"博物馆，将其纳入"海上丝绸之路"旅游线路。同时，还可通过与"一带一路"沿线国家的合作，宣传这一旅游线路，扩大其国际知名度和影响力。二是"北京路文化旅游区"旅游品牌。2017年6月，北京路文化旅游区通过了世界优秀旅游目的地组织在文化遗产、环境设施、交通组织、管理安全、住宿餐饮、旅游产品、宣传推广等方面严格、科学的评估，成为中国继四川省成都市、安徽省黄山市之后第三个被评为世界优秀旅游目的地的区域。应以此为契机，整合利用越秀区存留的广州骑楼、南越王宫署遗址、南越国水闸遗址、南汉国药洲遗址、北京路千年古道遗址、拱北楼遗址、大佛寺等古迹，以及相距数公里的陈家祠等独具广州特色的历史人文景观，联合旅行社制定旅游线路，突出"广府文化发源地"的主题，并结合"食在广州"等城市名片，丰富旅游项目，同时利用广交会等机会，宣传推广这一旅游品牌。

3. 进一步开发非物质文化遗产的旅游功能

广州传统的民间工艺如牙雕、玉雕、木雕、广彩瓷和广绣等，均具有独特的文化内涵，但目前这些工艺尚未有针对旅游购物进行系统性的商品开发，而天津的杨柳青年画、泥人张泥塑等产品，在开发力度上大大超过广州的岭南民间工艺品。又如，广州的广式点心种类繁多，独具特色，但大都没有进行文化旅游开发利用，转化为旅游纪念品。广州独具文化特色的旅游商品开发呈现滞后状态，文化旅游商品资源数量比较少。2014年广州市旅游产业收入构成中，游览占4.42%，文化娱乐占5.59%，商品销售占22.77%，与世界旅游业发达城市的旅游收入构成中旅游商品销售占40%以上、文化娱乐占10%以上的标准相差甚远。

可考虑从以下两方面进一步开发广州非物质文化遗产的旅游功能。一方面，培育高品质的旅游演艺产品。可以通过政府设立文化旅游项目的方式，鼓励非物质文化遗产与文化旅游景区相结合，引导非物质文化遗产展演活动入驻景区进行常态化展演。同时鼓励社会资本进入旅游演出市场，对广州现有的演艺资源进行创新整合利用，如运用现代高科技、现代艺术表现方式等创新演出形式，通过讲述"岭南历史""广州故事"提升节目创意，突出地域特点和文化特色。另一方面，加强对非物质文化遗产进行旅游纪念品开发。鼓励有创意的旅游纪念品申请外观设计专利，加强对旅游纪念品的知识产权保护。可考虑组织旅游纪念品创意设计竞赛，发掘优秀创意和创意人才。对优秀的创意人才，为其提供创业条件；对优秀的创意，可帮助联系相关企业或机构将其创意转化为文化旅游商品。此外，还可鼓励文化旅游区的民间工艺特色制造业服务化，将具有旅游、文化、教育价值的生产工厂改造为"旅游工厂"，让游客亲自体验、了解广州传统的民间工艺。

4. 加大宣传力度，拓展宣传途径

宣传是提升文化旅游形象的重要环节。但由于体制上各职

能部门各自为政,以及对广州独特的传统历史文化资源能够在建设世界旅游名城中起到的作用缺乏统一、深入的认识,目前,旅游形象不够突出,缺乏宣传力度,未充分体现广州文化特色,使外界对广州的文化特色和个性缺乏认识。本次调查针对外地受访者的调查充分说明了这一点。

除利用"广交会""一带一路"建设等宣传推广广州文化旅游品牌外,"过境免签"政策也提供了很好的宣传平台。"过境免签"允许符合条件的国际旅客无须持中国签证而可在广州做短暂停留,这是广州通过他们向世界宣传自身文化特色及文化旅游品牌的大好时机。广州自2013年8月1日起对45个国家实行"72小时过境免签"政策,但反应比较冷淡,如2014年白云机场72小时过境免签旅客只占国际旅客总数的0.1%。停留时间太短应该是主要原因之一。如上海2016年初实行"144小时过境免签",一年来从浦东机场口岸过境人数逾3.6万人次,同比原"72小时过境免签"人数增长八成以上。目前,广州正在申请"144小时过境免签"政策。除积极争取该政策落地广州外,宣传免签政策对广州文化旅游的发展也很重要。广州白云国际机场2015年的调查问卷显示,60%的旅客从未听说过"72小时过境免签"政策,30%的旅客听说过该政策但不是很了解,仅约10%的旅客清楚了解该政策。可通过与各大航空公司合作,向乘机旅客宣传"过境免签"政策和广州的文化旅游资源。同时,可考虑向过境游客提供更有吸引力的、更具广州文化特色的旅游体验产品。2015年,广州市旅游局曾通过招标委托广之旅为"72小时过境免签"中转客人提供免费广州一日游服务,为期一年半。目前,"144小时过境免签"有望落地广州,广州应策划更深入的、更具识别度的、令过境游客过目不忘的特色文化旅游体验产品,进一步宣传推广广州文化旅游形象。此外,由于不少过境广州的国际旅客是公务出差,并无时间在广州停留,可考虑向转机国际旅客派发具有广州文化特色的旅游纪念品，如以岭南绘画方式体现广州人文古迹、传统建筑或民俗风情的明信片等。

（四）加强粤语传播与教育，以本土资源助力广州国际化

1. 在广州迈向全球城市的新阶段，以本土文化特质加强文化凝聚力与辐射力

本次对广州的文化调查显示，对于代表广州文化的特质，38.88%的广州本地受访者和38.6%的外地受访者表示首先想到的是"粤语"。不管是广州人还是全国其他城市的市民，对广州文化的"第一印象"均为粤语。同时，61.93%的广州本地受访者认为粤语最能体现广州文化的特色。因此，对本土文化特质的强化，是广州凸显辨识度、提升文化凝聚力与辐射力的策略。保护地方文化资源、传承发展粤语，也是广州文化发展的一个重要课题，与中央政府的要求完全一致。2017年1月25日，中共中央办公厅、国务院办公厅就印发了《关于实施中华优秀传统文化传承发展工程的意见》，明确要求"大力推广和规范使用国家通用语言文字，保护传承方言文化"。

为充分利用广州本土文化资源强化广州的国际化地位，建议如下：

（1）在各种大型的国际会议、外事活动中，增加粤语的翻译及表达。众所周知，作为被全球最广泛传播使用的方言，粤语与普通话一道，已经被认同为两种"中国语言"（Mandarin Cantonese），这使广州拥有了国际化的特质。在广州迈向全球城市的进程中，粤语的本土表达更能彰显广州的城市形象与风格，在与"一带一路"沿线国家的交流合作中，发挥辐射力。

（2）在广州著名的地标建筑、市政广场、对外宣传物、大型广告牌等各类宣传中，选择性地使用有特色的粤语标记、注音，使粤语表达与普通话一道，成为广州的城市特色，强化广

州的国际性城市地位。同时，对各类传统街道、纪念性建筑、传统路牌等，适当地选择粤语标识以及标记，展示岭南的传统文化历史，增加广州悠久历史的凝聚力。

（3）选择性地应用推广粤语广告，彰显广州千年商都特色、传播粤语方言魅力。近现代以来广州的商业广告就一直非常发达，无论产品宣传手法或者是粤语表达，在东南亚与海外华语区都有着广泛的影响力。作为广州"走出去"的一种形象展示和文化载体，可以考虑推广运用一些有典型代表性的粤语商业广告。

（4）在广州富有代表性的文化旅游地，适当增加粤语解说人员与粤语解说标记，突出广州文化旅游的地域特色。

（5）在媒体的各类型传播中，增加粤语元素、题材，活跃粤语表达。20世纪60年代的港澳粤语流行曲主导了粤语的世界性传播，也对70年代改革开放之初，大量南来的北方移民学习粤语、认识南方开放前沿城市起着不可或缺的作用。当今越来越多的世界公民融进广州，因此，广州的国际化应该保持本土特色。

2. 在传统文化复兴的新背景下，发掘方言的传统价值，增强文化自信

2017年1月，中共中央办公厅、国务院办公厅《关于实施中华优秀传统文化传承发展工程的意见》（以下简称"意见"）正式公布，这是第一次以中央文件形式专题阐述中华优秀传统文化传承发展工作。意见提出，要把中华优秀传统文化全方位融入思想道德教育、文化知识教育、艺术体育教育、社会实践教育各环节，以幼儿园、小学、中学教材为重点，构建中华文化课程和教材体系。

传统文化的复兴，为传统方言的传承发展提供了平台，特建议如下：

（1）传统粤语是珍贵的文化遗产，包含大量具有优秀价值

的人文题材，建议组织专家选择适合当今社会教育的需要的方言素材，整理出版并推荐给全社会。这批岭南文化的重要遗产，是传统粤人社会风范与人文精神的呈现，可成为传承文化传统的社会教本。同时，也呈现粤语在时代发展中的生命力与美感，强化人们爱国爱家的情怀，增强文化自信。

（2）广州目前很多社会大课堂，如广州图书馆周末课堂、广州文化馆国学馆等，都不定期举办了传统古诗词的诵读课程，受到市民热捧。但全市尚未开设粤语方言的诵读课堂以及相应教材，这是一个很大的空缺。粤语由传承中保留的音韵美，具有独特的优美的可诵读性。又由于粤语具有的特殊的多音节，大量的古诗词由粤语诵读，更具有古朴的韵味，也更能传播粤语的雅韵。因此，以粤语诵读的方式结合展开传统文言文与方言教育，拥有广阔的操作空间。这样的新实践，可以有效地为文言文与方言相结合的社会教育创造新方向，引领全社会关注粤语在传承传统文化中的功能与价值。

（3）传统文化复兴的背景，要求我们重视文化经典中的价值，在一脉相承的历史中，培育社会新风尚与行为规范。粤语所传承的社会教化源流，具有积极的正能量。建议选择农谚、童谣、广告歌、民曲、说唱谣等传统资源，分类释义，呈现粤语的音韵美、文字美，把本土传统文化资源的传承融进当今的传统文化复兴的时代要求中。

3. 推广粤语乡土读本规划粤语教育传承本土资源

在广州国际化进程中，作为城市文化最具有识别性的符号，保育与传承粤语，规划粤语教育很有必要。制作和推广运用粤语语言特点编写的以岭南历史、地理、文化、风俗等为内容的粤语乡土读物，是保育传承粤语、实施粤语教育、以本土特质强化广州城市风格的重要途径。

根据我们的调研，目前广州中小学的乡土教材主要集中在文化、地理、历史等方面，粤语方面的教育基本没有展开。粤语是广州乡土文化的语言载体，至今未有一本可供广州市中小学使用的粤语教材，说明粤语乡土读物在学校层面的开发和利用相当不足。相形之下，以外语编写的乡土读物则已经推广多年。例如，经广州市教育局同意，获广东省中小学教材审查委员会初审通过的广州市中小学英语乡土教材《羊城揽胜》已于2007学年下学期启动试用，第一批参与试验的广州中小学校共有26所。

再观国内其他城市，如上海在方言教育方面已先行一步。早在2005年秋季学期，为防止地方文化流失，上海的中学生已开始在作为语文学科拓展课程的官方教材《语文综合学习》中学习上海方言。

改革开放以来，出版过一些主要是针对初涉粤地的外来人员认识学习粤语的读本，如广东人民出版社与暨南大学联合制作的面向外来工的系列粤语教程，帮助外来人员进入粤语生活，但这些教材难以体现粤语语言特点与广州文化特质相结合的优势，鉴于此，我们建议制作具有优秀的传统文化内涵、呈现广州丰富的历史文化资源，自成体系与优势的《粤语乡土读本》，推广与实施的初步设想如下：

（1）将《粤语乡土读本》作为广州市公立中小学特色教育课程、素质教育课程等的补充。根据我们的调研，在主体教学外，广州市的特色教育课程也是学校不可或缺的课程。如三中的音乐课程、古诗诵读课程、名师讲座等非常受学生欢迎；广州市长堤真光中学的岭南文化课程也成为该校的特色课程，引领学校办出了主体特色；根据越秀区教师进修学校反映，地域文化知识教育与乡土教育一直是该区的素质教育课程，他们从20世纪80年代开始，已经主持编制了各类乡土教材，对培养学生了解与理解地域文化，有着积极的意义。但作为特色课程教育，目前在全市范围内，尚未有粤语方言教学的读本。因此，建议选择性地在小学语文课程的部分课时中，渗透式地加入部分粤语朗诵谣曲，实验性地进行课堂教学。因为语言学习的最佳阶段是中小学，它是《粤语乡土读本》进入课堂的最佳的目标指向。

（2）作为民办各类学校实验班级的推广教程。随着当今各类民办学校力量的增强，他们在与公立学校的竞争中，也把素质教育提到重要地位，粤语教程同样也是一项空缺。相对于公立学校，民办学校在教材选择上拥有特别的自主性，课时的安排也有一定的灵动性。方言教学作为一种特色课程，更可能在民办学校的自主空间中得以实现。目前，众多的民办学校正在寻找与开拓特色课程，以彰显办学特色。选择有意向展开地域文化学习课程的学校，开设粤语学习的兴趣班以及以粤语教育为主题的活动，以兴趣带动课程，并逐步把读本引进兴趣课堂。

（3）作为广州市政府、出版社联手向广州市民推荐的阅读书目。向广州市民推荐阅读书目，是广州市政府与出版社近年来联手所进行的文化公益活动。各大图书馆进行的书刊联展，也呈现出阅读热潮。宣传岭南文化一直是广州市文化活动的重头戏，方言读本作为地方文化的重要组成部分与传播方式，在推广地域文化中的作用不容置疑，显然，政府的引导与推荐起着关键作用。

（4）作为海外华语教育选用的乡土读物。近年来，海外粤语教育方兴未艾，但教学市场尚处于分散与无序之中。随着粤曲、粤剧入围人类世界文化遗产，全世界对粤语方言了解与学习的需求也日益迫切，但目前尚没有适合各阶层学习的粤语读本，尤其是以岭南文化元素为载体的乡土读本，作为粤语区华人学习岭南文化的平台。因此，这是一个巨大的市场，有充分的必要推出粤语乡土读本。

（5）作为非粤语人群进一步欣赏粤语、领略岭南传统文化的读本。我们通过调研了解到，暨南大学汉语方言研究中心与广东人民出版社联合出版了系列面对外来务工就业人员的粤语教育教材。它们采用了课堂与网络教学相结合的形式，并运用了各种动漫与多媒体技术，推进了粤语社会教学，引起很大反响，也收到了良好的社会与经济效果。但这显然不能满足非粤语人群各层面的需求，尤其是有一定粤语基础，期望领略粤语美的人群，乡土读本的设计可填补这一空白。我们设计的粤语乡土读本，着重体现粤语的文字美、音韵美，尤其是粤语在保存古音古韵中的贡献，把粤语教育寓于美的教育之中。

（五）做实总分馆制，实现公共图书馆服务全覆盖

广州于2016年5月启动总分馆试点工作，总分馆制建设不仅可以激活服务能力不足、水平不高的基层图书馆，而且可以将各自为政的单体图书馆服务整合为覆盖全社会的公共图书馆服务体系，同时还具有经济高效的优势，对于节约图书馆建设成本和运营成本效果明显。广州公共图书馆总分馆制的核心，在于建立统一采购、统一编目、统一配送、统一服务的机制，这几个"统一"是实现图书馆服务普遍均等的保证。

1. 强化市级图书馆作为中心馆的统筹规划作用

建立中心馆面向资源匮乏的区和街镇图书馆的文化和资源援助机制，考虑建立"中央采编中心"，在不改变现有行政隶属和财政关系的情况下，由政府主导，市级图书馆或专业机构负责图书统一采购、统一编目、统一配送，各级图书馆明确其作为中心馆延伸点的定位和分工，重点做好基层服务网点布局和运营管理工作，提供差异化服务，增强本馆核心竞争力，同时也有助于解决目前各馆采编工作质量不高、发展不均的情况。同时明确，对于区级图书总馆和街镇分馆可以委托"中央采编中心"进行采编管理，委托采编管理的区级图书总馆和街镇分馆可以享受市政府在购书经费上的补贴。

2. 加快推进全市通借通还服务网络建设

实现市内图书借阅"一卡通"，推动四级公共图书馆服务体系一体化，实施统一业务标准、统一标识设计、统一流程规范、统一服务平台、统一物流运输的"五个统一"工程；进而推动学校图书馆、政府机关图书馆、企业图书馆、部队图书馆、科研机构图书馆等加入通借通还服务网络，构建公共图书馆、高校图书馆和科研机构图书馆信息资源共享的服务体系。

3. 积极建设广州公共数字图书馆

加紧信息技术的开发与利用、信息共享平台的共建，建立一个跨系统的统一、开放、管理有序的广州市数字图书馆，以实现图书馆事业发展整体化的战略目标，全市各区域的读者均能一站式检索并无缝链接到所需信息资源进行浏览或下载。推动珠三角地区通借通还，形成共建共享、互联互通、具有全覆盖服务能力的设施网络体系，从而发挥广州市公共图书馆事业的更大作用。

4. 进一步完善服务网络

南沙、花都、番禺、白云等区的新馆建设要加快推进，荔湾、天河区新馆尽快完成选址、立项。在总结试点经验的基础上，总分馆建设应于2018年在全市铺开，构建完善的中心与总分馆相结合的公共图书馆服务网络。街镇分馆开展专业化改造、提高专业化水平，实现图书馆与文化馆（站）整合发展。建立健全经常性援助机制，扶持从化、增城、花都等北部山区、经济发展相对滞后地区图书馆总分馆体系建设。根据《广州市图书馆条例》，注册启动公共图书馆社会基金，引导社会力量参与"图书馆之城"建设。

（六）合理布局，智慧升级，通过数据化、信息化等科技手段提升文博类公共文化设施资源利用率

1. 整合资源，加强共享，加大品牌宣传，优化文博类公共服务平台建设

要推进数字化平台建设。通过数字化、信息化、虚拟现实

的运用，借助互联网和高新科技，解决公共文化服务的空间结构和时间结构问题，让市民足不出户就可以欣赏到展览和藏品。加大博物馆、纪念馆、美术馆、科技馆等文博类公共文化服务机构的数字化力度，推进对馆藏资源的数字化开发与利用，将藏品通过数字化的方式，提供到互联网实现共享。建立网上数字博物馆，并通过高精度的、3D模拟虚拟化的数字形式，实现博物馆的网络化、落地化的不同形式的展览。支持有条件的博物馆在博物馆数字化的基础上进行智慧博物馆的升级试点建设，形成全市范围内智慧博物馆的互联合作和协作体系。适当开展进学校、进社区、进企业等送展活动，比如博物馆可以送展览到学校，在学校建立流动性的展览，与学校的教育课程结合起来，将课堂设立在博物馆，等等。

推进馆际协作平台建设。考古文博行业内在对文物藏品资源的共享上，历史沿袭而来，存在着有形无形的壁垒和成规。客观讲，这部分既有文物保护和安全的合理要素在里面，也具有部分博物馆和从业人员的挟珍自重、不思进取的因素。随着博物馆行业的发展和社会文明的进步，文博藏品资源应该放在人类文化遗产的角度，来进行行业内部的合作研究和共同开发。开放、共享、协作、共赢，应当成为博物馆业内合作的主题词。建立全市范围内的博物馆馆际协作服务平台，通过馆际协作平台，定期开展博物馆之间组团式、打包式的行业联展。通过协作平台，解决部分博物馆的展览空间和条件限制，展出藏品，宣传博物馆。通过协作平台，对海内外优秀的展览开展引进来式样的展览。

推进社会合作平台建设，建立博物馆社会化合作综合平台，建立全市博物馆系统社会化合作体系，为博物馆和社会力量提供双向性的平台支持。博物馆工作需要主动争取社会各界的支持与合作，闭门造车、孤芳自赏已经不能适应社会文化需求。博物馆在新时期教育和公共文化服务等使命的要求，使得博物馆需要广泛地借助艺术、社会科学、考古、创意设计、社工等多方位、多学科的力量，开展复合型、开放型、融合型、创新型的展陈和教育服务。比如在建立策展人制度上，引入社会艺术部门和个人，学院研究机构的专家学者，进行支援性、跨界式或交叉式的合作服务，使之常态化。积极引入社会力量，通过有效、积极主动开展志愿者服务，引导志愿者参与到翻译、讲解、导览、策展等各个环节，建立、组织、团结志愿者队伍，将社会化力量变成博物馆建设的生力军。广泛借助利用电视、广播、网络、自媒体平台等第三方媒介，宣传博物馆的展览，提升社会关注度。国内外先进博物馆的经验证明，这种社会合作的方法对于促进博物馆资源配置、理解观众需求、激发观众兴趣、扩大社会影响都展现了积极的意义。

推进技术共享平台建设。博物馆工作有相当高的技术含量，特别是涉及文物保护修复环节。不论在博物馆评级和日常维护工作需求出发，都具有这方面的需求。但由于博物馆的大小规模差异较大，以及行业专业人才本来就规模较小，专业技术能力成为制约博物馆发展的关键因素。广州市有些文博单位文物修复人才的缺口特别大，数年都招不到这方面的人才。从实际工作的角度来看，由各馆都来分别设置这方面的专业技术人员的难度较大，除非有特别迫切的博物馆评级要求外，没有必要一定设置专门人才。另外由于设备器材牵涉多种设备如红外、成分、光谱分析等设备，设备成本和耗材成本相对都较高，设备更新淘汰特别快，场地、器材的维护，人员的学习更新成本较高。建议在广州文物考古研究院建立一个面向全市博物馆需求的技术支持服务平台，由该院设置一个面对全市文物修复需求的常设机构，重点强化这个机构的设备和人员水平，使之成为服务全市博物馆文物修复的共享平台。这对满足全市文物修复和保护工作的迫切要求，节约文物修复的成本，提升广州市考古院的文物修复业务水平都将起到积极作用。

推进宣传展示平台建设，建立完善统一的广州市博物馆、纪念馆数据化平台，在传统的信息门户网站、论坛的基础上，建立既能同步更新又能迅速响应观众需求的微信公众号、微博号等公共服务资讯推送、互动的统一资讯数字平台，将展览信息、讲座信息以及专家学者、观众志愿者对博物馆及展览的研究、宣传、介绍等资讯，进行集中展示，使得博物馆的参观者可以实现一号在手，就可以不论远近地及时了解到博物馆的展讯和相关资料。为建立这个公共服务平台，需要配套建立博物馆通讯员制度，将博物馆的图文资讯，按时提交给平台发布方，并进行观众项目的协同联动处理。跨平台接入，将文博平台与其他文化平台、旅游平台、资讯平台对接，平滑平台接口，吸引潜在受众，激发平台延展效应，达到宣传展示目的。

建立博物馆联盟，打造文博行业"共同体"。博物馆联盟以国有博物馆牵头、吸纳全市地域的主要国有及民办博物馆共同组建成合法登记注册的社会组织。联盟成立后，以繁荣文博、共建共享为宗旨，以资源整合、优势互补为目标，通过组织协调博物馆间加强对内对外交流，举办高水平展览，强化学术研究，开展社会教育，激发创意活力，引入社会参与，整体提高广州博物馆体系的公共服务水平和文化影响力。通过博物馆联盟，建立统一的对外公共服务平台和对内的业务研究交流平台，并以此整合博物馆系统的分散资源，促进资源的集中开发、利用和共享，避免不必要的重复开发和低效运用，提高博物馆的社会服务能力。

2. 优化公共文化服务行为结构，提升公共文化服务效率和效果

建立博物馆社会化力量的动员机制、引进机制和管理机制。拓宽资金渠道，在国家资金投入以外，引进多种方式来筹措和拓宽资金来源，增强博物馆自身的造血能力。通过面向社会成立博物馆发展各类基金，来提供博物馆资金的稳定的支持，有

利于建立长效机制。建立为博物馆捐资、赞助的财政便利通道，引导企业加大文博事业的社会贡献。尝试通过部分收费项目如会员服务、年费和项目经营如文创产品开发，在条件允许的范围内进行市场运作。

创新办馆方式。由博物馆协会对民办博物馆进行准入资质、专业考评、技术服务等业务支持。扶持有条件的个人、企业和院校机构建立自己的私人博物馆、企业博物馆、行业博物馆、校内博物馆、专题博物馆，对公众开放。

改革用人机制。专业技术人员的技术职称上升渠道、晋升渠道要充分打开，积极配合，解决职称编制问题瓶颈给专业技术人员带来的困扰。科学安排好专业技术职称和岗位的设置，对于部分编制占编的情况，及时清退和协调。充分激发专业技术人员的积极性，打造精英团队，完善策展人制度，体现工作绩效的激励作用。完善策展人制度，建立策展人团队，建立由策展人负责的策展项目制度。理顺管办机制，依法治馆，强化办事效率，简化审批流程，构建高效平台。对于博物馆建设已经批报的项目，要依法逐步推进拆、建、改等工作，保持博物馆依法依规建设的延续性、稳定性和完整性。支持通过理事会等机构给博物馆放权，简化流程强化办事效率。在经费使用、展馆建设上，确实牵涉观众切身利益和博物馆发展需求的项目，优化办事效率。例如，存在这样的案例，广州某博物馆场馆存在内部装饰砖有掉落危险，但是向上要求获得审批通过的时间较长，导致不得不给观众每人买一份保险。这既不利于场馆的形象和发展，也不利于观众的安全，这种情况要在文博类公共文化服务的发展提升中加以杜绝。

3. 强化服务，重视教育，创新发展，优化文博类公共文化服务机构的内容提供方式

由于文博类场馆特别是博物馆长期被视为"以物为中心"的场馆，在公共文化服务供给上也倾向于以场馆拥有多少精品

文物、藏品、展品作为内容提供的主要方式。这种做法在公共文化服务的内容呈现上缺乏弹性，与"以观众为中心""以人为本""以教育为首责"的现代文博展馆发展理念具有一定差距，影响到文博类场馆特别是博物馆的合理运营和社会服务功能的实现。这有两方面的后果。一是会造成博物馆场馆马太效应。对于大型博物馆，负有盛名的博物馆，会吸引越来越多的藏品资源和观众资源。对于中小博物馆，或者地段偏僻，藏品有限，展题特殊的博物馆，也就越难积聚到人和物的资源，造成既有资源的闲置和浪费。以物为中心，博物馆等同于藏宝馆，博物馆的日常工作会陷于珍藏多少高级藏品的圈套，一方面，竭力追求高级藏品，对资金的渴望，对级别的追求占据上风；另一方面，对大量的普通的文物和藏品却视而不见，任之尘封在库房。二是"以物为中心"的传统型文博展馆理念，不利于激活受众长久的、持续性的观赏愿望和参与需求，不利于全面开发、深度利用公共文化服务机构的社会功用。

要改变这种状况，需要建立"以人为本""以教育为本"的公共文化服务意识。强化公众服务意识，构建更加开放、富有亲和力的文博类公共文化服务者形象。

着力塑造博物馆的亲和力，拉近博物馆与观众之间的距离。博物馆的发展要由早年的高冷型的艺术、科研场所，转变为教育优先的社会文化机构。着力塑造博物馆的亲和力，从吸引观众入馆的角度出发，打造博物馆的新形象，拉近博物馆与观众之间的距离，让博物馆成为市民观众的良师益友、街坊邻居。通过微博、微信等互联网平台、自媒体平台，加大博物馆的口碑宣传，增强宣传的趣味性、互动性。

构建对话和体验的平台。借助互联网的优势，全方位地构建立体式的展陈、观看体验。博物馆的展览在设计之初，通过借助微信、微博等社交平台，让有兴趣的观众或志愿者队伍在一开始就介入到展览设计当中，发挥互联网交互式、主动式功能。展览期间，通过讲座、会员、观友会、见面会等多种形式，吸引观众进行展览的深度体验。积极推进先进导览器材、数字化设备，精细化不同的分众化的导览内容，优化展陈线观展时的即时导览体验。建立观众信息数据库和采样数据库，通过大数据和观众反馈方式，分析观众需求和兴趣点，获得展览的热点资讯。在博物馆展览展陈形式、空间形式和语言形式上，使用观众所喜闻乐见的形式，营造沉浸式的体验氛围。积极建立个性化服务。针对不同的观众群体，比如残疾人士、家庭、儿童、老人以及不同的职业、不同区域，根据观众需求和背景的不同设置分众化的展览或讲解等项目，根据客户如企事业团体单位的特殊需求，推出定制型的服务。这些个性化的服务，能够将观众的知识背景和个性化需求，与博物馆专业技术服务有机地结合起来，获得一种弹性的、量身定制的知识服务、教育服务，从而调动观众参与的积极性，吸引观众的注意力，启发和解决观众最关心的问题，实现教育功能的人性化、个性化。重视社会教育功能，积极开展教育活动。博物馆与学校之间开展教育合作活动是实现博物馆教育功能的重要途径。一者博物馆可以送展览到学校，在学校建立流动性的展览。二者可以和学校的教育课程结合起来，将课堂设立在博物馆，通过博物馆的馆内资源，获得现场的、直接的、互动的相关教学经验。博物馆的社区化也是实现博物馆教育职能的有力手段和行业趋势。研究发现，博物馆周边的居民成为博物馆经常性参展的重要人群，服务社区成为博物馆观众资源和社会化资源的一个重要来源。博物馆社区化要求博物馆结合周边的观众需求，为社区观众定制便利的观展服务，将社区的人和物的资源有效地吸引到博物馆的建设当中，将社区和博物馆融为一体。通过确立、细化、完善广州市文博类公共文化服务机构的社区服务、学校共建社会教育的重点、定点合作模块和项目措施，激活、强化、常态化文博类公共文化服务机构的教育功能。

开展好文物活用的工作。文物是博物馆的重要基石,征集并活用好文物,是提升公众服务的藏品基础。要依法加强文物的征集、管理、利用工作,合理分配、使用文物征集资金,拓宽合法文物征集来源。对于目前还在考古部门沉睡的文物,要及时建立与博物馆的借展、联展工作。加大博物馆与考古部门的合作与交流力度,及时、充分反映广州的考古成就和文物资源。

加大文创产品开发力度。以馆藏藏品为核心,开发具有本馆特色的博物馆文创藏品,"把博物馆带回家"成为当前博物馆文创藏品开发的通行路径。要继续做藏品资源的深入挖掘,面向社会提供知识产权许可服务。结合观众的多种形式需求,遵循市场运作规律,创作具有显明特色和创意的文创产品。针对中小学博物馆学习教育机制,开发具有针对青少年特点和教育需求的文创产品。广州市博物馆系统要在文创产品的研发、供应、销售、服务、反馈、改进等方面,探索发展出系统化、综合性的较为成熟的文创产业发展体系。

理顺完善文创激励机制,加强组织领导,权责到位,建立文创工作发展目标和考核机制。由于目前财政实行的是收支两条线,部分单位场馆鉴于支取文创产业收益过程较为烦琐,发展文创产业动力不足。要适当简化博物馆创收资金的返还支取机制和力度,鼓励博物馆通过文创产业扩大办馆办展资金来源。根据2016年5月11日签发的国办发〔2016〕36号文,文物文化事业单位文化创意产品开发取得的事业收入、经营收入和其他收入等按规定纳入本单位预算统一管理,可用于加强公益文化服务、藏品征集、继续投入文化创意产品开发、对符合规定的人员予以绩效奖励等。国有文化文物单位应积极探索文化创意产品开发收益在相关权利人间的合理分配机制。博物馆内部要建立文创工作的领导班子,对文创工作进行统筹安排、及时解决。制订本单位文创工作的年度计划、任务目标、实施步骤,提升文创工作的系统性和协调性。做好文创产品的知识产权的保护工作。积极搭建全市文创产业发展、展示平台，促进常态化的文创产业交流和推广工作。扶持、鼓励有关文化企业与博物馆对接与合作，鼓励众创、众包、众扶、众筹，政策上给予配合和倾斜。组织有代表性的文化企业、院校和博物馆，打造具有行业影响力的文创产品研发中心试点，推出几个具有代表性的文创品牌和有影响力和持续性的产品品牌。如故宫的"故宫日历"，即是依托馆藏资源打造的具有持续性和影响力的产品品牌。引进社会化创意设计力量，鼓励和引导社会资本，形成多渠道投入和开发机制，通过限量复制、加盟制作、委托代理等方式，进行文化创意藏品的开发。加强协作沟通，将文创产品外包服务与馆内创意人才建设有机结合起来。完善文创产品营销体系。扶持建立广州市博物馆文创产业平台，进行线上和线下的渠道融合、全方位的销售体系。打造文化创意优秀单位，培育文创产品品牌，提升文创生产经营和销售水平。

（七）重点提升文化馆（站）的设施建设和服务

文化馆是公共文化服务体系建设的重要机构，但是在这次针对广州本地居民的调查中，表示知晓"市/区/街道的文化馆或文化站"的受访者仅占29.13%；认为居住地附近有文化馆/文化站的受访者只有11.41%；几乎不去文化馆/文化站的受访者为45.33%；对文化馆/文化站表示有兴趣的仅占10.34%，是公共文化设施七大类选项中最低的一类。从调查反馈的数据来看，广州"三大馆"之一的文化馆系统无论是社会性还是影响力都需要进一步的提升。另外，在调查中对文化馆/文化站的设施建设和服务项目表示满意（包括非常满意和比较满意两项）的分别占70%和72.91%，说明文化馆/文化站本身的服务质量并不差，只是知晓度低，去的人少，吸引力小。因此，信息平台建设，特别是利用率高、信息量大、传播效应快速的网络信息平台的建设，对广州文化馆/文化站服务体系的建设至关重要。在受访者中，有73.86%的受访对象表示最希望从网络渠道了解公共文化服务相关信息。网络化生活已经成为当前社会生活领域的一个重要特征。国内不少城市如上海、苏州等已经实现了公共文化数字化服务平台的建设，广州也需要大力推进文化广州云的建设，尽快建立公共文化信息咨询的现代服务形态。当前文化馆/文化站的主要服务群体是老年人和少年儿童，除了最主要的开放时间的限制之外，场地设施有限、服务项目不契合大众消费需求等也是重要的影响因素。即使是老年人群体，在调查中仍有高达48.86%的退休人员因为没有感兴趣的设施和活动而不愿意去公共文化场所。公共文化服务应加强对群众文化需求反馈和评价机制的建设，从需求侧指导供给侧，进一步丰富公共文化服务供给，提升公共文化服务效能。作为群众文化建设的主力军，文化馆/文化站服务体系的建设也应尽快实现从单向供给向双向互动方式的转变，充分了解公众的多元化、个性化需求，推动文化场馆的多样化服务和深层次服务的建设。特建议如下：

1. 提高文化活动的专业化水平

文化活动项目及安排最能表现文化机构的专业化水平，调查中除了"距离太远，不方便"外，有几项阻碍因素比较突出：没有感兴趣的文化设施活动（29.22%）、推广宣传不到位（28.53%）、文化服务项目太少（26.94%）。这三个因素都和服务提供者的水平密切相关，因此提高文化设施及服务人员的专业能力势在必行。建议推行人员聘用制和岗位目标责任制，促进公共文化服务人才资源合理配置和流动。鼓励新入选的公务员、新录用的事业单位工作人员到文化服务机构任职锻炼。开展人才培训工程，加强对文化单位人员继续教育培训和业务能力培训，建立相应的补贴和激励制度，增强文化工作者的积极性。建立组织调训和自主参学选学相结合的参训机制，加强政治理论学习和政策法规培训，强化管理能力和文化素质培养。由市文化部门统一协调，分级培训，用三年左右的时间完成对全市公共文化服务人才的轮训，全面提升全市公共文化服务人才的政治、文化、业务素质和服务能力。鼓励申报高一级职称，抓紧建立推行职业资格制度。文化机构从业人员要通过文化行政部门或委托的有关部门组织的相应考试、考核，取得职业资格和岗位培训证书才能上岗。稳定基层文化队伍。贯彻落实中宣部、中编办等六部委《关于加强地方县级和城乡基层宣传文化队伍建设的若干意见》（2010年）精神，明确核定文化站人员编制，确保每个文化站配备不少于两个以上的人员编制，并禁止挪用编制。

2. 强化文化馆的数字平台建设

随着电脑、Kindle、iPad、智能手机等科技产品的普及，人们获取文化资源的渠道，以及阅读、娱乐、学习方式已经发生了重大改变，互联网已成为大众获取文化资源的主要渠道之一。在受访者中，有73.86%的广州受访对象表示最希望从网络渠道了解公共文化服务相关信息。广州未来要顺应市民的需求，顺应时代的变化和未来城市数字化发展趋势，充分利用广州现有的数字文化资源和"智慧广州"建设成果，强化组织管理体系建设、数字资源整合、数字平台开发与服务方式创新，以提供"虚拟服务"的方式破解传统文化服务在场地、人员、经费和管理等方面遇到的难题。从市级层面，充分利用正在规划建设新文化馆和构建全市范围内的文化馆总分馆制的契机，整体统一实施数字文化馆建设，构建标准统一、互联互通的数字文化服务网络。相信随着基础设施的不断完善，管理运营体制的不断创新，总分馆制的逐步建成，广州的文化馆会吸引越来越多的人参与，真正成为公共文化、大众文化的重要阵地。

（八）利用技术创新，拓展文化发展新方式

互联网时代，任何行业和企业、产品和服务，包括公共文

化服务单位，都面临着如何顺应时代潮流、实现转型发展的问题。广州公共文化服务单位应突出重点、准确定位，强化"互联网+"思维，加快向开放式复合型服务供给转型，以顺应人们生活方式的变化，满足市民的文化需求。

1. 整合信息文化资源

统一标准，分类整合数字文化资源。应用云计算技术，统一标准规范和元数据标准。整合广州现有数字化文化资源（数字文化馆、数字图书馆、数字博物馆等），通过自建和购买的方式开发具有广州特色的文化新资源，打包入"云"实现云存储，在云计算环境下实现统一管理和调度。通过开发建设多媒体数字资源支撑系统，对接国家、广东省及其他省市的文本、图片、音频、视频等各种文化资源，扩大资源总量。破除公共图书馆、博物馆、档案馆、文化馆等公共文化服务机构的部门利益，按照内容类型进行数字资源整合与建设，适应青年一代的文化消费习惯，满足年轻人的文化需求。

2. 系统构建传播与服务体系

要开发统一的展示与服务平台，打造成为文化信息资源的汇集地、检索的门户、信息服务的调度站。要模糊数字文化馆（站）、数字图书馆、数字博物馆等边界，升级"广州数字文化网"（全国文化信息资源共享工程广州支中心）的规模与功能，将其建设成为全市性的多元化、综合性的大型服务平台。

开发手机网站平台。开发建设基于移动设备访问的手机网站平台，宣传广州形象和文化优势，提供资源信息、联系方式和活动信息；方便微博、微信及QQ互动分享；设置PC网站、App应用及微信公众号相互链接，方便跳转、强化文化信息传播。

开发App应用。开发建设应用于iOS和Android两个不同平台的App应用。后台包括资源管理（多种类资源）、功能管理（即时通信功能）、系统设置管理（管理员设置、角色管理、权限管理、用户管理）等功能模块。

建设微信公众号。向用户定时推送文本、图片、音视频等文化生活信息，提供互动性浏览体验和便捷的信息服务；每日精选发布与社区工作和生活紧密相关的内容；开设新书推介、文化动态、社区活动、民众互动等功能栏目。

3. 重视文化服务推广

一是推动文化服务进社区，发挥文化馆和文化站的作用。文化馆/文化站离市民的居住区近，来往便利，有发展空间和潜力。充分发挥文化馆/文化站的作用，可以让市民在离家不远的地方使用公共文化设施。

二是合理设置传播渠道，增强宣传有效性。无论是传统媒体，还是新媒体，都有自己的受众群体。推广文化服务，要注意推广对象的群体特征，发挥不同宣传方式的优势，做到有的放矢。重视网络宣传在推广文化服务方面的作用，有效使用网络渠道来进行宣传。

三是凸显基层宣传渠道的本地优势。社区公告与市民的地理距离最近，在信息的传递对象和内容方面非常有针对性。因此，要充分发挥社区公告栏等宣传渠道的特殊优势，有针对性地协助文化馆/文化站的宣传，从而相互促进，鼓励居民积极参与社区文化活动。

四是考虑时间因素。有效规划公共文化场所的地理位置，缩短市民出行时间。合理安排开放时间，考虑上班市民的空闲状况。公共文化设施可以增加在夜间或周末的开放时间，使上班族也可以使用公共文化场所的硬件设施。

（九）加大投入力度，强化人才队伍建设

本次调查中，有46.92%的广州本地受访者认为广州对公共文化服务体系建设的投入适中，有10.64%的受访者认为投入较大，另外，认为投入较少、投入不足的受访者分别占23.16%、

7.55%。认为投入较少、投入不足的合计超过30%。广州旨在建设全球城市、培育世界文化名城,需要有全球视野,以全球先进文化城市为标杆,加大投入力度发展城市文化。一是加强顶层设计,进一步建立健全公共文化设施的建设标准、服务标准、经费保障标准和方式等,从制度上减少公共文化设施发展过程中的随意性,促进公共文化服务日常化和规范化。二是继续加大财政资金投入力度。市一级要增加投入,要督促各区、街镇认真贯彻落实文化部"保证公共财政对文化建设投入的增长幅度高于财政经常性收入增长幅度,提高文化支出占财政支出比例"的要求,增加公共财政对基层文化设施的投入。三是细分投入项目。"文化事业经费""工作经费""文化活动经费""图书室管理经费"等要列入各级预算,保障经费能够得到落实。特别要强化基层投入,在区一级设立基层公共文化设施专项资金,建立刚性明确的投入机制和责任分担机制。

应强化人才队伍建设,一是推行人员聘用制和岗位目标责任制,促进公共文化服务人才资源合理配置和流动。鼓励新入选的公务员、新录用的事业单位工作人员到文化服务机构任职锻炼。二是开展人才培训工程。加强对文化单位人员继续教育培训和业务能力培训,建立相应的补贴和激励制度,增强文化工作者的积极性。建立组织调训和自主参学选学相结合的参训机制,加强政治理论学习和政策法规培训,强化管理能力和文化素质培养。由市文化部门统一协调,分级培训,用三年左右的时间完成对全市公共文化服务人才的轮训,全面提升全市公共文化服务人才的政治、文化、业务素质和服务能力。三是鼓励申报高一级职称,抓紧建立推行职业资格制度。文化机构从业人员要通过文化行政部门或委托的有关部门组织的相应考试、考核,取得职业资格和岗位培训证书才能上岗。四是稳定基层文化队伍。贯彻落实中宣部、中编办等六部委《关于加强地方县级和城乡基层宣传文化队伍建设的若干意见》(2010年)精神，明确核定文化站人员编制，确保每个文化站配备不少于2个以上的人员编制，并禁止挪用编制。

（十）加快推动公共文化服务机构的法人治理结构建设

2017年9月，中宣部、文化部、中央编办、财政部等7部委联合发布了《关于深入推进公共文化机构法人治理结构改革的实施方案》，旨在推动公共图书馆、博物馆、文化馆、科技馆、美术馆等建立以理事会为主要形式的法人治理结构。进一步推进法人治理结构改革，必须解决制度设计方面的难题，解决所有权、控制权、监督权和管理权协调配置的问题。

1. 强化法规与制度建设，构建改革支撑体系

一是进一步完善制度。建立理事会制度，需要有一套完整的制度体系特别是法律做保障。国务院于2011年印发了《关于建立和完善事业单位法人治理结构的意见》（国办发〔2011〕37号），对事业单位法人治理结构的组织形式等进行了规定。《意见》提出，"理事会作为事业单位的决策和监督机构，依照法律法规、国家有关政策和单位章程开展工作"。广东顺德文化艺术发展中心是国内改革的成功典范，理事会运转也比较良好，首先源于法律上的保障。为了配合改革，顺德区人大常委会2012年6月通过了一项专门的法律——《顺德区文化艺术中心管理规定》，由此奠定了顺德区文化艺术中心法定机构的地位。

广州于2015年颁布的《关于支持事业单位开展法人治理结构试点工作有关政策的意见》（穗编办〔2015〕189号文）提出，"理事会是事业单位的决策和监督机构，依照法律法规、国家政策、行业规划和单位章程的有关规定开展工作"。广州的《意见》比国家多了"行业规划"和"有关规定"，未来改革需要进一步明确，详细给出与改革相关的法律法规、政策依据等清单，为改革提供坚强后盾。

二是需要整体设计。地方事业单位法人治理结构改革的探

索，事实上已涉及现行法律法规和管理制度的天花板。如何进一步深化改革，需要通盘考虑事业单位法人治理结构问题，通过制度设计，制定专项配套政策，构建一套适用于理事会为主要架构的运作机制。《顺德区文化艺术中心管理规定》从理事会成员如何任命到招聘员工的程序、报送财务报告的时间，都有具体详尽的规定，这一点值得借鉴。整体制度设计，统一协调或确定试点单位的目标任务、人员编制、活动经费、岗位设置、人事任免、财务制度、人事制度、福利制度等规定，为试点单位法人治理结构的良性运行提供充分的政策保障。在制度先行的基础上，遵循职权法定、程序合法、公开透明的原则，发挥法治对事业单位管理体制改革的引导、规范和保障作用，以法治思维和法治方式指导试点单位履行法人治理职责。

2. 推动政府职能转变，塑造新型的政事关系

一是推动政府职能转变。政府职能转变是实现管办分离的重要条件和基本前提。改革的目标，一方面是把文化事务决策权交还给理事会，帮助政府从繁杂的微观管理转向宏观监控，从此实现由红头文件为主的行政管理转向依法依规的法治管理；另一方面使事业单位成为主体独立、权责统一的法人，自主行使权力，独立承担民事责任。以推动政府职能转变为抓手和起点，以塑造新型的政事关系为目标，梳理政府在公共文化服务领域内的管理事务，明确政府文化工作部门的职责权限，推进形成分工合理、权责一致、依法保障的政府权力监督、制约、协调机制。一方面，以制度设计的方式，减少行政主管部门对事业单位的直接干预，落实事业单位法人自主权，淡化事业单位的行政级别；另一方面可以有效落实理事会法人地位的职权职能，形成政府宏观管理、文化事业单位自主发展、社会力量积极参与的格局。

二是进一步明确职责权限。法人治理结构建设的过程是公共文化事业单位获得自主权力的过程，同时也是政府、相关职能部门下放权力的过程。"权"涉及人、财、物各个方面，政府

应该放哪些权,如何放权,放权后责任由谁承担,都需要明文规定、划分清楚。形成行政主管部门有权敢放、能放,改革单位敢接、能接的生动格局。政府及事业单位理事会的职责权限,应分门别类进行梳理,逐项列明设定依据,汇总形成行政部门、理事会权责目录,并公布出来,接受各方监督。权责目录包括职权及其依据、行使主体、运行流程、对应的责任等。

3. 正确处理政策矛盾,确保新旧制度平衡衔接

一是重点攻关政策矛盾。首先是财务政策。在财务管理上,法人治理结构模式要求事业单位自主进行财务核算,项目资金自主使用,人员工资根据绩效考核结果自行发放。而财政部门要求事业单位经费统一核算、集中支付,项目资金由财政部门统一管理,人员工资实行统一发放。例如,广州2015年出台的《关于支持事业单位开展法人治理结构试点工作有关政策意见》(穗编办〔2015〕189号文)明确要求,"试点单位应健全严格的财务管理制度"。二者的矛盾需要编办、财政等部门沟通协调,加以解决。其次是人事管理。现行的干部体制实行的是"党管干部"原则,人事权由组织、人社及主管部门行使。在此背景下,提出理事长、行政负责人或者员工由理事会聘任或解聘,自主决定单位的人员及构成,实际上给改革的公共文化事业机构出了道难题。

二是多部门协调沟通。事业单位只有在人、财、物等方面拥有真正的决策权和处置权,才能确保法人治理结构的正常运转,如果改革不能跨越现有体制,那么相应的财政管理、分配制度、绩效考核、人事与编制管理等将无法满足法人治理结构改革的要求,势必造成理事会决策无法实施、流于形式、难以发挥作用的局面。目前试点单位在人、财、物管理方面尚未被主管部门赋予事实上的自主权,受到诸如人力资源、社会保障、财政、机构编制、发展改革、审计、价格等十几个政府部门的制约,这些部门通过审批的方式仍然在行使本应下放给理事会

的决策权。

改革需要多个相关部门共同努力，按照统筹协调、整体推进的原则，注重改革的系统性、整体性、协同性，推动政策创新，确保政策系统的各个部分即各项具体政策之间的有机联系，统筹解决如何衔接现行财政、收入分配、养老保险、人事管理等制度安排。对于确需保留的行政职权，相关部门要按照透明、高效、便民原则，制定行政职权运行流程图，规范行政裁量权，以保障理事会运行机制与现行管理制度的平衡对接。

4. 指定时间表，试点推进

贯彻国家的法人治理结构改革的相关政策，设定由试点到深入实施的两个阶段的具体步骤，在文博、图书馆、文化馆等各系统分别遴选一个或者两个单位进行试点。为博物馆改革为例，在2017—2018年试点阶段，由文化、文物、科协等主管部门，以南越王博物馆、广州博物馆作为重点试点，并向广东省博物馆这个法人治理结构探索的先行者取经学习，探索形成一批符合广州实际的法人治理结构建设模式，建立深入推进法人治理结构改革的相关政策和配套制度。制定时间表，有效推进试点按筹建理事会、组建管理层、制定章程、制定管理制度、试点运行、总结验收等步骤展开工作。在2019—2020年深入实施阶段，各地各有关部门和单位在总结试点经验的基础上，结合本方案要求，制订符合本地区实际的深入实施方案，明确实施范围、工作举措、推进方式、时间节奏和保障政策等，由点及面，推动广州市市本级规模较大具备条件的文博公共文化机构建立以理事会为主要形式的法人治理结构，逐步建立合理、高效的现代公共文化机构运行机制。

（执笔：曾德雄、贾云平、李燕、陈文洁、
梁礼宏、陶乃韩、彭颖、王首燕）

第五章 中华优秀传统文化传承发展的广州行动

　　习近平总书记在党的十九大报告中指出，"中国共产党是中国先进文化的积极引领者和践行者，又是中华优秀传统文化的忠实传承者和弘扬者"，"文化是一个国家、一个民族的灵魂。文化兴国运兴，文化强民族强"，"推动中华优秀传统文化创造性转化、创新性发展，继承革命文化，发展社会主义先进文化，不忘本来、吸收外来、面向未来，更好构筑中国精神、中国价值、中国力量，为人民提供精神指引"。党的十九大将文化上升到国运的层次，将传承发展中华优秀传统文化确定为中国共产党的使命担当，同时也为传承发展中华优秀传统文化、推动中国文化繁荣兴盛，进一步指明了方向、阐明了意义。

　　传承发展中华优秀传统文化，是中国特色社会主义文化建设的新时代、新使命、新征程，广州需要顾全国内外两个大局，贯彻落实习近平总书记对广东工作"四个坚持、三个支撑、两个走在前列"指示要求，紧扣新时代发展要求，以切实的行动贯彻落实国家文化发展战略，吹响文化繁荣号角，坚定中华文化自信，为激发文化创新创造活力和建设社会主义文化强国做出新贡献。

一 意义与目标

(一) 文化传承发展的两个基本特征

1. 文化传承发展的连续性

马克思在《路易·波拿巴的雾月十八日》中说:"人们自己创造自己的历史,但是他们并不是随心所欲地创造,并不是在他们自己选定的下来的条件下创造,而是在直接碰到的、既定的、从过去承继下来的条件下创造。一切已死的先辈们的传统,像梦魇一样纠缠着活人的头脑。"[①] 活着的一切,与历史不可割裂,文化也不例外。在汉语中,"传"有递、授、推广、散布、宣传等几个方面的意思;"承"则是托着、接着,即继承的意思。传承,泛指对某某学问、技艺、教义等,师傅传给徒弟,徒弟继承师傅的过程。作为一种具体实践性活动,按时间维度,文化传承主要解决两个问题:一是解决中华优秀传统文化由历史走到现在;二是解决中华优秀传统文化再由现在走向未来。"现在"是将来的历史,历史—现在—未来,在时间上是一个不间断的发展过程。中华文化源远流长,几千年来在继承中持续发展,不间断地与时俱进,形成了我们伟大而独特的"传统文化价值体系"即文化传统。

2. 文化传承发展的自觉性

如果将传统作为目的,不加反思,就会伤害现实生活。德国哲学家尼采认为:"毫无节制的历史感,如果被推到了它的逻辑顶点,就会彻底毁掉未来,因为它摧毁了幻想,并夺走了现存事物所赖以生活其中的仅有的空气……如果在历史的冲动背后没有建设性的冲动,如果清除垃圾不只是为了留出空地,好让有希望有生命的未来建造起自己的房屋,如果只有公正是至

[①] 《马克思恩格斯文集》第2卷,人民出版社2009年版。

高无上的，那么创造性的本能就会被消耗和阻遏。"① 传统是一条流动不息、泥沙俱下的河流，本身包含了多种侧面，并非所有的传统都是优秀的，既有精华也有糟粕，有清流也有垃圾。需要运用"扬弃"的方法，对于传统要去粗取精、去伪存真，既抛弃又保留、既克服又继承。"扬弃"是一种方法论，既是选择的方法论也是文化创新创造的方法论。"扬弃"传统文化，就是要改变传统文化的自发延续模式，使其变成有目的、有计划的自觉活动。

"扬弃"传统、推动其发展，体现的是文化主体的"文化自觉"。在《反思·对话·文化自觉》一文中，我国著名社会学家费孝通先生说："文化自觉是一个艰巨的过程，只有在认识自己的文化，理解并接触到多种文化的基建上，才有条件在这个正在形成的多元文化的世界里确立自己的位置，然后经过自主的适应，和其他文化一起，取长补短，共同建立一个有共同认可的基本秩序和一套多种文化都能和平共处、各抒所长、连手发展的共处原则。"② 按照费孝通的理论，文化自觉是一个艰巨的过程：首先要认识自己的文化，对自己的文化有自知之明。其次要明白自己文化所具有的特色和发展的趋向，并根据其对新环境的适应力决定取舍，避免"文化回归""复旧""复古"。再次要认识其他文化，明确自己在多元文化中的位置，取长补短，吸收融合。

（二）广州传承发展传统文化的重要现实意义
1. 广州践行和弘扬社会主义核心价值观的必然要求

传统文化蕴含核心价值观的精神要素，能够为其提供思想

---

① 尼采：《历史的用途与滥用》，陈涛等译，上海人民出版社2000年版，第120页。

② 费孝通：《反思·对话·文化自觉》，《北京大学学报》（哲学社会科学版）1997年第3期。

资源和价值支撑。习近平总书记在《青年要自觉践行社会主义核心价值观》的讲话中指出，核心价值观的个人、社会、国家三个层面的基本框架，与儒家"修身、齐家、治国平天下"的要求是一致的。从核心价值观的内容看，"富强""民主""文明""和谐"，是对古代"民本""仁本"思想的时代传承；"爱国""敬业""诚信""友善"，是对传统文化中"德"的观念的理性升华；"自由""平等""公正""法治"，是古代"天下为公""不患寡而患不均""修法治，广政教"等理念的体现与深化。广州本土传统文化特有的开放包容、经世致用、务实善变的精神，以及革命和爱国传统，蕴含了核心价值观的基本内涵，是其活水源头。

优秀传统文化构成核心价值观的文化根基和精神命脉。习近平总书记指出："培育和弘扬社会主义核心价值观必须立足中华优秀传统文化。牢固的核心价值观，都有其固有的根本。抛弃传统、丢掉根本，就等于割断了自己的精神命脉。"[1] 核心价值观，本身就是社会主义、中国当代改革开放的实践与包括广州传统文化在内的中华优秀传统文化相结合的产物。核心价值观要真正为广州人民内化于心、外化于行，贯穿于广州社会生活的方方面面，离不开对传统文化的大力继承和发扬。

2. 坚定文化自信的重要体现

习近平总书记多次指出，要坚持文化自信。对传统文化的自信，是文化自信的重要内容。2017年1月，中共中央办公厅、国务院办公厅印发了《关于实施中华优秀传统文化传承发展工程的意见》，要求"进一步增强文化自觉和文化自信"，对保护传承、创新发展中华优秀传统文化做出了具体的要求和部署。广州要鉴定文化自信，传承发展包括广州本土文化在内的中华优秀传统文化。

---

[1] 《习近平在中共中央政治局第十三次集体学习时强调：把培育和弘扬社会主义核心价值观作为凝魂聚气强基固本的基础工程》，《人民日报》2014年2月26日。

与文化自信密切相联的,是文化安全。国务院 2006 年颁布的《关于加强文化遗产保护的通知》就明确将保护文化遗产提高到"维护国家安全的高度"。一方面,一个群体的文化和身份认同,来自于其传统文化长期熏陶、教化、渲染、培育中形成的深刻的内在心理习惯、思维定式、行为规范。另一方面,当前全球化和现代化的浪潮汹涌,西方强势文化以其强大的经济实力为后盾总体上处于强势地位。全球文化发展不均衡,文化生态环境恶化,严重威胁包括中国在内的发展中国家的文化安全。在此意义上,传承发展传承文化,是改善文化生态、维护文化主权和安全的政治需要。广州向来有包容、吸纳域外文化的传统,作为中国改革开放的前沿地,现代化与全球化冲击传统文化所带来的问题尤其突出,维护文化安全的任务也特别艰巨。

3. 广州提升城市的文化软实力迫切需要

当今世界,文化软实力的重要性日益凸显,已成为一个国家或地区的综合实力和国际竞争力的重要支撑和深层动力。优秀传统文化是文化软实力的基石和核心,也是其重要源泉。习近平总书记明确指出:"提高国家文化软实力,要努力展示中华文化独特魅力。……把继承传统优秀文化又弘扬时代精神、立足本国又面向世界的当代中国文化创新成果传播出去。"[1]

目前,广州正迈向一流全球城市,更应重视优秀传统文化的传承发展。独特的历史和文化是一个城市参与全球竞争的重要资源。本土的才是世界的,全球化发展离不开本土化,这是国际城市文化发展的共识。诸多著名的全球城市,如巴黎、伦敦等,都以各自独特的历史和文化而著称。广州迈向全球城市,不仅要传承发展以中原文化为主体的中华传统文化,推进中华优秀传统文化的复兴,增强其国际影响力,凸显自己作为

---

[1] 《习近平在主持中共中央政治局第十二次集体学习时的讲话》,《人民日报》2014 年 1 月 1 日。

国家中心城市身份标识，也要传承发展本土文化，突出城市文化差异性，提升城市的文化辨识度，塑造独特的城市文化形象。

（三）广州推进优秀传统文化传承发展的基本原则

1. 高举中国特色社会主义伟大旗帜

邓小平同志在开辟中国特色社会主义事业的初期，就提出了中国特色社会主义是物质文明和精神文明的统一，两个文明都要好才是有中国特色的社会主义。推动中华优秀传统文化传承发展是精神文明建设的一部分，必须服从于中国特色的社会主义建设这项伟大事业。2013年，习近平总书记在全国宣传思想工作会议上的讲话指出："宣传思想工作就是要巩固马克思主义在意识形态领域的指导地位，巩固全党全国人民团结奋斗的共同思想基础。""两个巩固"是中国特色社会主义各项事业的精神之基，传承发展中华优秀传统文化也是宣传思想文化的主阵地。面对历史，需要保持既尊重又批判的态度，坚持马克思主义的文化观，坚持以社会主义核心价值观为引领，坚持创造性转化、创新性发展，弘扬主旋律、传播正能量，巩固壮大主流思想舆论，在国际国内各种思潮挑战中赢得主动权。

2. 坚持党性和人民性的高度统一

推动中华优秀传统文化传承发展，是建设社会主义文化强国的重大战略任务。从国家战略角度看，中华优秀传统文化传承发展不是为了守旧、循旧，而是为了发展新的先进文化即社会主义先进文化，建设社会主义文化强国、实现中华民族的伟大复兴、坚定民族文化自信。党的十九大报告中"人民"一词出现高达203次，"人民美好生活"一词反复出现，凸显了人民在党和国家事业中的崇高地位和根本作用，凸显了保障和改善民生、提高人民生活水平的迫切要求和重大意义。《易经》曰："文明以止，人文也。关乎天文以察时变，关乎人文以化成天下。"文化（culture）是非常广泛和最具人文意味的概念，无论是群族的历史、风土人情、传统习俗、工具、附属物、宗教信仰，还是文学艺术、规范、律法、制度、思维方式、价值观念、审美情趣等，须臾离不开人、离不开人的生活。早在2013年8月，习近平总书记在全国宣传思想工作会议上就特别强调了党性和人民性的统一，提出要树立以人民为中心的工作导向。走发展中国特色社会主义文化道路，是传承发展中华优秀传统文化必须坚持的党性；有效的文化传承以人民为中心，体现的则是中华优秀传统文化传承发展的人民性。

"一切为了人民"是中国共产党人的价值追求，由中国共产党所倡导和推动的弘扬和传承中华优秀传统文化事业的价值追求也必然是实现人民的文化共享，即实现文化大众化。推动文化大众化，其前提是高举中国特色社会主义伟大旗帜，始终走社会主义文化建设道路，这是大方向。总之，从人的角度看，中华优秀传统文化传承发展不是为了继承先人的衣钵，而是为了直面人民的精神生活，解决人民文化生活中的主要矛盾，满足新时代人民对美好生活的期待。

3. 坚持与人民日常生活相结合

2017年1月中共中央办公厅、国务院办公厅印发的《关于实施中华优秀传统文化传承发展工程》指出：坚持以人民为中心的工作导向。坚持为了人民、依靠人民、共建共享，注重文化熏陶和实践养成，把跨越时空的思想理念、价值标准、审美风范转化为人们的精神追求和行为习惯，不断增强人民群众的文化参与感、获得感和认同感，形成向上向善的社会风尚。

文化的大众化是一个强化大众文化自主意识和主体精神，并通过这种强化提高大众文化自主选择能力的过程，一个使他们在错综复杂的各种理论思潮和观念中选择和接受既适合自身发展又能够促进自己国家、民族和全体人类发展的文化理论和观念体系的过程。① 中华优秀传统文化大众化既要唤醒中华传统文化的优秀基因，又要赋予其现代化的灵魂，停留在理论阐述、理论解读的层面是不够的，还要推动中华优秀传统文化内涵更好更多地融入人民生产生活各方面，把跨越时空的思想理念、价值标准、审美风范转化为人们的精神追求和行为习惯，成为人民的日常信仰。

（四）确立中华优秀传统文化传承发展的广州行动目标

1. 围绕人民日常生活，确立三大行动目标

中华优秀传统文化传承发展是一个庞大的系统工程，对于地方城市而言，确定行动方案需要有所侧重，解决现实问题、助推社会发展。日常工作生活中，与人民最为密切的时刻"熏陶"人民的有三项内容，一是社会价值观、社会风气；二是环绕我们身边、常为我们所见的古建筑、历史文物等不可移动的物质文化遗产；三是传统习俗、语言、音乐、舞蹈、礼仪、庆典以及传统医药等无形文化遗产，即非物质文化遗产。

一是社会价值观目标：打造社会主义核心价值观精神高地。立足广州、把握大势、区分对象、精准施策，推动社会主义核心价值体系建设，积极培育和践行社会主义核心价值观，将优秀传统文化、岭南文化中具有当代价值、世界意义的文化精髓、价值内核提炼、展示出来，不断提高人民道德水平、文化素养、思想境界。

——到 2025 年，基本建成社会主义核心价值观体系完备、队伍齐整的高水平理论阐释队伍。

——精心组织一批具有广泛社会影响力的社会主义价值观实践，开展志愿者服务、师风建设、诚信建设、好人等专项行动和工程。

---

① 王凤玲：《传统文化传承大众化的三个重要环节》，《湖北社会科学》2012 年第 7 期。

第五章 中华优秀传统文化传承发展的广州行动

——构建家庭、社区、街镇、区市立体式社会主义价值观与优秀传统文化宣传、实践网络，将社会主义核心价值观融入社会发展各方面，实现公民道德素质全面提高，形成知荣辱、讲正气、做奉献、促和谐的良好风尚。

二是物质文化遗产目标：争创广州历史文化名城新辉煌。

巩固广州文化的历史根基，维护岭南文化的多样性和创造性，传承发展岭南文化特色，增强广州人民的文化认同感和自豪感。进一步挖掘广州历史文化内涵，彰显岭南文化中心地形象，持续提升广州作为第一批历史文化名城的国际影响力。

——完善"一山一江一城"的城市空间格局。尊重并延续城市空间发展逻辑，充分体现自然要素和人文要素相互交融的城市特色，彰显岭南特色，塑造文化名城，挖掘和展示珠江景观带魅力。

——彰显历史城区的历史文化特征。维护历史城区传统风貌特色，疏散历史城区功能、人口和交通等，使保护与发展有机结合。保护古城城郭的历史空间格局，保护传统中轴线，保护山水环境、历史标志物、节点和街道肌理。

——提升历史文化街区的文化形象。围绕广州历史文化名城的八大保护主题——"历史悠久古都城、岭南中心文化城、丝绸海路港口城、革命策源英雄城、田园风光山水城、千年发展商业城、改革开放前沿城和全国著名华侨城"，打造历史文化街区的文化形象。同时，根据各历史文化街区的区域文化内容及个性化特征，充分挖掘整合文化资源，打造个性化的文化品牌，促进广州历史文化的多样性。

——让历史文化遗产"活"起来。鼓励各种形式的历史文化遗产活化利用，让其重新焕发活力，让传统历史文化以生动的形式进入人们的视野及思想，成为文化再创作的源泉。

三是非物质文化遗产目标：大力推动非物质文化遗产融入人民日常生活。活化世代相承、与人民群众生活密切相关的传统文化表现形式，延续、活化和发展具有广州特色的生活生产方式、风俗习惯、传统技艺，展示广州人文特色和审美习惯。

——构建完善的非遗传承人认定机制、扶持机制、考核机制和退出机制，推动非遗传承人制度更好地服务于广大非遗传承人和非遗传承发展的现实需要。

——精心打造一批非遗保护传承平台，实现非遗多渠道传承发展。

——推进非遗生产性保护的规范化、法制化，构建非遗产业合作和协调机制，培育一批受消费者欢迎的、有特色的非遗产品品牌，推动非遗产业化发展。

——提高非遗保护的数字化管理和服务水平，建设非遗传承人数据库和非遗数字化场馆，设计广州非遗数字地图，开发一批非遗宣传普及的动漫产品，推动非遗与科技的融合。

——培养青年非遗后备人才，培训非遗传承人和非遗素质教育教师，为非遗的可持续发展提供人才支持。

——开发一批体验式非遗旅游项目和有创意的非遗旅游纪念品，建立旅游部门与非遗保护部门的合作机制，推动非遗与旅游业的融合发展。

2. 围绕中华美学传承发展，迈向文艺创作"高峰"

积极响应习近平总书记的号召，以文艺创作生产为重点，传承和弘扬中华优秀传统美学精神，引领和践行中国审美观。吹响广州迈向全球城市的时代号角，展示广州时代风貌，推动广州文艺创作由"高原"向"高峰"迈进。

——进一步深入学习贯彻习近平总书记在文艺工作座谈会上的重要讲话精神，实现习近平同志关于新时代文化建设的思想在广州落地生根、开花结果。

——以爱国主义题材、广州现实题材、岭南本土题材创作为重点，以中国精神铸造灵魂，实现广州文艺的引领力大幅提升。

——聚焦精品力作，激发全市文艺创作生产活力，创作一批有持续影响力的"高峰"作品，打造岭南文化高地和全球区域性文化中心，推动广州文艺创作生产上水平走前列。

——构建完善的体制机制，团结凝聚文艺组织和文艺群体，培养造就一批文艺领军人物和拔尖人才。

——实现文艺院团改革发展，为广州文艺持续繁荣打下坚实基础。

3. 围绕民心相通，打造对外文化交流窗口城市

对接国家"一带一路"发展倡议和广州市推进21世纪"海上丝绸之路"建设三年行动计划，以提高文化开放水平为着力点，坚持"走出去"与"请进来"相结合，积极实施广州对外人文合作工程，构建友城交流平台，畅通文化交流渠道，形成全方位、多层次、宽领域的文化走出去格局，显著提升中华文化的重要窗口功能和文化走出去的桥梁纽带作用。

——加速启动以友城为桥梁的民心相通工程。拓展文化交流途径，创新文化交流模式，推动中华文化走出国门、走向世界。积极参与"海上丝绸之路"城市联盟建设、友好城市建设，积极推进与欧美日韩发达国家的文化合作，统筹规划广州—南太平洋、广州—中南半岛—非洲文化交流活动。

——打造开放合作的海内外华人华侨文化交流平台。联合港澳台及海外华人华侨推动广州文化走出去，全面深化穗港澳台及世界各地华人华侨文化交流合作，打造中国重要的华人华侨文化交流中心。

——构筑中华文化产品走出去的快捷通道。探索设立南沙文化保税区，吸引一大批具有国际影响、行业带动力强的外向型文化企业和机构进驻，建设辐射全球的文化创意产业出口基地和文创产品交流传播中枢，助力中华文化走出去。

——强化广州国际交往中心功能。推动海内外智库交流，促进跨地域文化交流融合。加强与国际主流文化机构合作，提

振文化交流的影响力。加强与本城外国人交流，提升中华文化的融合涵化功能。畅通渠道多元化建设，打造21世纪中华文化对外交流窗口城市。

二 历史、条件与现状

（一）历史条件：岭南文化独具特色

1. 岭南文化是中华优秀传统文化的重要组成部分

习近平总书记2014年考察北京时指出，"历史文化是城市的灵魂"。这意味着历史文化也是一个城市的文化传承发展的重要基础和条件。德国哲学家尼采认为，历史应当"服务于将来和现在"[1]。历史文化应当服务于现在和将来的文化发展和创造。因为，历史研究不只是过去的集成，如意大利历史学家维柯所说，它"并不关心作为过去的那种过去。它所关心的首先是我们生活于其中的那个社会的具体结构，我们和我们周围的人所共享的那些风尚和习俗"[2]。岭南文化作为广州本土文化，体现了广州传统的风尚和习俗，应当成为广州传承发展中华优秀传统文化的独特源泉和重要条件。

岭南文化自古便是中华传统文化的重要一脉。秦以降，截至明清时期，岭南地区共发生来自北方的、中原的四次大规模的移民，为岭南带来了作为中华文化主流的中原文化，促使岭南文化由原生文化形态向与中原文化整合的再生文化形态转型，成为中华传统文化的重要支流。中华文化传统中的具有核心价值意义的意识形态，如天下一统的国家观念、以民为本的社会观念、忠孝节义的伦理观念、中庸和谐的文化观念、天人

---

[1] 尼采：《历史的用途与滥用》，陈涛、周辉荣译，上海人民出版社2000年版，第25页。

[2] 柯林武德：《历史的观念》，何兆武、张文杰译，商务印书馆1997年版，第111页。

合一的哲学观念、含蓄蕴藉的艺术观念等，在岭南文化中都得到了广泛传播和深刻体现。以中华传统文化为文化根基和精神命脉的社会主义核心价值观，其基本内涵同样蕴含于岭南文化之中。

另外，作为发端于古南越文化的本根性的地域文化，岭南文化有其相对独立的历史，具有鲜明的地域特色，在形式和内涵上都极大地丰富了中华传统文化，对其发展有突出的历史贡献。尤其在近代，西学东渐，岭南开风气之先，成为全国学术与思想文化最活跃的地区之一，涌现了大批有改革性、开拓性与创新性的思想家和学术人才，不仅使岭南学术与思想文化获得极大地改造和充实，更是催生了中国近代资产阶级革命，促进了中华传统文化在近代的发展。当代，岭南地区成为中国改革开放的前沿地，岭南文化的变革发展，在中华传统文化的现代化进程中起到了示范作用。

2. 岭南文化具有鲜明的大众性

岭南文化是一种世俗文化，从考古文物到文献记载，从历史遗址文化、建筑文化、民俗文化、园林文化、商业文化、宗教文化到各种艺术形式，大众性和平民性的特征都极为突出。岭南文化的文化范式、文化主题、文化思想、文化内容、文化形象、文化术语均突出的是百姓众生；其聚焦点不是社会精英，而是社会大众；其文化实体不是借助于自上而下的灌输，而是植根于民间心态的认同。

岭南文化的大众性，也体现于其商业传统和务实精神。追求功利，通过商业手段获取财富，满足人性欲望，寻求世俗幸福，这些都具有鲜明的大众色彩。与此相联系的，是岭南文化中重感觉而轻思维的认知方式。用感官的享受和实惠的心理取代深沉的理性思考，因而那种追求娱乐性、趣味性、猎奇性、形象性、满足感官要求的大众喜闻乐见的平民情调，一直是岭南娱乐文化的主旋律。岭南文化的这种特点，是当代流行文化、大众文化、商业文化得以在岭南繁荣发展乃至示范全国的重要条件。

目前，传承发展中华优秀传统文化，要求"以人民为中心"。岭南文化的大众性特点，与之有天然的契合之处，有利于推进中华优秀传统文化在广州的传承发展。

3. 岭南文化蕴含丰富的历史文化遗产资源

岭南文化在其两千多年的发展历程中，积累了十分丰富的物质文化遗产资源和非物质文化遗产资源。广州作为岭南文化的中心地，是国务院第一批公布的24个国家级历史文化名城之一，拥有众多的文物古迹，市级以上文物保护单位共322处，其中全国重点文物保护单位24处、广东省级文物保护单位45处、广州市文物保护单位253处；市登记保护文物单位138处；区县级文物保护单位208处。2015年11月，经过近3年文化遗产普查，全市共筛选出不可移动文物线索67处，历史建筑线索792处，传统风貌建筑线索3087处。此外，根据《广州历史文化名城保护规划》，广州共有48个历史文化片区，其中，历史城区内有22片历史文化街区，历史城区外有26片历史文化保护区。非物质文化遗产方面，广州目前共有非遗项目192项，完整覆盖了民间文学、民俗、传统医药、传统美术、传统技艺、传统舞蹈、传统音乐、传统戏剧、曲艺、传统体育和杂技11类非遗类型，其中联合国家级非遗项目2项（岭南古琴艺术和粤剧），国家级非遗项目18项，省级非遗项目61项，市级非遗项目111项。这些丰富的地方历史文化遗产资源，是广州传承发展中华传统文化的重要凭借。

4. 岭南文化具有深厚的对外交流的文化传统

岭南文化自古就有与海外文化交流的基础。从秦、汉开始，岭南一直是我国对外经济往来与文化交流的重要地区。西汉时期，以番禺（今广州）为起点的"海上丝绸之路"，往南至泰国、马来西亚，往东至朝鲜、日本，往西至缅甸、已程不国

(今斯里兰卡); 唐、宋时代延至东非、欧洲。明、清"海禁"期间, 广州成为我国对外交流的唯一窗口, "海上丝绸之路"延至里斯本、墨西哥、秘鲁等。

依赖于古代"海上丝绸之路"发展起来的中外贸易, 不仅带动了岭南地区经济的发展, 也带动了岭南地区与海外贸易各国的人员往来与文化交往。古代"海上丝绸之路"不仅是一条经贸之路, 更是一条中外文化交流的大通道。这在近代岭南文化的发展中表现得尤为突出。"海上丝绸之路"不仅为岭南带来了海外的宗教、哲学、文学、医学、数学、天文学、音乐、雕塑、建筑、绘画等文化样式, 推动了岭南文化的发展, 同时也将岭南文化、中华文化传播到海外。18—19 世纪, 大量到海外经商和谋生的华人把中医药带到了海外。

当前, 广州传承发展中华传统文化, 打造对外文化交流窗口城市。岭南文化所特有的对外文化交流的深厚传统, 无疑是一剂有力的助推剂。

(二) 广州传承发展中华优秀传统文化所取得的成就

1. 核心价值观深入人心, 公民道德建设稳步推进

积极开展核心价值观宣传普及, 坚守核心价值观公益宣传阵地。建立了公益广告宣传管理联席会议制度, 出台了《关于加强公益广告宣传管理工作的意见》, 建立了公益广告创作与传播中心。

推动核心价值观进学校、进课堂、进学生头脑。截至 2017 年, 组织开展 "我的中国梦" "向国旗敬礼" "童心向党" 等主题活动 1000 多场次, 500 多万人次参与, 创建了 108 所市级培育和践行核心价值观示范校。

开展 "广州好人" "最美医生" "最美教师" 等评选活动, 发布 "广州榜样"。出台了《帮扶生活困难道德模范和给予道德模范崇高社会礼遇的实施办法》, 树立价值导向。举办道德模范

现场交流活动、故事汇巡演巡讲，出版《广州好人录》，激活榜样力量。到 2017 年，全市入选全国道德模范 5 人、省道德模范 13 人、市道德模范 402 人、"中国好人"163 人、好人工作室 11 个，市级以上身边好人 1355 人次。

全民阅读活动、文明共建活动等群众性精神文明建设活动稳步开展。志愿者服务进展良好，创建的"社工+志愿者"工作模式成为志愿服务"广州模式"，获得广泛肯定。目前，全市建成"志愿驿站"114 个、社区志愿服务站 1145 个、公共文化设施志愿服务站点 83 个、景点景区志愿服务站点 75 个、窗口类志愿服务站点 597 个；注册志愿者 178 万，年参与志愿活动 400 余万人次。

2. 物质文化遗产保护机制逐步健全，保护力度不断加大

形成了较完备的法规政策保护体系。2014 年 11 月批准实施的《广州市历史文化保护规划》是推进文化名城保护和建设的纲领性文件。2016 年 5 月起实施的《广州市历史文化名城保护条例》，拓展了保护范围，规范性和前瞻性显著增强。广州市还制定了一批专门性的政策法规，细化遗产保护。如物质文化遗产保护方面的《广州市文物保护规定》（2012）、《广州市历史建筑和历史风貌区保护办法》（2014）、《广州市城乡规划条例》（2014）、《广州市博物馆规定》（2017）等。

文物保护有所强化。基本完成国家、省、市三级文物保护单位保护范围和建设控制地带的划定工作，推进广州农民运动讲习所旧址、广州圣心大教堂、广州大元帅府旧址、三元里平英团遗址等一批文物保护单位保护规划的立项、编制和审核工作。开展全市文物安全状况大排查行动，全面启动《广州市文物保护单位保护管理使用协议书》签订工作。设立文物保护专项资金，率先由政府出资开展建设项目考古工作，国内首次不设限制条件对非国有不可移动文物修缮进行补助。成立了广州市文物局和市文物考古研究院。

牵头推进"海上丝绸之路"申遗工作。作为"海上丝绸之路"申遗工作的牵头城市，在国家文物局的指导下，大力推动"海上丝绸之路"申遗工作。制订《广州市关于海上丝绸之路史迹保护和联合申报世界文化遗产工作方案》。完成广州"海上丝绸之路"史迹点相关方案的修改和审批，标识系统设计、监测体系与平台搭建、档案整理和数据库建设等基础性工作。加大宣传工作，举办"扬帆通海两千年：广州与'海上丝绸之路'"展览。

3. 非物质文化遗产保护工作有序开展，宣传推广形式多样

完善法规制度建设。已出台《广州市非物质文化遗产项目代表性传承人管理办法》（2008）、《广州市非物质文化遗产名录项目管理办法》（2013）、《广州市保护非物质文化遗产弘扬岭南文化工作方案》（2015），目前正在制定《广州市非物质文化遗产保护办法》。

健全政府工作机制。2006年，建立了广州市非遗保护工作联席会议制度。同年，成立了广州市非遗保护工作专家委员会。2007年成立了市非遗保护中心。此后广州市11区相继建立了区级非遗保护中心或非遗保护办公室。2015年，广州市文广新局正式成立非遗处，统一管理全市非遗保护工作。

开展形式多样的非遗宣传推广活动。市非遗保护中心组织开通官网和微信号，举办历年文化遗产日活动，各类非遗展览、演出，每年春、夏、秋三季的培训班"非遗学堂"，单次体验课"周末非遗课堂"等。各区、各相关单位也积极举办各具特色的宣传活动。如民俗方面的迎春花市、广府庙会、波罗诞、横沙会、沙湾飘色艺术节等，传统表演艺术方面，已历多届的广东音乐创作大赛、岭南古琴音乐会、广州市青年戏剧演艺大赛等，传统工艺美术方面，广州传统工艺美术精品展、国际盆景大会、羊城菊会等均每年举办。此外，在全市范围积极开展形式多样、层次多元的"非遗进校园"活动，目前至少100余所学校长期开展非遗进校园实践。"非遗进社区"方面，黄埔区所属各街道

广泛开展"巧姐进社区"活动，番禺区自2006年以来逐步形成非遗"四进"（进校园、进社区、进工厂、进农村）活动，白云区推出"非遗进企业"模式，天河区推出"非遗进商圈"模式，有效推动了非遗融入社区。

4. 本土文艺精品不断涌现，文化活动丰富多彩

传承创新传统文化，创作了一批较有影响的本土文艺精品。舞台剧方面，推出了音乐剧《西关小姐》（获全国精神文明建设"五个一工程"奖）、粤剧《刑场上的婚礼》（获"文华奖剧目奖"）、大型人偶剧《八层半》、武侠杂技剧《笑傲江湖》等精品。其中，杂技剧《笑傲江湖》创造性地融合运用了杂技、武术、舞蹈、戏剧表演、曲艺等多种舞台艺术。纪录片方面，由广州参与制作的纪录片《穿越海上丝绸之路》在央视国际传播平台播出并受到广泛关注。此外，还推出歌剧《马可·波罗》（中外合作模式，用世界语言讲述中国故事）、舞剧《醒·狮》、粤剧《初心》等一批主旋律作品。

弘扬传统民俗文化，积极开展群众性民俗文化活动。如天河乞巧文化节、白云区舞火龙活动、南沙水乡文化节、坑口生菜会迎春花市、元宵节期间的广府庙会、三月三仁威庙会、四月份波罗诞以及六月份龙舟赛等，营造了浓厚的传统文化氛围。其中广府庙会更是融祈福文化、民俗文化、美食文化、商贸休闲文化为一体，并集中展示广州非遗创意、岭南手工艺以及全国各地的非遗项目，提升了传统文化的社会影响力。

此外，还组织开展了传统文化推广活动。如越秀区开展"行走·阅读"系列活动，推动岭南文化传承。市非遗中心开设非遗培训班、非遗体验课、非遗展览等，并在"文化遗产日"开展系列活动，促进广州非遗的传播传承。

5. 对外文化宣传不断增强，文化影响力进一步提升

构筑了一批重要的国际文化交流平台。中国音乐金钟奖永久落户广州，开创了国家级文艺奖项与地方文化建设相结合的

成功范例；广州国际艺术博览会成为全国最具影响力的艺术会展品牌；中国国际漫画节是国内规格最高、规模最大、号召力最强的国际性动漫游戏产业盛会；中国（广州）国际纪录片节是国际知名的纪录片节；羊城国际粤剧节四年一届，感动全球。

形成了一批影响广泛的城市文化交流品牌。如"广州文化周""丝路花语""我们，广州"三大城市文化推介品牌，有力地推动了文化走出去。通过"广州文化周"，与"海上丝绸之路"沿线国家开展系列活动，建立多层次、常态化文化交流与合作机制；目前已成功在秘鲁、英国、加拿大、新加坡、德国等多国多地开展活动，共有超过100万人次的海外观众参与系列活动，期间还实施了粤剧粤曲海外培训计划及相关交流活动。2016年，先后组织122个团组、1720人次赴国外和港澳台开展文化交流，并推出"我们·广州"城市文化推介活动，集中展示千年商都与广府文化精髓，同时依托友好城市、领事国家、侨团，开展对外文化交流活动。

推动"广州故事"走向国际舞台。2015年，市文广新局组建了文化交流合作处，统筹全市对外文化交流工作，向世界讲述"广州故事"。2017年，市外办、市文广新局共同发起成立了广州国际友城文化艺术团，整合全市文艺资源，传播岭南文化；当年该团在瑞典、芬兰、法国、德国、新西兰、印度尼西亚等国的友好城市开展文化交流活动。中国（广州）国际纪录片节2016年增加了"中国故事"国际合拍提案大会的议程；2018年将推动粤产纪录电影的国际交流与合作，组织优秀的粤产纪录电影在国际知名纪录片专业节展中开展推广营销、现场展映和主创交流等活动。

（三）广州传承发展中华优秀传统文化工作中存在的不足

1. 文化遗产活化保护利用水平有待提升

活化保护利用是当今非物质文化遗产传承发展的方向，但广州在这方面存在不少问题。一是基层非遗展示传习场所和单项非遗展示馆条件简陋、建设思维落后，难以适应非遗活化传承的需要。现有的非遗场所的展示、传习多采用传统的方式，较少以非遗的活态呈现思维来运作，互动体验的机会十分有限。二是"非遗进校园"作为遗产活化的重要形式，还未成为体系化、制度化、普及化的活动。缺乏整体的规范和长远规划，师资力量薄弱，没有系统规范的教材，各个层次的非遗教育脱节，无法形成持续学习的链条。三是由于忽视传统节俗文化的核心，节俗原本的文化内涵被大量新型节庆活动填充，造成民俗文化活动大同小异，失去了活化保护传承的意义。四是非遗项目传承不平衡。表演艺术类非遗和可商业化项目如传统技艺、传统医药等较受关注，而作为十大类非遗项目之第一大类的民间文学类非遗传承较为薄弱。目前，广州共有12项省、市级民间文学类项目，占全市非遗项目总数（192项）的6%；民间文学类非遗传承人仅占全市市级非遗传承人总数的1%左右。此外，由于市场及原材料等方面的原因，一些非遗项目面临失传，如广州牙雕、广州戏服、广州核雕等，而广州檀香扇制作技艺已无人传承。

物质文化遗产方面，大量历史建筑和街区等的破败损毁是活化保护利用面临的最大问题。一是历史文化街区和历史建筑保存状况差，改造难度大。如第一批登录的398处历史建筑中，基本保持原状的只有24.2%，其他都存在不同程度的损坏。二是历史城区内大规模的新建破坏了历史建筑及历史街区的环境与原始风貌，如荔湾广场、中山四路—五路沿线的新建对广州旧城产生了不可修复的影响。三是对文化遗产超载或错位开发造成保护性破坏，如亚运期间人民南路骑楼的穿衣戴帽工程。四是由于缺乏专业的改造指引和帮助，遗产拥有者对遗产的改造往往造成历史建筑风貌的损坏。此外，物质文化遗产活化利用牵涉到规划、国土、工商、消防、城管等众多部门，各部门政策衔接不力导致相关优惠政策难以落地，以及产权不明晰影响历史建筑活化利用的投资积极性等，也是亟须解决的问题。

2. 科技与文化融合度不高

广州作为改革开放的前沿地，现代科技公司云集，但文化遗产的数字化保护利用水平不高，未能充分发挥广州的科技力量优势。如广州非遗在数字化保护中，长期处于网站和数据库建设的层面，且网站建设也落后于国内一些城市。杭州的非遗网设置了非遗数据库、非遗地图搜索，成都非遗网视频专题内有形式多样的视频资料供市民免费观看。这些都是广州非遗网所没有的。在数字化多媒体的应用方面，如在展示中利用现代电子设备模拟非遗操作，在抢救性记录中利用动作捕捉技术记录传承人的动作呈现，在推广中利用动漫或电脑游戏展示趣味科普等，广州非遗更是鲜有涉足。又如，广州动漫业发达，5年来有27项作品获得"金龙奖"，仅次于上海的42项，位居全国第二位。但动漫企业、人员人才对文化传承和文艺创作及其规划了解不够，没有很好地发挥技术优势、融入文化传承和主流精品文艺创作的体系中。

总的来说，广州科技与文化的融合程度不高，甚至落后于长沙、武汉、青岛、常州、天津、哈尔滨等大中型城市。这些城市在2012年就有文化与科技融合园区得到文化部的认定，而直到2014年，广州市高新技术开发区才获得文化与科技融合园区的立项。目前广州高新技术开发区文化与科技的融合还需加强。虽然广州高新区出台了一系列政策推动文化科技产业发展，对不同级别的项目也有相应的研发补贴，但总体上文化科技的龙头企业不多，集聚效应有待增强。在"科技是第一生产力"的今天，这对于广州传承发展传统文化无疑是一个挑战。

3. 对外文化交流存在系列瓶颈问题

文化传统不同，价值观差异大。"一带一路"沿线国家深受欧美文化影响，如南太地区一直深受澳大利亚、新西兰的影响，在文化上属于"亲英美"派。中华文化在传播和影响力上，在当地还是处于弱势地位。文化传统的巨大差异也决定了广州与各国各民族在文化背景、价值观、思维方式上存在的诸多差异，这要求广州与"一带一路"地区城市的文化交流合作必须因地制宜，积极创新，走多样化、特色化道路；也需要加强对沿线国家当地文化的学习研究，充分认识各国文化的价值特色，以提升文化传播的效率。

文化交流的基础相当薄弱。广州现有友好城市 37 个，友好合作交流城市 33 个，遍布亚洲、美洲、欧洲及澳洲，但是在部分地区如南太平洋岛国则近乎为空白区，仅有苏瓦（斐济）一城为友好合作交流城市。不少国家汉语传播的基础环境薄弱，有些国家还不能接收中国中央电视台的卫星频道，中文传播缺乏基础，这直接制约了文化交流融合的外部环境。

文化交流范围比较狭窄，交流层次缺乏多样性。在中国文化推广方面，目前仍处在以单向的文化展示、文化推介为主，活动的形式较为单一。"一带一路"沿线居民对广州文化的理解简单地停留在粤菜、饮茶等方面，而在精神文化层面的"仁、义、礼、智、信"等却很难被理解。缺乏新意的交流活动很难吸引更多的当地人产生对中华文化学习交流的热情。

4. 人才建设有待加强

目前，广州的文化遗产传承队伍面临人才储备不足的问题。集体传承的民间文学、民俗类非遗项目，在现行个体认定的规定下，代表性传承人数量极少，31 个项目只有 7 名传承人。非遗传承梯队建设处于民间自发状态，许多非遗项目学习期长，市场小，愿意学的年轻人较少；很多传承人年纪偏大，文化水平较低，难以承担传承队伍建设的责任。由于缺乏长效机制和管理规范，"非遗学堂"及各类非遗培训班、"非遗进校园"活动看似百花齐放，真正培养出的后继人才却很少。文艺创作队伍方面，名家大师缺乏，文艺人才的代际传承弱化。部分领域优秀文艺人才缺乏较为严重，以粤剧编剧为例，甚至出现聘请外地编剧创作普通话版本剧本、由本地编剧转化为粤语剧本的现象，影响了作品的产出质量。体制内人才流失严重，体制外人才培养不足，本地文艺企业普遍反映缺乏高层次、复合型文化优秀人才。

非遗保护人才匮乏是另一突出问题。如市级层面非遗保护工作者仅十余人，区级仅31人（含全职和兼职），其中非遗相近专业科班出身者更是极少。基层文化站处于传统文化保护传承的第一线，人才匮乏的问题却尤其突出。很多文化站人员老化，专业层次不够，缺编严重，远未达到省一级站人员编制5个的规定。如荔湾区有14个文化站在编人员2人，8个文化站在编人员1个。白云区机构改革后，镇街文化站并入社区服务中心等，没有了独立编制。由于收入低、职称瓶颈等问题，基层文化站（馆）很难吸引和留住人才，缺乏稳定的专业人才队伍。

5. 财政支持不够

经费投入不到位。非遗保护传承方面，市级专项经费每年300万元左右，相对于全市非遗项目和传承人的庞大数字而言，无异于杯水车薪；非遗的各项申报、记录、建档、宣传推广、培训、进校园、研究、出版等工作，每年总共100万元左右的经费，严重限制了非遗保护传承工作的开展。文艺创作方面，自文化体制改革以来，对市属文艺院团的财政经费投入一直没有较大增长。2007—2017年，市属7个改制文艺院团的财政扶持资金从7346.1万元增长到9094.15万元，年均增长2.3%，部分院团的资金投入呈现负增长。文艺精品创作经费基本面向市属文艺院团，其他文艺创作单位、企业较难获得政府经费扶持。基层文化站同样存在经费不足的问题。如荔湾区的文化站，区政府每年拨付13万元，仅占省评估达标经费标准（年度业务经费不低于30万元）的33%。

此外，财政政策缺乏灵活性，影响了文化遗产保护经费的使用效率。如文物保护，从2014年起，广州市每年安排6000万元文物保护专项资金用于文物修缮、考古等项目。但由于实行经费两年度清缴制度，而各种申请拨付等流程又耗时过长，很多经费未及使用便被要求上缴，导致许多亟须维护的文物建筑缺乏修缮资金。

三　北京、上海、深圳的经验

（一）北京文化传承发展的经验

1. 加强历史文化街区保护利用

开展核心区的文物腾退和保护工作。出台《北京市人民政府关于组织开展"疏解整治促提升"专项行动（2017—2010年）的实施意见》。各核心区制定了具有针对性的措施、行动计划和保护目标，通过疏解、腾退和环境整治等优化城市环境，恢复传统风貌。如东城区制订《东城区实施"文化强区"战略推进全国文化中心建设行动计划（2017—2010年）》，打造南锣鼓巷、雍和宫—国子监、张自忠路等6片历史文化精华区，计划在"十三五"期间实现会馆类文物全部腾退和文化利用，把历史街区塑造为城市"街道会客厅"。

以街区整理为重点推进老城保护。2017年，西城区在北京率先出台《西城区街区整理实施方案》《西城区街区整理城市设计导则》《西城区街区公共空间管理办法》等，划定80个街区，归类在政务活动、繁华商业、生活居住和公共休闲等功能定位下，采用"一街一策"逐步开步整理工作，通过统一设计和综合治理提升街区品质。

2. 多渠道宣传传承非物质文化遗产

举办展览推广活动，展示北京非遗文化资源。通过"非物质文化遗产保护讲座月""国宝非遗聚金街工匠精神共传承"等活动，创新非物质文化遗产宣传形式。

结合文化产业推广非遗产品，推动传统手艺与现代生活相融合。北京注重"设计＋非遗"推动非遗创新传承发展，非遗文创产品设计大赛成为培育非遗文创项目的重要平台。"民间瑰宝魅力之都"2017北京非物质文化遗产时尚创意设计大赛等，将传播与传承、文化与时尚、遗产与产业相结合。"琉璃重生计划"打造琉璃文创产品，使过去专供皇家的琉璃烧造技术进入日常生活领域。

加强知识产权保护，推动非遗保护传承的法制化。如北京西城区成立非物质文化遗产12330工作站，为非遗传承人提供法律支持，保障非遗传承人权利，促进非遗的可持续传承发展。

3. 文化与科技融合

利用以直播为代表的"互联网＋文化"，创新传统文化宣传推广形式。北京文化艺术基金2017年度资助项目"互联网直播——京剧、昆曲、评剧、河北梆子等传统戏曲艺术人才交流平台"，开启了传统文化与互联网技术的碰撞交融，以演出、访谈、互动的方式展示京剧等传统文化的魅力，使网友零距离感受"国粹之美"。2017首都市民系列文化活动也借助互联网直播的形式，视频点击量达8800万次。同时，北京市文化论坛、文化交流展览活动和传统戏曲演出等，也纷纷开通直播。

借助大数据进行更高效的文化传播。2016年年底，北京市文化局与百度宣布达成战略合作，实现资源互通：百度可获得非遗、艺术演出服务等方面的资源，北京市文化局则通过互联网大数据进行更高效、多渠道的文化传播。如"北京毛猴"作为北京市非物质文化遗产专题项目，在"百度知道"重点栏目"知道非遗"中进行展示，结合文字、图片和中英文语言等多种形式，将北京非遗资源推介给广大用户。

此外，西城区研究构建"虚拟全域文化博物馆"，运用现代科技手段，实现线下线上文物资源的整合和充分利用，借信息化统合区内市级、区级和街道各级各类图书馆，还原已消失的文物与历史文化，同时借助相关历史典故、文化主题串联起特色文化线路。

4. 文博教育与研究推进传统文化传承发展

凭借丰富的历史文化资源，北京文物机构与各级学校教育合作，推动传统文化进校园。大葆台西汉墓博物馆与丰台八中中海分校、北京古代建筑博物馆与史家小学合作，将博物馆教育融入中小学通识教育，通过博物馆综合实践活动拓展学生基础教育，增进学生对北京传统文化和历史知识的了解。徐悲鸿纪念馆与北京启喑实验学校开展共建活动，发挥文化场馆的教育功能，积极探索与特殊教育的合作模式，通过徐悲鸿精品画作展丰富残障儿童的精神文化生活。

北京市还借助优势的高校科研资源推动古都文化研究。首都博物馆与北大考古文博学院签署战略合作框架协议，议定双方通过馆校资源和科研成果共享，集中优势力量共同开展北京历史文化研究工作。

5. 对外文化交流提升传统文化影响力

发挥多元主体协同作用，推动传统文化"走出去"。北京市政府积极为对外文化交流搭建平台，完善优惠政策，创新文化艺术生产引导机制，完善财政投入方式，引导文艺院团进行精品创作，并加强对外文化贸易骨干人才的培训。北京市文化局全方位搭建戏曲艺术的国际交流平台，推动戏曲艺术向海外发展，传播中华文化。同时，发挥社会组织、学术团体、智库等机构在对外文化交流的主动性和创造性，鼓励社会组织参与海外孔子学院和一些海外文化中心的建设。多形式开展对外文化交流，传播传统文化。

（二）上海文化传承发展的经验

1. 推进传统文化传承发展的法制化

出台《上海市文物保护条例》《上海市非物质文化遗产保护

条例》，针对上海市目前文化遗产保护过程中出现的各种问题，制定相应的管理制度和保护措施，为传统文化传承发展提供法制保障。

开展街头艺人管理立法调研，推动街头艺术管理纳入规范有序状态。开展法规宣传培训，面向市民通过各类媒体进行普法宣传，面向政府部门、行业管理对象等开展从业人员培训，依法治市，促使全社会参与保护文化遗产。

上海市还建立了市、区两级以及文化主管部门与文化综合执法机构的联动机制，建立覆盖全市的三级巡查网络，坚持每月巡查和重点检查相结合，加大执法检查力度，做到横向到边，纵向到底，责任到人，落实到位。

2. 文教融合推动传统文化传承

制订出台《上海市文教整合工作三年行动计划》，确定了29个文教整合重大项目。以"六进"（"进教材""进课堂""进课外""进网络""进队伍""进评价"）为抓手，推进核心价值观、传统文化融入教育教学全过程。

实施"指南针计划"，创建首个"国家指南针计划专项青少年基地"，让学生亲手体验中国古代造纸、印刷、染织技艺，制作中国古代建筑模型，传承、研习传统文化遗产。

开展青少年考古夏令营，组织上海市中小学生前往松江广富林遗址考古现场、上海崧泽遗址博物馆和上海元代水闸遗址博物馆等地参观，并开展现场教学、专家讲座等历史考古知识普及活动。

率先开辟针对青少年艺术普及教育的"儿童美术馆""艺术教育长廊"等，通过近距离接触和亲手体验，让学生感受中华传统艺术的魅力。

加强校馆合作，通过"博物馆教师研习会"等载体，引导更多的教师和学生走进博物馆。此外，"上海非遗学子展馆行"品牌活动、行业博物馆和非国有博物馆推出的系列社会教育活动,也成为上海传统文化课堂教育的有机补充。

3. 产业化促进文化遗产活态传承

加强非遗资源合理利用,扶持老字号、老品牌,促进海派工商业文化的传承和发展。在有效传承传统技艺的前提下,将非遗资源和元素转化为文化产品,陆续推出了"上海重阳糕新装礼盒""中国非遗十大名茶""金山农民画点亮金山农产品"等试点项目,推动非遗融入市民当代生活。

引导和鼓励全市博物馆利用好馆藏文化遗产资源优势,拓宽博物馆优秀传统文化传播渠道,加强博物馆文化产品的创意设计,开发出了一批兼具创新性和实用性,适应市场要求和公共需要的博物馆文化产品。此外上海还通过组织开展博物馆文创设计大赛,进一步挖掘全市博物馆藏品的文化内涵,丰富博物馆文创产品的设计创意,提升文化遗产产业化水平。

4. 公共文化服务助推传统文化传承

上海市用传统文化传承理念引领实施公共文化服务云项目建设工程,在组织试点的基础上,推动试点经验在全市落地,用"一站式"模式让市民实时享受传统文化服务。

围绕传统文化传承发展,研究制定公共文化服务上海标准。将传统文化传承项目列入一年一度的公共文化创新项目评比,鼓励以传统文化创优争先。同时,还以传统文化传承为主要内容,开展三年万人公共文化服务培训计划,提升了服务能力。

推动图书馆举办各类传统文化阅读和讨论活动,创办"上海图书馆东方书院",以"传承文化、培育民族、凝聚民族"为宗旨,通过3—5年系统地学习《论语》《孟子》《大学》《中庸》等传统经典,使学员汲取传统文、史、哲知识,树立民族核心文化信仰。

利用关联数据技术开放上海图书馆家谱资源,建立"家谱知识库",将家谱、家风、家训、家族勾连在一起,引导市民寻根知源,铭记嘉言,传承家风。

支持民营院团送戏下乡、下基层演出，鼓励民营院团演出传承传统文化剧目，对民营院团进基层、进社区等演出给予平均每场1500元至2000元不等的奖励。

5. 文艺创作弘扬传统文化

成立上海重大文艺创作领导小组，打造全市创作平台，坚持文艺创作的传统文化导向，引导文艺工作者深入挖掘传统文化中契合时代要求的精华，创作文艺精品。近年来，上海仅在舞台艺术领域就获得国际国内奖项年均200项左右。

开展文艺创作精品优品新品颁奖活动，在"新剧目评选展演"与"小剧（节）目评选展演"等原创作品评比中突出传统文化要素，鼓励优秀传统文化题材的作品参评获奖。

实施"中国梦"电影、电视剧、动画片、电视纪录片创作引导扶持工程，大力推进承载当代中国价值观念以及弘扬中华优秀传统文化的节目创作生产。

参与实施"京剧电影工程"，出口《霸王别姬》《萧何月下追韩信》《勘玉钏》等影片，将京剧的醇厚韵味与电影的丰富表现力有机结合，展现京剧的时代风采，宣传中华优秀传统美德和价值观。其中，3D全景声京剧电影《霸王别姬》获世界3D电影界最权威奖项"金·卢米埃尔奖"。

此外，上海还加大对民营院团创作的扶持力度，制订专项扶持计划，鼓励民营院团创作、排练体现优秀传统文化内涵的文艺作品。同时，积极推进国有文艺院团"一团一策"分类改革，建立年报制，激发创作活力。

6. 推动中华传统文化"走出去"

利用上海自贸区、布鲁塞尔中国文化中心等海外平台，推动传统文化走向世界。

提升"欢乐春节"活动品牌影响力，赴美国、新西兰、法国、德国等30余个国家和地区举办艺术展览、文艺演出、学术论坛等活动，向世界集中展示和传播中华优秀传统文化的独特魅力。

推动优秀文艺作品如上海杂技团的《十二生肖》、谭盾的《女书》、杨丽萍的《十面埋伏》等走向圣地亚哥艺术节、萨德勒威尔斯舞蹈剧院、赫尔辛基艺术节等国际舞台表演，宣传优秀传统文化。

推动上影集团组织参加国产电影"走出去"工程，在美国夏威夷、日本东京、德国柏林、俄罗斯莫斯科等地举办上海电影周活动，放映介绍中国优秀传统文化和展现时代新风貌的优秀影片。

推动上海博物馆多次组织或参与境外的各类展览，展地遍及亚洲、欧洲、美洲、大洋洲等27个国家和地区、70多个城市100多家文博机构，展示中华文化的博大精深。

（三）深圳文化传承发展的经验

1. 文物保护工作制度化

2017年，深圳召开全市文物工作会议，出台《关于进一步加强文物工作的实施意见》，明确未来几年文物保护工作的总体要求、目标任务和重点举措。

发布《深圳市文物建筑消防安全标准化管理规则》，为文物安全提供制度保障，推进了文物保护的制度化。

深圳响应国家政策，落实非国有不可移动文物保护补偿制度，核拨58万元补助20处非国有文物保护单位，加强了文物保护力度。

深圳文物行政部门主动巡查，及时发现并查处文物违法行为，切实维护文物保护法律制度。深圳宝安区、龙华区办理深圳市富上佳房地产开发有限公司擅自拆除不可移动文物悦兴围碉楼案，入选国家文物局文物行政执法指导性案例。

此外，深圳还制定了非物质文化遗产保护的规范性文件，订立了相关的工作标准和规章制度，促进了非物质文化遗产保护传承的制度化和规范化。

2. 特色小镇助力传统文化传承与创新

深圳响应广东省关于建设特色小镇的规划，积极打造特色小镇作为文化传承与创新的载体，让传统文化在其中实现活态传承和创新发展。

深圳华侨城文化集团以"文化＋旅游＋城镇化"模式开发深圳市龙岗区甘坑客家小镇，目标定位是中国文创第一镇。采用 IP Town 模式（即将 IP 模式与特色小镇开发相结合）切入文创，对濒临失传的客家文化元素"凉帽"进行挖掘与活化，将客家文化与数字创意产业相结合，创作了 VR 电影《小凉帽之白鹭归来》，获第 74 届威尼斯国际电影节最佳沉浸影片、最佳未来影像金狮奖两项大奖。此外还举办"小凉帽国际精品绘本展"，来自世界各地丰富多彩的参展作品与古色古香的客家宅院相互辉映，深厚的艺术气息使甘坑小镇成为富有旅游吸引力的创意世界。

3. 打造国际性文化交流品牌

2017 年，深圳成功举办首届深圳"一带一路"国际音乐季，奏响深圳对外文化交流活动最强音。14 个国际一流乐团举办了 16 场演出，内容涵盖古典与流行、东方与西方、传统与新锐等不同类型的优秀音乐作品，充分展现了海陆"丝绸之路"的音乐、文化魅力。

在加拿大多伦多和美国纽约举办首届"深圳国际文化周"，宣传推广中国文化。同时，文化专题片《丝路古韵话鹏城》等在央视国际频道播放。

积极组织文化团队参加"欢乐春节"活动，向海外展示中华文化。选派五洲艺术团赴法国、荷兰、比利时巡演大型原创音乐剧《凤舞东方》，以舞蹈、杂技、武术等艺术形式，诠释博大精深的中华文化，用舞台语言再现中国历史及艺术精髓。以"中国故事深圳传承"为主题，精选东巴画、唐卡、剪纸、葫芦丝等具有鲜明中国文化特色、便于与当地民众互动交流的项目，组织非物质文化遗产传承人赴新西兰参加2017年灯会活动。

此外，深圳还在巴黎文化中心举办"艺术——天工当代"中国传统手工当代艺术创作展，展示深圳传统手工艺术。组织中国民乐演出团参加文化部主办的首届中国非遗文化周演出活动，深圳民乐团担纲开幕演出，并在海牙中国文化中心举行了中国古典文化及中国民乐工作坊等活动。

4. 扶持力度大

深圳1994年就设立了"深圳市宣传文化事业发展专项基金"，创立"深圳市宣传文化精品奖"，目前用以鼓励和资助文化研究、文艺精品创作、文化活动、精神文明创建、核心价值观宣传推广以及文化人才引进和培养等。1994年创设的文化事业发展专项资金至今累计投入已经超过25亿元，资助的文化项目超过3000个。2012年文化创意产业资金开始运作，文艺创作支持项目超过几百个。2017年深圳市各类文化发展扶持资金达到5.2亿元，加上各区的配套扶持（一般不低于1∶1），一年的扶持资金超过10亿元。

此外，深圳还通过实施贷款贴息、房租补贴等9类专项资金扶持计划，扶持文化创意产业，大力支持传统文化的产业化发展。

四 广州行动方案

（一）以德化民，推进社会主义核心价值观深入人心

在2018年8月21日至22日召开的全国思想工作会议中，习近平总书记指出，党的十八大以来，宣传思想工作摆在了全局工作的重要位置，社会主义核心价值观和中华优秀传统文化得到广泛弘扬。他强调，要不断提升中华文化影响力，把握大势、区分对象、精准施策。他同时强调，"要强化教育引导、实践养成、制度保障，把社会主义核心价值观融入社会发展各方面，引导全体人民自觉践行"。社会主义核心价值观和中华优秀传统文化在提升文化自信、国家文化软实力和中华文化影响力方面都起到重要作用。

弘扬优秀中华优秀传统文化需要切实的抓手。培育和践行社会主义核心价值观就是社会尤其是基层弘扬中华优秀传统文化的重要方法和途径，也是中华优秀传统文化在新时代新发展的集中体现、创新发展。二者具有紧密联系，主要体现在三方面。

一是社会主义核心价值观是弘扬中华优秀传统文化的引领。社会主义核心价值观是新时代社会文化价值的纲领和抓手，是意识形态领域的旗帜，是树立文化自信的价值依托，是引领整个社会的价值取向、体现顶层设计和理论指导的战略方针，也是中华优秀传统文化核心价值接入现代社会，融入社会主义基层文化生活体系的路线指南。二是中华优秀传统文化是涵养社会主义核心价值观的源泉。中华传统文化核心价值观构成社会主义核心价值观发展的重要源泉和涵养基础，使得社会主义价值体系骨肉丰满，内涵深厚，具有十分丰富的历史文化实践经验和独特的文化经验。三是社会主义核心价值观与中华优秀传统文化辩证统一，共同融铸社会主义核心价值体系。必须深刻认识到社会主义核心价值观对人们现实生活的型塑和不可忽视的政治意义和指导意义，同时也必须清醒地认识到优秀传统文化不可替代的价值功能和基因关系。社会主义核心价值观和优秀传统文化核心价值观一起成为型构社会主义核心价值体系的主要基石和价值表达，共同融铸社会主义核心价值体系。

因此，有必要把握大势，着眼大局，从社会主义核心价值观的培育和践行角度，阐述、制定与弘扬中华优秀传统文化相向而行、相互促进的社会主义核心价值观发展思路和行动方案。

1. 提升认识，强化社会主义核心价值观组织引导

（1）统一思想，完善组织配套

不断提升各级单位对新时代背景下培育和践行社会主义核心价值观的认识，统一思想，将社会主义核心价值观工作上升到意识形态工作高度。树立大局意识，辨明大势，把握社会主义核心价值观代表的主流意识形态发展方向，认识在当前国际国内两个复杂大局下价值观的重要性和关键性。密切联系实际，促进传统文化及其价值观在新时代的转化和发展。建设价值桥梁，推动与国际社会的理解沟通，缓解贸易争端和敌对态势。坚持党委领导，党员干部带头，做好顶层设计和工作部署，完善组织协调工作，专人负责、具体落实工作责任制，健全联动机制和绩效考核，完善社会主义核心价值观工程系统。

（2）适当倾斜，加强专项保障

做好社会主义核心价值观相关专项经费申请指引，确保经费专款专用，上规模、上档次，出成果、出效益。积极扶持符合条件的团体、个人开展创新型项目申报和经费申请，鼓励对传统文化价值观和社会主义核心价值观的结合研究、联合申报。加强街镇文化站经费保障，有条件的区域应将经费适当向文化站工作倾斜，优先保证基层文化工作的日常开展和人员配置，引导社会主义核心价值观工作积极融入街道、社区日常工作和文化活动。

（3）抓住难点，理顺运行机制

基层文化站点是开展社会主义核心价值观工作的文化阵地，在落实社会主义核心价值观培育和践行工作中关系重大。要积极理顺社会主义核心价值观阵地运行机制，改善基层文化站点的物质条件，激活基层文化工作人员的积极性，将社会主义核心价值观工作落到实处。推进党群活动中心、社区文化服务中心、家庭综合服务中心、图书场馆、文化馆站等建设，按标准、按要求做好软硬件设施建设，设置社会主核心价值观优先常设活动板块。对于确实有特殊情况的老旧城区场馆建设，要通过共享共建、新增追缴、多渠道努力等举措做好工作。探索基层文化站人员职称岗位改革措施，理顺文化站行政岗、事业岗、行政级别与专业职称的设置问题，解决基层文化人员晋升通道难题，吸引、留住高素质人才，激发文化工作热情。

2. 夯实基础，推进社会主义核心价值观理论研究

（1）集中力量，建设过硬理论队伍

组织协调广州市属高校、科研院所、智库团体等广州哲学社会科学研究力量，打造社会主义核心价值观理论粤军核心力量，阐释新时代特征，展现社会主义核心价值观的优越性、先进性，促使广州在社会主义核心价值观理论研究及实践方面持续走在全国前列。重视理论队伍顶层设计和人才建设，形成年龄分布合理、高学历、高水平的研究梯队。制订广州市社会主义核心价值观专项人才计划，做好专家智库平台建设。做好宣传，突出领军人物，夯实基础，强化团队合作，注重引导，维护理论阵地。建设完善市属各级习近平新时代中国特色社会主义思想研究机构，以及社会主义核心价值观专设研究机构，大力推动社会主义核心价值观研究，引导传统文化与马克思主义、习近平新时代中国特色社会主义思想、现代价值研究学科形成合力。

（2）联系实际，完善科学阐释体系

结合广州精神文明建设与人民对美好生活的需要，围绕传统文化如何为社会主义核心价值观提供滋养、价值观如何引领传统文化，不断推进优秀传统文化的创造性转化、创新性发展，完善与广州建设社会主义现代化先行区、全省首善之区目标相适应的社会主义核心价值观阐释体系。联系岭南文化、广府文化，将广州城市文化、革命历史、改革开放先进经验与社会主义核心价值观做系统性、立体式的研究阐发，深化对价值观基础理论、社会主义核心价值观二十四字三倡导三层面的研究，

丰富内涵，合理凝练。挖掘广州价值，讲好广州故事，拓宽核心价值观的在地化表达，将社会主义核心价值观落实到广州历史人文景观方方面面，融入广州市民文化生活里里外外。

（3）正视需求，推进具体研究项目

组织推进社会主义核心价值观专项研究项目，做好相关项目申报和经费扶持，择优选取重点成果宣介推广，理顺核心价值观自理论项目研究到社会培育践行的转化通道。重点对社会主义核心价值观与传统文化、岭南文化、广府文化相互关系，广州对社会主义核心价值观的培育与践行进行研究。开展社会主义核心价值观与广州生态文明发展专题研究、社会主义核心价值观与广州城市文化记忆专题研究、社会主义核心价值观与广州民间习俗文化专题研究、社会主义核心价值观与广州非物质文化遗产活化专题研究、社会主义核心价值观与广州革命历史文化专题研究等系列研究。

（4）协调发展，促进广泛学习交流

组织专家学者在全市范围内定期开展社会主义核心价值观的交流学习。组织社会主义核心价值观与传统文化发展论坛，办好社会主义核心价值观工作通讯，由广州地铁等社会主义核心价值观工作先进基层单位、越秀区等优势区域介绍实际工作经验和成功案例，发挥带头作用和示范作用。与国内高校科研院所社会主义核心价值观研究团队及个人展开交流合作，延请专家学者前来广州市有关论坛专门宣讲社会主义核心价值观和优秀传统文化。立足广州全球城市发展战略和中华优秀传统文化传承发展，借力粤港澳大湾区建设和广州全球城市建设，创造有利条件，面向世界、面向未来，与全球文化学界开展价值观的研讨、交流和学习，积极推动价值沟通与文明共享。

3. 以点带面，开展社会主义核心价值观实践活动

（1）激励扶持，提升志愿者服务

积极开展社会主义核心价值观志愿者服务。公开招募、筛

选、组织志愿者队伍，依托广州志愿者联合会、广州市义务工作者联合会、广州青年志愿者协会、广州志愿驿站联合会等志愿服务组织，将社会公益力量和热心群众引导到社会主义核心价值观践行的洪流中，形成社会化、志愿性、常态化的践行核心价值观志愿服务力量。加强市属志愿者服务平台建设，与广东省志愿者服务平台加强对接，优化顶层设计，理顺协调处理机制，建全志愿者信息网络，为志愿者登记、使用"志愿时"积分入户、就学择业提供更为人性化的服务。支持社会主义核心价值观志愿者服务适当扩大规模、加强合作，推进义工联、志愿者学院建设，促进机构、企业、民间公益各类志愿者团队加强合作共享，增强服务力量，扩大社会影响。持续组织好社会主义核心价值观主题志愿活动，与重大传统节庆活动、社会活动相结合，形成社会主义核心价值观志愿活动品牌。

发展完善长期活跃在博物馆、美术馆、文化馆、纪念馆文化场所服务的志愿者队伍，积极落实《关于公共文化设施开展学雷锋志愿服务的实施意见》，发挥公共文化设施社会主义核心价值观宣传教育阵地功用。对志愿者进行传统文化专题培训、特色培训，将传统文化教育与欣赏与文化场馆志愿服务结合起来，坚持中华文化立场，建立具有中国文化底色和特色的志愿者文化，提高与受众需求的吻合度，增强人民群众对社会主流价值观的认同感。对活跃在街道社区的文物爱好者、文物保护志愿者，进行引导、组织和适当激励扶持，组建广泛的社区型文保巡查志愿者队伍，激发参与者的爱我乡土意识、爱国情操，将中华传统文化和历史遗存的保护，发展在街区，落实到个人，形成镇街区市多级联动、群众热心参与的中华传统文化保护态势。

加强广州市文化馆志愿者培训基地建设，提升通识教育，深化价值认同感，培养志愿者骨干力量，加强志愿者队伍专业管理人才建设。推广广州市文化馆将国学培训班学员与志愿者转换成功经验，加强传统文化在志愿者服务中的价值塑造和推动作用。加强志愿者服务意识和业务水平，通过志愿者师资培训，提升志愿者服务层次、可持续性和影响力。拓展广州地铁志愿服务平台，完善志愿者培训基地建设和相关培训工作，发挥"全国学雷锋活动示范点"作用，与各级政府、企事业单位、大专院校联合开展常态化的志愿者活动。

（2）强化导向，优化群众精神文明创建活动

由文明办、创建办、民政部门牵头，关注民生，共建共享，持续开展文化惠民、精神文明创建活动，推动精神文明建设上水平走前列。完善市区各级相关部门精神文明建设工作绩效考核指标体系，落实创建全国文明城市工作目标考核方案，将精神文明建设工作与党建工作、群众工作、专业工作、社会治理相结合，使社会主义核心价值观融入各级政府日常工作中，深入到"文明广州"常态化机制中。创新社会主义核心价值观宣传方式，提升核心价值观的艺术化宣传效果，使核心价值观融入城市景观。持续开展社会主义核心价值观主题建设活动，如爱岗敬业活动、"羊城慈善为民行动"等创建活动。推进《文明行为促进条例》立法工作，结合市民公约、校训校规、企业文化、村规民约，强化社会主义核心价值观导向。深化文明创建区、街、社区联动巡查工作，成立区、街道、社区三级联动巡查队，完善责任机制，形成常态化的联动巡查督导，解决社区对社会主义核心价值观宣传不足、流于表面等问题。

（3）加强组织，丰富家庭公益活动

加强家庭公益性活动的组织性与参与度，通过家庭这个社会基本单元弘扬中华民族传统文化中家庭和睦、修身齐家的美德传统，增强公益性美誉度和传播示范效应。做好家庭公益活动两条线建设。一是由文明办、妇联等机构针对家庭主体，在市区街道社区各个层级联系组织持续、活跃、长效公益活动项目及评选推广。二是发动家庭积极参与公益活动，增加公益活

动践行者主体意识和价值感获得。继续推动"慈善进家庭"活动，在全市范围内发现、遴选100个优秀慈善家庭和10个最美慈善家庭，发挥慈善榜样力量，打造慈善之城。积极推进广州文化馆"国学进百家"公益活动。通过在全市范围内报名选举一百个家庭，借助与中山大学、暨南大学等高等院校共建共享的国学专业师资群，实行传统文化经典的深度学习，形成经验，以点带面，适当推广，以专家带动家庭，以家庭感染家庭，分步骤长期持续实行。

(4) 共享共建，推动和谐社区创建活动

发挥街道基层组织文化职能，完善街道综合服务平台建设，充分发挥"三中心一队伍"服务职能，引导社区居民共建和谐社区。处理好社区公共文化服务配套设施和规模，保证基层文化服务人员的配备和待遇，充分开展"送文化进社区"活动，激励社区成员参与和谐共建活动、志愿活动，"种文化在社区"。引导高素质高校社团组织与街道合办、共享文化资源，盘活、引进优质社会力量，提升社区服务层次。注意公共服务资源和项目的倾斜，解决街道社区内不平衡不充分的发展问题，让老弱病残弱势群体充分享受社区关爱、政策帮扶，感受社会主义核心价值观的优越性。定期开展扶贫济困尊老爱幼活动，对帮扶对象建立长期有效跟踪档案，建立完善街道帮扶机制。发扬中华文化的传统美德，尊老爱幼、帮扶困难群众，与义工、志工组织合作，开展环保、敬老等活动。老吾老以及人之老，幼吾幼以及人之幼，己欲利而利人，己欲达而达人，让传统文化的理念贯穿到志愿者服务实践中来，让志愿者服务与社会主义核心价值观结合起来。

(5) 定点突破，开展社会主义核心价值观专项工程

集中力量，整合资源，重点突破，多方位、多角度、多层面开展社会主义核心价值观专项工程。重点分阶段开展诚信广州建设工程、科研诚信建设工程、社会主义核心价值观融入法

治建设工程、传统文化核心价值普及阐释工程、核心价值观"五进"工程、广州"好人"示范等专项工程。通过专项工程的实施，明确责任主体，突出责任意识，科学安排，有序推进，形成科学化、体系化、制度化的社会主义核心价值观建设，打好精神文明建设攻坚战。

4. 多管齐下，促进社会主义核心价值观教育培养

（1）精心组织文化讲坛，提升核心价值观认识

开展多种形式的社会主义核心价值观讲坛、优秀文化讲坛、社区讲习所。讲学是传统文化的重要实践方式，孔子就说"德之不修，学之不讲，是吾忧也"，要将宣讲新时代社会主义核心价值观与优秀传统结合起来，修身以德，讲学劝业，共建和谐社会。继续擦亮广州讲坛、羊城街坊学堂、文化馆国学精讲坛、羊城时政学堂、羊城学堂等品牌，打造市、区、街道、社区四级社会主义核心价值观宣讲网络、讲坛学堂，形成核心价值观天天讲、日日学的态势，使社会主义核心价值观深入人心，与传统文化"苟日新，日日新，又日新""日新之谓盛德"联系起来，讲学与实行、理论与实践发生切实联系。鼓励高校科研院所学者专家走入媒体、走入社区、走入生活，组建市区二级讲师团队，为人民提供美好生活需要的精神满足。

（2）打好家风家教根基，重视核心价值观启蒙

家庭教育是国民教育、社会教育的基础，是社会主义核心价值观的第一个课堂。习近平总书记指出："家庭是社会的基本细胞，是人生的第一所学校。"家庭所在社区、街道要把家庭家风家教建设作为基层社会主义核心价值观的重要抓手。联系街道、居委、社区组织有效建立家庭建设关爱行动长效机制，通过基层文化站、社区文体中心对家庭教育形成辐射功能，做好服务和引导工作。由市教育局主导，通过开办家长论坛、定期举行家长会、入户家访等多种形式，建立起家长们对社会主义

核心价值观的认识，形成家校合作、言传身教的良好家庭教育。推动家庭教育创新发展，建设家庭教育"互联网+"，通过微信、家庭教育网络平台、家教 App、互联网群等建立 24 小时在线的家庭教育学堂和网络社区，充分发挥互联互通作用，小家融入大家，大家照顾小家，实现家庭教育的协调发展、资源共享、互助合作。

（3）立足师德校风建设，深化核心价值观培育

中华优秀传统文化崇尚师德建设，有尊师重道一贯传统。"师道立则善人多"，师德建设不论对于教育下一代还是社会风气的转变，都有着极其重要的作用。弘扬优秀传统文化，要将中华民族尊师重道的精神，通过社会主义核心价值观获得创造性的转换和创新性发展，适应新时代的师德和校风建设。在全市范围内持续打造培育和践行社会主义核心价值观示范校。以广州市教育局为主导，将社会主义核心价值观融入教师的基本素质要求和考核中。通过同行、学校、学生、自我评价等多种方式，建立师德建设的指引手册和评估指标。通过数字化、指标化的方式，使师德建设不仅仅体现在个人道德修养上，而且表现在可以公共化衡量的职业道德规范上，体现在具体教学岗位职责中。通过在学校课堂内外开展社会主义核心价值观实践活动，加强核心价值熏陶，培育学生正确导向的世界观、人生观、价值观。激发学生对传统文化的兴趣，通过诗词比赛、传统文化经典记诵大赛、汉服表演、传统礼仪学习、中国传统特色成年礼、孔子纪念活动、非遗活动等多种形式，创新发展传统文化在学校的传播学习途径，增强学生的民族文化自信心、自豪感，以及中华民族伟大复兴的担当意识和主人翁意识，积极参与社会主义核心价值观建设。

（4）推广爱国主义教育，拓展核心价值观学习

发挥博物馆的主要职能是教育职能，通过文物展示、展览策划，坚持以社会主义核心价值观为统领，弘扬优秀传统文化，

做好爱国主义教育。大力支持广州市属博物馆纪念馆整合广州市丰富的历史文化资源，加强爱国主义教育基地示范基地群建设，有效组织革命传统教育基地、名人事迹教育基地、历史文化教育基地集群展示、系列展示，与大中小学合作，完善爱国主义教育联动效益。继续加强三元里人民抗英斗争纪念馆建设，擦亮广州爱国主义教育城市名片。依托黄花岗七十二烈士墓园、广州起义烈士陵园、中共三大会址、广州农民运动讲习所等近现代革命旧址纪念场所，完善"新时代红色文化讲习所"，扩大价值观品牌效应，通过对红色文化的持续学习，增加道路自信、理论自信、制度自信、文化自信，成为社会主义核心价值观的红色课堂、革命教育学堂。

5. 立体营造，推动社会主义核心价值观宣传普及

（1）内外兼修，升级公益广告形象

进一步完善公益广告宣传管理联席会议制度，落实《关于加强公益广告宣传管理工作的意见》，提升公益广告作品设计，加大公益广告的覆盖面和播放频率。加强传统的社区宣传栏，即坐落在社区、居民区附近的宣传栏、阅报栏、橱窗、黑板报的宣传教育作用，确定宣传社会主义核心价值观的社区宣传栏的比例和数量，加大社区宣传栏载体的形式创新，因地制宜设置LED宣传栏，改变单调的社会主义核心价值观口号式宣传形式，丰富表现形式，加强与社区居民互动，及时更新内容，将社会主义核心价值观的宣传具体化、案例化、落地化、亲民化。持续实施建设工地围挡公益广告提升行动，突出传统文化内涵，将岭南文化韵味、传统文化要素、社会主义核心价值观，与户外周边环境及人文特色有机融合起来，有风格，具特色，出精品，形成不断更新的公益广告带。立足全球城市定位，继续主办羊城杯公益广告创意大赛，广泛邀请港澳台、海内外大专院校、设计单位参与竞赛，讲好广州故事，做好价值观宣传，打造公益品牌。加强对海外

粤语人群的集体认同感、乡土意识公益广告宣传，为弘扬中华优秀传统文化，建设人类命运共同体，形成国际良好声誉提供助力。

（2）加强投入，完善文艺院团宣传阵地

鼓励市属文艺院团创作主旋律文艺精品，有高原，创高峰。加大对文艺院团社会主义核心价值观作品的专项经费扶持，合理扩大经费开支使用的灵活性。鼓励曲艺团粤剧团等传统文化文艺剧团突破艺术传统门类限制，制作与主旋律一致，贴近现代生活，吸引年轻受众的粤语音乐剧、粤语相声等作品，讲好社会主义核心价值观故事。扩大完善宣传阵地，加强演出场所建设，打造共享演出场地，利用文艺院团小剧场做好惠民演出，使社会主义核心价值观剧目活跃在社区和文艺阵地。增加文艺院团中山纪念堂演出场次，加强经费扶持与场地扶持做大做强惠民演出效果。组织市级演出艺术专业营销广告平台，对文艺院团及其创作项目进行包装宣传，面向群众，做好宣传，帮助解决艺术院团自身营销推广短板问题。

（3）强化喉舌，坚守传统传播媒介宣传平台

坚持做好报纸、杂志、电视、电影、广播等传统媒体的社会主义核心价值观建设，发挥传统媒体党的喉舌作用，塑造具有先进性、引导性、严肃性、讲政治讲规矩、正能量的社会主义核心价值观传统媒介传播形象。推动与新媒体的融合发展，推出节目栏目的数字版，发展线上线下融合度高的全媒体。

（4）注重融入，善用新型传播媒介机制

根据新时代受众特点，灵活运用新媒体，全方位、多样化、弥漫化、立体式、沉浸式传播社会主义核心价值观。做好微电影、短视频项目的创作引导，扶持微电影、微视频创作团队，推出一批代表性的微电影、短视频品牌和IP内容资源，组织微电影创作大赛。通过道德模范、身边好人、广州榜样、广州故事等，运用生动性、流行性、大众化手法制作为现代人喜闻乐

见的社会主义核心价值观主题的微电影、短视频。推动广州文艺创作力量与新媒体结合，如资金扶持广州曲艺相声团制作身边好人百集微电影，支持广州杂技团与网游结合制作真人威亚视频秀。鼓励社会主义核心价值观节目在主流视频门户网站、微信、微博各种渠道，充分介入，立体宣传。组织少年宫、专业院校、文艺团体通过歌唱舞蹈等多种形式进行社会主义核心价值观主题快闪等活动，贴近市民生活，制造焦点事件，活跃气氛，广泛宣传。

（二）固本开源，保护利用广州物质文化遗产

物质文化遗产（Material cultural heritage），指以实体形式存在的文化遗产。物质文化遗产蕴含着中华民族特有的精神价值、思维方式、想象力，体现着中华民族的生命力和创造力，是各民族智慧的结晶，也是全人类文明的瑰宝。

习近平总书记非常重视保护利用物质文化遗产。2013年12月30日他在主持政治局集体学习时强调，要系统梳理传统文化资源，让收藏在禁宫里的文物、陈列在广阔大地上的遗产、书写在古籍里的文字都活起来。

广州物质文化遗产是传统文化的重要载体。雨果曾说过，人类没有任何一种重要的思想不被建筑艺术写在石头上，人类的全部思想，在这本大书和它的纪念碑上都有其光辉的一页。广州是有悠久历史文化传承的城市，历史底蕴和文化传承充分体现在城市建设上。作为岭南文化的发源地和中心地，广州的古村落、西关大屋等古代民居是岭南文化的"活化石"，反映了先民生产、生活及礼制等情况，骑楼等外廊式近代建筑充分表现了近代西洋文化与广府文化的冲突及交融。

1. 广州物质文化遗产的内容

作为国家首批历史文化名城，广州物质文化遗产范围广、内容丰富。结合相关法规政策，本书认为，广州的物质文化遗

产应从四个层面考虑：一是空间角度，城市发展空间格局蕴含了城市发展的内在逻辑及城市精神，主要包括城市的自然格局及传统风貌；二是区域角度，历史城区是广州历史文化的主要载体，汇集了广州主要的物质文化遗产；三是地段角度，历史文化保护区体现了广州传统历史文化的多元性；四是个体角度，历史文化遗产包括文物保护单位、历史建筑、古树名木等（见图5-1）。

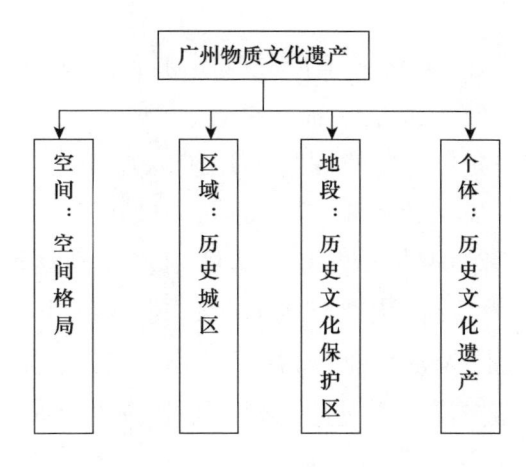

图 5-1 广州物质文化遗产内容

2. 深化物质文化遗产保护利用的体制改革

制度性障碍是广州物质文化遗产保护利用的主要挑战。改革开放以来，随着经济增长和人口规模的迅速扩大，广州城市发展的土地需求与有限土地供给之间的矛盾日益突出，为解决这一问题，城市向外拓展与城市更新改造同步进行。从20世纪90年代开始，广州实施"中调"战略，对老城区进行大规模的改造，老城区的历史文化遗迹不可避免地受到冲击。在经济增长优先观念的影响下，历史文化遗迹保护没有得到充分重视。特别是，开发商利益当头，导致大量的历史建筑被拆除。

建设全球区域文化中心城市，要逐步清除物质文化遗产保护利用的制度性障碍。广州市委十一届五次全会明确提出"广州打造全球区域文化中心城市"的目标。今后要以该目标为指引，深化改革，为物质文化遗产保护利用创造良好的制度环境。

第一，转变观念，确立文化引领意识。长期以来，"文化搭台、经济唱戏"的发展理念较为流行。至今，该理念仍存在一定市场。文化推动经济发展的作用的确非常明显。但是，在该理念中，经济发展是目的，文化只是手段。其弊端在于过分彰显文化的商品属性，导致文化发展从属于商品经济发展，一些商品意义并不突出的传统文化逐渐被边缘化甚至淘汰。改革开放40多年来，国内民众关于广州文化的认知聚焦于饮食文化和商业文化，这不能不说是一种遗憾。

第二，将物质文化遗产保护利用纳入城市总体发展战略。物质文化遗产是传统文化的载体，是提升城市软实力的重要平台。将物质文化遗产保护纳入城市总体规划，一方面形成社会共识，提升全社会保护物质文化遗产的意识；另一方面对各种涉及物质文化遗产的政府行为、企业行为明确边界，提高约束力。

第三，完善物质文化遗产保护利用的监督体制。完善物质文化遗产保护利用的政策法律法规体系。加强物质文化遗产保护利用的事前、事中和事后的监督。构建物质文化遗产保护利用的绩效评价机制。将物质文化遗产保护纳入各级政府政绩考评指标体系，强化各级政府参与物质文化遗产保护利用的压力和动力。

第四，完善物质文化遗产保护利用的部门协调机制。物质文化遗产保护利用牵涉规划、国土、工商、消防、城管等众多部门及其相关政策。活化利用工作顺利推进，既需要各部门之间相互配合，也需要相关政策调整及衔接。以《广州市历史文化名城保护条例》（2016）、《广州市历史建筑和历史风貌区保护办法》（2014）、《广州市城乡规划条例》（2014）为基础，推动涉及物质文化遗产保护利用的各部门相关政策进行调整。以此为依据，进一步推动部门之间协调，构建完善物质文化遗产保护利用的专项协调机制。

3. 保护利用物质文化遗产的行动方案

（1）保护修复城市空间格局及传统风貌

城市空间形态是指城市各种物质要素的空间组合及表征，具体表现为城市空间格局及传统风貌等。城市空间形态塑造了城市个性，孕育了城市的精魂，使城市的生命力得以在数个世纪中延续。特有的城市空间形态让广州成为全世界唯一千年长盛不衰的商业城市，培育了延绵不断的岭南文化。

①保护"山水城相依"的自然格局

广州是一座人与自然紧密结合的山水城市。中国风水理论在广州建城上体现得较为充分。"山南水北谓之阳"，中国古代建城（镇）、建房通常选择在山的南面及水的北面。古代广州城后倚越秀山、前临珠江，形成了独具特色的山水空间景观。

正是这种独特的自然格局导致广州长盛不衰。广州地势平坦，周边地区山脉众多，特别是白云山系，为广州提供了相对优越的气候条件。广东沿海地区每年都会不同程度地受到台风的侵袭，而台风灾害对广州地区影响极小，这与广州特有的地形是分不开的。建城2200多年来，广州的城市位置基本没有变动，而是在最初的城址上不断生长发展，是世界上为数不多的有两千年历史且市中心未发生变动的城市之一。早在公元前214年，广州就已经修筑了最早的城垣，在现中山四路旧仓巷附近，被称为"任嚣城"。此后，经过历代王朝的不断开发，广州城垣日渐拓展，至清初，已形成了颇具规模的老城、新城和东、西两翼城。两千多年来，广州城郭范围由内向外不断扩大，而城市的南北轴线则保持位置基本不变，由白云山、越秀山向南穿越古城中心，并不断向南延伸至珠江，其中自然山水关系和独特的地势起了决定性作用。

②修复以珠江水系为核心的城市发展脉络

广州因水而生，因水而旺。珠江干流贯穿市区，河涌众多，湖泊丰富，水网纵横。经由广州通往海洋的珠江河口拥有世界上最复杂的水系与独特河口系统——河网相连，潮流交会，三江交汇，八口入海。河、湖、江、海并连的水系解决了广州城市发展的生活用水及生产用水，既能蓄水防洪，又能提供便捷的水运。珠江通达海洋，有众多的深水港，对外贸易便利，成就了广州"千年商都"的地位。

以水系为核心的自然生态体系形成了广州独特的自然景观及水文化。广州地名的水文化特色突出，"濠、涌、滘、漖、潭、湾、沙"等是广州地名中的高频词。据不完全统计，广州城内可数可知的水文化地名多达300余个。广州的传统民俗如龙舟节、乞巧节等，无不与水有关。传统民间歌谣如竹枝词、咸水歌，主要反映的是水乡文化。

自20世纪80年代以来，广州城市进入快速发展阶段。经济社会发展对土地的需求量激增，广州不断整合市内土地，在这过程中，大量河涌等地表径流及水塘被填埋，腾挪出土地用于城市建设。整个城市的原生态水系遭到较大削弱，山水城貌发生重大改变，广州的城市生态系统发生了重大变化，内涝成为常见现象。因之，以水为载体的传统水文化日渐式微。

保护水系及修复自然生态系统，对于彰显山水城貌、传承发展传统文化具有十分重要的意义。根据实际情况，逐步修复原有的河涌水系，并尽量恢复其原有的功能而非外观。谨防以人工湖、人工河来替代自然水系的指导思想，城市外拓须保护原有的水系，尊重自然规律。

③顺势引导空间格局向"大山大海"转化

20世纪80年代以后，由于经济社会发展，广州城区容纳不了快速增长的产业及人口，城市空间必须向外拓展。第十五轮广州城市总体规划调整了城市空间布局，城市主要沿珠江北岸向东至黄埔发展，采用带状组团式结构，即沿珠江分为三个组团：旧城区为第一组团，是城市中心区；第二组团为天河区；

第三组团为黄埔区。2001年"广州市城市建设总体战略概念规划纲要"中确定，城市空间格局为"山、城、田、海"，城市发展形态为"南拓、北优、东进、西联"。

广州城市形态调整是不断适应城市功能的需要。广州城市规划是人为、有意识地适应并引导城市社会经济发展，实现优化物质要素空间分布及组合。经过新的城市规划，广州逐渐形成了新中轴线。新中轴线北起燕岭公园，往南经广州火车东站、天河体育中心、珠江新城到达珠江，再经过海珠区广州塔到万亩果园保护区，最后经新客运港达珠江航道沙丘岛，全长12公里。

新中轴线与传统中轴线近乎平行，并未改变广州城市空间发展逻辑，从传统的"云山珠水"发展格局积极向"山、城、田、海"特色的大山大海格局转化，秉承了传统的山水相依发展逻辑，从更广阔、更宏观的层面上体现了自然要素和人文要素相互交融的城市特色。

构建"山、城、田、海"特色的大山大海格局，广州需要从几方面努力：一是要强化城市总体规划的权威性及刚性约束力，城市总体规划是引领广州发展的总纲，不能随意更改，一切城市建设行为都要从属于它；二是城市的产业、人口及交通要从中心城区有机疏散，优化资源空间分布，减少集中需求对城市建设的压力，避免过度建设行为。

（2）严格保护历史城区

历史城区是广州历史文化名城保护的核心。根据《广州历史文化名城保护规划》，历史城区的规划范围为：由东濠涌—小北路—环市中路—环市西路—人民北路—流花路—广三铁路—珠江（珠江大桥东桥—海旁内街）—海旁内街—新民大街—革新路—梅园西路—工业大道北—南田路—江湾路—江湾大桥形成的封闭环状地区（见图5-2），面积约20.39平方公里。历史城区集中了大量的文物古迹、优秀建筑和历史街区，是传统风貌、城市格局和传统文化保留最完整的区域。

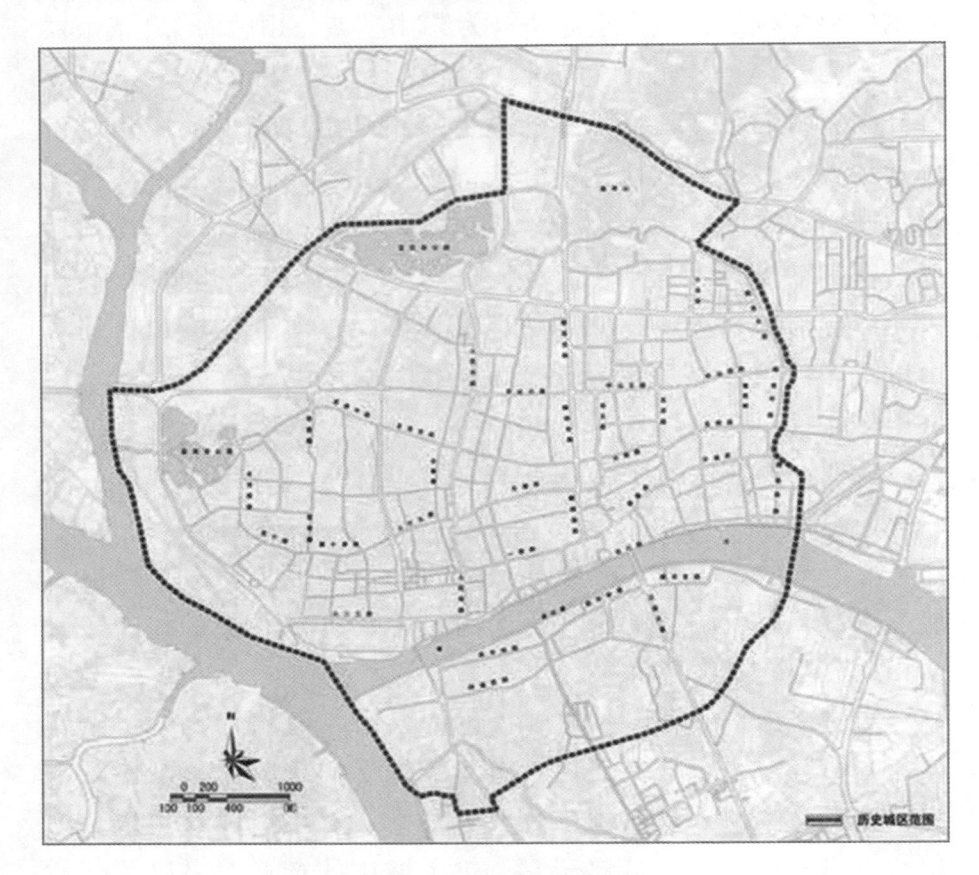

图 5-2 广州历史城区范围

①整体保护历史城区的传统格局及历史风貌

整体保护旨在保持历史城区的传统格局、历史风貌和空间尺度，不改变与其相互依存的自然景观和环境。具体而言，整体保护工作重点抓好古城轮廓保护、城市传统中轴线保护和历史风貌保护。

古城轮廓保护重点是古城城郭的历史空间格局。具体而言，严格保护越秀山城墙遗址和中山七路交叉口附近的西门瓮城遗址，标识提示明清古城城门旧址，保持古城墙原址的连续性及完整性。

保护城市传统中轴线就要严格保护构成中轴线的要素及其周边历史文化街区。城市传统中轴线指自秦代以来所形成的广州城市中轴线。城市中轴线的形成与发展是城市发展的缩影，体现了城市的文化与历史的传承变迁，也是城市文明的集中体现。传统中轴线可以追溯到秦代。秦代的番禺城，一直作为广州城市中心区，到隋唐时期，在城垣中部的今北京路，已形成了北有衙门，南有城门的古代城市中轴线，一直延续到清代。近代以后，广州城的中轴线，逐渐西移，形成新的近代广州市中轴线：北起越秀山的镇海楼经孙中山纪念碑（1929年建成），向南依次经历中山纪念堂（1931年建成）、市府大楼（1934年建成）、中央公园（1918年建成，今人民公园）、维新路（1919年建成，今起义路）、海珠桥（1933年建成）、刘王殿（今昌岗路街心花园）。

历史风貌保护指保护历史城区历史风貌的完整性及真实性。历史风貌包括历史城区的空间格局、人文景观及与之相互依存的自然景观。具体而言，历史城区的空间格局保护重点是建筑高度控制，尽量保持传统城市天际线等空间完整性；人文景观保护的主要工作是保护特色街道、历史建筑、传统公共空间等；自然景观保护的重点内容是"山水"格局，其中"山"指越秀山，"水"指珠江及众多河涌。

②疏解历史城区功能

历史城区的更新大多是因为历史功能的弱化或者退出。供马车及行人使用的狭窄道路须让位于供汽车等现代交通工具行驶的宽阔道路，低矮住房须让位于能容纳更多人居住的高层楼房。城市更新让历史城区担负了更多的生产、生活功能。不过，新城区拓展为历史城区功能疏解创造了条件。天河等新城区蓬勃发展为历史城区疏解部分功能提供了宽阔的发展空间。

保护广州历史城区，疏解功能不可避免。要明确界定历史城区的功能，以传承发展传统文化功能为主，逐步弱化行政功能和经济功能。一是保留传统、特色商业，完善文化、娱乐和高端商贸功能，促进文商旅融合发展。二是严格控制人流与物流，逐步迁出历史文化价值低的大型商贸批发市场，控制大型学校及医疗设施用地的增加，减少由此带来的人流、交通压力。三是疏解历史城区人口，通过产业外迁分流人口，通过基础教育等公共服务均等化调整分流人口。

③以历史文化步行径重构历史文化遗产的整体性

始于20世纪80年代的城市大改大建导致历史城区空间结构失衡。随着大马路、大街区、大楼盘的不断出现，广州历史城区呈现历史环境零散化、历史格局模糊化的现象。例如，解放路将原本联系在一起的历史格局分割，周边兴起的高楼大厦在时代、风格、尺度、规模等方面与传统文化遗存有巨大差异，这使得历史文化遗迹呈零散分布状。在这种背景下，历史街区取代了历史城区，片段保护取代了整体保护。

历史文化步行径指在历史文化古迹丰富的区域将周边的建筑遗产或历史文化景点串联起来的有统一主题的特定路径。有时又称为"文物径"。历史文化步行径为消除割裂、重构传统文化遗存整体性提供了思路。既然拆除现代建筑恢复历史城区旧貌不可能，文物径就成为折中的办法，为人们游览历史文化遗产提供了道路指引，也在心理认知方面提供了想象空间。国内外一些城市修建了文物径，例如，美国波士顿的文物径长约4公里，串联了16个殖民地时期和独立战争时期的重要遗迹；德国汉诺威在城市中心的人行道上画了全长4.2公里的红线，将海恩豪森王宫花园、新市政厅、国家歌剧院在内的36处建筑遗产串联起来；香港在1993年建立了以"屏山邓族文化"为主题的首条文物径，到目前为止，共建设了7条文物径，将香港主要的历史文化遗存连接起来。2016年年底广州历史城区也有了第一条文物径——北京路文物径。根据这条路径，可以找到广州千年古道遗址、广州市青年文化宫、越秀书院街、拱北楼遗址、白沙居、陈李济等历史文化遗存。

（3）提升历史文化片区的再生能力

历史文化片区，也称为"历史地段（Historic Sites）"，通常指历史文化古迹相对集中且能完整地体现历史风貌或民族地方特色的区域。出于表述及研究方便的考虑，本书从历史地段角度来使用历史文化片区概念。根据《广州市历史文化名城保护条例》等相关政策法规，广州历史文化片区包括历史文化街区、历史文化名镇、历史文化名村、历史风貌区和传统村落。按照《广州历史文化名城保护规划》，广州现有49个历史文化片区，其中，历史城区内有26个历史文化街区，历史文化名村（镇）、历史风貌区和传统村落合计23个。

广州市历史文化片区整体上趋于衰败，主要表现为：各类建设侵蚀严重，整体风貌欠佳，建筑密度大，缺乏公共空间，街道狭窄，交通不畅；特别是，历史文化街区分布集中，使得原有物质空间形态与其容纳的社会经济功能的冲突更加显著，环境杂乱、基础设施落后、产业结构不合理、人口空心化等。要提升历史文化片区可持续发展能力，需要增强其再生能力。

①维护历史文化片区的真实性及完整性

真实性和完整性是保护利用历史文化遗产的原则性要求。要保持和延续历史文化片区的自然格局、空间布局和历史风貌，特别注重空间布局和历史风貌统一性、人文环境与自然环境的协调性。

保护空间布局及历史风貌的统一性。在历史文化片区的建设控制地带内进行新建、扩建、改建活动的，应当符合保护规划或者保护措施确定的建设控制要求，在高度、体量、色彩等方面与历史风貌相协调，不得破坏传统格局和历史风貌。小洲村部分村民为追求经济利益，私自加建、改建，破坏了村的整体布局及历史风貌，对该村的历史文化价值造成了不可逆的损害。

维持历史文化片区与周围环境的相互依赖关系。历史文化片区及其周围环境应得到积极保护，使之免受各种损坏，特别是由于不适当的利用、不必要的添建和诸如将会损坏其真实性的错误或愚蠢地改变而带来的损害，以及由于各种形式的污染而带来的损害。应特别注意组成建筑群并赋予各建筑群以自身特征的各个部分之间的联系与对比所产生的和谐与美感。

维持结构肌理及历史文化遗产的原真性。历史文化片区的结构肌理特别是街巷肌理综合体现了原住民的风水观念、生活方式、习俗等。历史文化遗产如历史建筑的立面、主体结构、重要装饰等是其历史文化价值的核心内容。这些在活化利用过程中需要重点保护。恩宁街永庆片区微改造引起社会争议，其中重要原因之一是对历史建筑立面改造方式不当对原真性造成了损害。其不当的改造方式包括将原有的双面屋顶改成单坡屋顶、改变外墙颜色、增减外凸橱窗、立面贴青砖片等。

②加快推进历史文化片区规划编制及审批

强化历史文化片区规划的法律约束力。根据《广州市历史文化名城保护条例》，在历史文化街区、历史文化名镇、历史文化名村、历史建筑、历史风貌区和传统村落的核心保护范围和建设控制地带内依法进行新建、扩建以及改变外立面或者结构的活动，建设单位或者个人在申请办理规划许可时，应当同时提交历史文化保护的具体方案。恩宁路街区改造是在未编制历史文化街区保护规划的情况下推进，因而万科永庆片区微改造工作陷入无规可依、广受质疑的尴尬境地。

完善历史文化片区编制及审批体系。历史文化保护区规划，已编未批的尽快审批，正在编制的加快编制，尚未编制的尽快立项，做到历史文化保护区的保护与活化利用工作有规可循、有法可依。以历史文化街区为例，已编制规划并获审批的只有沙面、华林寺、新河浦和华侨新村4个历史文化街区（见表5-1）。

表5-1　　　　　尚未完成保护规划编制审批的历史文化街区

保护规划编制现状	历史文化街区名称
已编未批	长洲岛、北京路、文德南、传统中轴线、耀华大街、昌华大街、宝源路、多宝路、宝华路、和平南、光复南、光复中、海珠中、海珠南—长堤历史文化街区
正在编制	人民南、南华西街、龙骧大街
尚未编制	洪德巷、五仙观—怀圣寺—六榕寺、逢源大街—荔湾湖、恩宁路、上下九—第十甫

历史文化片区实行"一区一规"。规划须明确历史文化价值特色、核心保护范围及建设控制地带、保护措施、科学利用方式等。核心保护区范围包括区域内传统格局、历史风貌较为完整和历史建筑集中成片的地区。界定核心保护范围和建设控制地带，边界清楚，四至范围明确。历史文化街区内的非文物历史建筑，拆除重建或修复都要依据街区保护规划来推进。

③分类活化利用历史文化街区

目前，已获审批认定的26个历史文化街区，在历史风貌、保存状况、产业类型、居民结构等方面各有特征。从功能及历史风貌角度，广州历史文化街区大致可以分为四种类型：居住生活型、传统商业型、开放空间型和特殊史迹型。相应地，保护利用方式应有所区分。

对于居住生活型的历史文化街区，应当以延续其居住功能为主。居住生活型历史文化街区在广州26片历史文化街区中所占比例最高，包括传统中轴线中端、南华西、昌华大街、宝源路、多宝路、宝华路、和平中、光复中、五仙观—怀圣寺—六榕塔、海珠中、洪德巷、龙骧大街、恩宁路、华侨新村、新河浦15片街区，是广州传统市井生活文化最直接的体现。对这类文化街区，要控制人口密度，完善公共服务设施和市政基础设施配套，改善人居环境，以展示传统市井生活文化为主旨。核心保护范围内的土地使用权不得实施整体转让用于商业地产开发，在非控制地带可以考虑发展新型商业业态。

对于传统商业类历史街区，考虑RBD（Recreation Business District）等开发利用模式。广州传统商业型历史文化街区共9片，其中，传统中轴线南段、华林寺、光复南、文德南4片街区为商业批发街，第十甫—上下九、人民南、北京路、华林寺、海珠南—长堤5片街区为传统商业步行街。根据RBD模式，依托街区原有的历史建筑或历史风貌格局，将购物、休闲和具有当地特色的娱乐等元素注入这一特定的场所。目前北京路、第十甫—上下九路街区是这种开发利用模式。

对于开放空间型历史文化街区，考虑以公众游憩功能为主进行保护利用。广州开放空间型历史文化街区主要指逢源路—荔湾湖街区中的荔湾湖部分、人民南街区沿江路一段海珠南—长堤街区中长堤部分、传统中后线南段海珠广场。这类街区既体现了广州传统风貌，又承载了重要历史文化意义，更为重要的是，作为城市公共空间，为城市居民休闲、社交聚会提供了场所。这类街区活化利用可以参照比利时的布鲁塞尔大广场等，以公益为主要目的，为公众游憩提供场所，应避免过度商业开发。

对于特殊史迹型历史文化街区，考虑以展示为主进行保护利用。广州特殊史迹型历史文化街区主要包括沙面历史文化街区、传统中轴线北段历史文化街区和长洲岛历史文化街区。它们是广州特定历史时期的见证，沙面是西方文明进入近代广州的窗口，一百多座欧式风格、中西合璧风格建筑展现了西方文明渐入及中西文明交融的历史；传统中轴线北段包括越秀山、中山纪念碑、中山纪念堂、广州市人民政府等，是广州传统政治功能的重要承载地；长洲岛历史文化街区见证了黄埔军校的发展及近代中国民主革命的兴起。

④推动历史文化街区品牌化

提炼并彰显历史文化街区的核心文化资源。历史文化街区的传统地域文化资源是具有稀缺性和不可替代性的资源，是街区活化利用的基础。在充分调研街区的历史风貌及传统文化的基础上，凝练出街区所特有的传统文化元素，并使其品牌化。围绕广州历史文化名城的八大保护主题，确定街区的文化品牌，如"海上丝绸之路"文化品牌、中国近现代革命文化品牌、南越国历史文化品牌、古城中心城区历史文化品牌、广州"老字号"文化品牌等。

以文化品牌统领街区的文商旅发展。文化的原貌性是街区价值的基础。在街区活化改造过程中，警惕现代国际文化元素的引入，减少现代设计对街区历史风貌的干扰，避免"千街一面"的现象。在产业发展方面，重视民间文化产业的作用，如粤剧表演、传统手工业展示及制作体验、民俗风情体验家居旅馆等。从街巷布局、建筑风貌到各种业态，都体现文化的内在一致性，这样，无论作为一种个性文化，还是一种生活方式，可以相对完整地保存下来并给游客带来深刻的文化体验。

加强历史街区的文化品牌宣传。历史文化街区可以而且应当成为广州的标志性街区。通过各种方式和渠道宣传历史街区的特色文化品牌，包括政府的旅游推广、新媒体推广、影视创作等。

（4）分类保护利用历史文化古迹

历史文化古迹包括文物古迹、历史建筑、传统风貌建筑等。广州文物包括市级以上文物保护单位322处（其中，全国重点文物保护单位24处，广东省级文物保护单位45处，广州市文物保护单位253处），市登记保护文物单位138处，区县级文物保护单位208处，全国第三次文物普查新增的3700多处有价值的文物线索。广州的历史建筑数量多、类型丰富。2015年11月，经过近3年文化遗产普查，全市共筛选出不可移动文物线索67处，历史建筑线索792处，传统风貌建筑线索3087处。历史建筑岭南文化特色鲜明，宗族印记明显，商业氛围浓郁，反映出传统岭南文化及近代中西文化交流的影响。

①严格保护文物古迹

文物古迹保护利用要严格遵循《中华人民共和国文物保护法》的规定。文物保护实行分类管理。对于核定为文物保护单位的不可移动文物，由广州市、区划定必要的保护范围，纳入城市规划，做出标志说明，建立记录档案。文物保护单位的保护范围，应当根据文物保护单位的类别、规模、内容以及周围环境的历史和现实情况合理划定，并在文物保护单位本体之外保持一定的安全距离，确保文物保护单位的真实性和完整性。对文物保护单独区别情况分别设置专门机构或者专人负责管理。对于馆藏文物，必须区分文物等级，设置藏品档案，建立严格的管理制度，并报主管的文物行政部门备案。文物收藏单位应当建立馆藏文物的接收、鉴定、登记、编目和档案制度，库房管理制度，出入库、注销和统计制度，保养、修复和复制制度。

文物工作贯彻保护为主、抢救第一、合理利用、加强管理的方针。保持并适当扩大文物保护专项资金规模，放宽资金使用方式限制。完善文物保护单位定期巡查机制。依据广州历史文化主要特征，突出文物保护单位重点。严格控制文物保护单位周边区域建设。

②活化利用历史建筑及传统风貌建筑

第一，坚持"文化引领、公益优先"的理念。

在历史建筑活化利用方面，要转变打着文化旗号、以追求经济利益为主要目的的发展模式，逐渐规范活化利用方式，实现历史文化资源的保护和恢复与城市的商业、旅游、休憩等功能有机结合。贯彻"公益优先"理念，需要从三方面着手：一是历史建筑保护利用应当通过必要的程序保证公益优先。二是坚持政府引导。通过减免国有历史建筑租金、维修资助、税收减免等优惠政策和严格规划、定期巡查等监管手段，政府引导"公益性优先"理念在历史建筑保护利用实践中得以实施。三是构建并完善"政府主导、业主主体、市民参与、专家参谋、媒体引导"全社会参与机制,促使历史建筑保护利用方式获得社会认可、支持和监督。

第二,拓宽活化利用资金来源。

构建稳定的历史建筑保护利用的公共财政资金投入机制。在不能增设专项资金的财政制度约束下,可以考虑设立历史建筑活化利用专项经费,作为长期项目,按年度定期划拨,并确立额度增长机制。

设立"广州历史文化遗产基金"。由政府一次性投入资金,并分批引入社会资金,重点投入广州历史文化遗产保护和利用等相关领域。该项基金符合财政部颁发的《政府投资基金暂行管理办法》(财预〔2015〕210号)规定:各级财政部门可以在支持基础设施和公共服务领域设立投资基金,改革公共服务供给机制,鼓励和引导社会资本进入公共服务领域,提供公共服务质量和水平。可以考虑成立广州历史风貌整理公司,将部分国有历史建筑打包并入资产。

制定优惠政策,鼓励民间资本进入。对于投资历史建筑活化利用的民间资本,予以税费减免等优惠政策。引导银行对历史建筑活化利用项目在信贷规模、结构及期限等方面予以支持。在具体项目上,倡导政府和社会资本合作(Public-Private Partnership, PPP)模式,由政府通过项目招标方式选择具有投资、运营管理历史建筑活化利用经验及能力的社会资本或公司,既解决了项目所需的资金、管理等问题,又能让政府全程参与并实行有效的监管。

第三,成立历史文化产业公司。

成立历史文化产业公司,旨在盘活历史建筑及传统风貌建筑资源,提高历史文化资源利用效率,引导全市历史文化资源开发利用。理顺历史文化产业公司管理体制,由市国规委履行出资人职责,公司实行市场化运作。

构建并完善历史文化产业公司的多元化股权结构。坚持国有控股的资本结构，将全市国有历史建筑及传统风貌建筑资源整合打包给历史文化产业公司，作为公司的资产。鼓励混合所有制，积极引入民间资本，促进公司股权多元化。

明确公司经营目标，坚持文化效益与经济效益并重。鼓励公司经营形式多样化，支持公司通过资产资本化运作解决历史建筑及传统风貌建筑保护利用的资金缺口，支持公司通过统筹资源实现资源整合的整体效益和规模效益。

第四，加快推进历史建筑确权工作。

依据《物权法》《民法通则》，结合广州实际，探索行之有效的历史建筑确权方案，加快确权工作，突破活化利用中所面临的产权困境。

重点加快国有历史建筑的产权确定工作。对于存在产权纠纷的国有历史建筑，有两种方案可以考虑：一是"占有人优先"方案，即尊重现实，优先确权给占有人，同时由产权占有人给予所有人资金补偿，补偿额度可参考市场价格。二是"活化利用优先"方案，要求产权所有人和占有人同时提出历史建筑活化利用计划，邀请专家评审，优先授权给计划胜出方，并督促计划如期实施。

对于私有历史建筑，严格依法进行确权。一般而言，只要有历史档案记载的或能提供历史产权证明，房管部门就应该根据历史档案记载或相关证明材料进行确权，并补发房产证。对于因历史原因造成"国有化"的国内居民私房，可考虑申请政府另行出台相关文件。对于因继承权造成的共享产权建筑，只要现有产权人提请要求，可由政府房管部门发布确权公告，在公告所规定期限之后根据主张要求办理产权证。对于产权人不明的历史建筑，可按照法律规定的无主财产情形进行处理。

第五，进一步完善历史建筑修缮技术及规范。

借鉴国内外历史建筑修缮及更新技术，建立一套具有广州特色、适应传统岭南建筑、近现代建筑等修缮及更新技术规范。

支持历史建筑修缮维护技术研究，鼓励创新，引导修缮维护技术科学化、标准化和低成本化，有利于降低修缮维护门槛。引进国内外专业机构参与广州历史建筑修缮更新，鼓励技术交流、融合。定期编制、更新和发放历史建筑修缮维护手册，普及修缮维护技术知识。

规范历史建筑修缮及更新程序。完善历史建筑修缮及更新的申报、审批和监督流程。重点加强对修缮及更新工作的技术指导和过程监管，保证修缮及更新工作符合规划要求及技术规范。技术指导和过程监管可以通过政府购买服务的方式委托给第三方机构。

逐步建立历史建筑修缮更新的准入机制。明确历史建筑修缮更新工作的资质要求，技术人员和工人正式施工前必须获得资质许可，或者接受专业知识培训。政府委托相关机构定期提供免费的培训机会，逐步培养一批具有合格资质的历史建筑修缮更新工匠。适度调节历史建筑修缮市场交易，引导交易价格公平化，避免垄断产生高价格。

第六，完善并落实活化利用优惠政策。

完善优惠政策体系，调动历史建筑活化利用积极性。财税政策方面，予以税费减免等优惠政策。融资方面，引导银行对历史建筑活化利用项目在信贷规模、结构及期限等方面予以支持。规划建设方面，允许历史建筑功能调整，支持容积率奖励、容积率转移、开发权转让等。

以法规形式确认优惠措施的优先性。可以比照台湾经验，修改《广州历史文化名城保护条例》相关条款，明确规定历史建筑保护利用所涉及的建筑功能调整、控规指标调整、消防安全等事项，相关法规政策予以调整，保持一致性。

推动相关部门法规文件调整。充分认识到历史建筑活化利用对于建设国家历史文化名城战略的重要意义，特事特办，推动广州历史文化名城保护委员会组织相关部门一次性解决政策衔接的问题。例如，对《广州城乡规划》的部分条款进行调整，解决历史建筑活化利用中的控规指标调整、建筑功能调整等优惠政策落实的问题。

（三）多措并举，推动广州非物质文化遗产融入生活

非物质文化遗产是中华优秀传统文化的重要组成部分。国务院办公厅 2005 年颁布的《关于加强我国非物质文化遗产保护工作的意见》指出："非物质文化遗产是各族人民世代相承、与群众生活密切相关的各种传统文化表现形式和文化空间。非物质文化遗产既是历史发展的见证，又是珍贵的、具有重要价值的文化资源。我国各族人民在长期生产生活实践中创造的丰富多彩的非物质文化遗产，是中华民族智慧与文明的结晶。"中共中央办公厅、国务院办公厅 2017 年印发的《关于实施中华优秀传统文化传承发展工程的意见》更是明确要求"实施非物质文化遗产传承发展工程，进一步完善非物质文化遗产保护制度"。广州作为国家第一批历史文化名城，有着极为丰富的非物质文化遗产资源。2018 年 10 月，习近平总书记视察广东，亲临广州荔湾区，关心广州非物质文化遗产的保护、传承工作，并特别参观了粤剧艺术博物馆。这说明，多举措传承发展广州的非物质文化遗产，多方位推动非物质文化遗产融入生活，无疑是广州实施中华优秀传统文化传承发展行动的重要任务。

1. 进一步完善非遗传承人制度

（1）拓宽渠道，完善非遗传承人认定机制

在现行体制允许的范围内，适当放宽对非遗传承人主体身份的限制，对一些具有公共参与性与传承性的综合性非物质文化遗产项目，试行"团体认定"方式。对主要依靠群体传承的民间传说等民间文学类非遗项目，以及岁时节庆、民俗仪式等民俗类的非遗项目，在目前实行传承人"个人认定"方式的情况下，将"团体认定"作为一种补充认定方式，认定民间协会或社区为传承人，发挥集体传承的力量。如乞巧非遗项目，可以考虑把有"中国乞巧文化之乡"之称的天河珠村社区、集中民间乞巧文化传承者的广州乞巧文化交流协会等补充为传承团体。同时，设置代表性项目的代表性传承人和非代表性传承人两类主体，分别规定不同的认定标准和资助标准，对于前者可以标准从严，如应具备技艺熟练精湛、具有权威性和影响力、传承谱系清晰等条件，后者则只要求技艺熟练精湛。

合理确定传承人认定数量。对目前广州一些因主体资格限制而传承人数量较少的非遗项目，如民间文学类、民俗类非遗项目，提供一定数量的"团体认定"名额，以鼓励传承。制定规划，对一些濒危的非遗项目如牙雕（见图5-3）、榄雕（见图5-4）等传统技艺，适当提高传承人认定数量，形成传承优势。

图5-3　广州牙雕
（图片来源：百度图片）

图5-4　广州榄雕
（图片来源：百度图片）

完善多渠道的认定启动机制。构建适当的针对发现、推荐非遗传承人的个人和单位的激励机制，激发全社会发现、尊重非遗传承人的热情。将传承人直接"登记"作为现行认定制度的补充程序，在评定市级传承人时，除政府组织申报外，还可试行由传承人直接"登记"的方式。

（2）制定政策，加大对传承人扶持的广度和力度

扩大对传承人扶持的广度。对于非认定的非遗传承人，目

前正在制定的《广州市非物质文化遗产保护办法》可考虑纳入扶持范围，或另行制定办法对其予以扶持。应增加对传承人的扶持方式。对传承人的培训支持以及对非遗创新的奖励等，应在正在制定的《广州市非物质文化遗产保护办法》中做较为具体明确的规定。

加大对传承人扶持的力度。正在制定的《广州市非物质文化遗产保护办法》应明确扶持非遗是政府应尽的法定义务；从市各级政府财政预算中单独列出专项资金用于支持非遗传承人，并有较为具体且可操作性强的规定。制定政策，在税收等财政收入领域为非遗传承人的创新发展营造更为轻松的发展环境。制定政策，以购买成果的方式，专项定点扶持传统美术、传统技艺非遗传承人出精品，重点扶持榄雕等濒危项目；作品著作权归非遗传承人，所有权归政府；作品在博物馆常年展出，政府也可为作品的展卖、拍卖搭建营销平台，回收资金，用于支持再创作。

（3）规范管理，完善非遗传承人的退出机制

正在制定的《广州市非物质文化遗产保护办法》应体现、落实《中华人民共和国非物质文化遗产法》关于非遗传承人退出机制的规定。制定具体措施，按非遗类别成立考评专家委员会，结合传承人年龄等实际情况，对市级非遗项目传承人在从事活动、人才培养、资料整理、传播活动等方面的工作进行多轮评估，不合格者视情况予以警告或取消资格的处理。对濒危项目或年事已高、技艺突出的非遗传承人，制定特殊的考核办法。

2. 打造、提升非遗保护传承平台

（1）科学规划，培育非遗生产性保护示范基地

开展市非遗生产性保护示范基地的评选和培育工作。重点培育今年入选第一批国家传统工艺振兴目录的六项非遗项目，即广绣、广州玉雕（见图5-6）、广州榄雕、灰塑（见图5-

5)、广式硬木家具制作技艺、广彩瓷烧制技艺。

在各区非遗保护中心、相关行业协会和各高职院校推荐申报的基础上，组织专家评议、实地考察，注重群众评价机制的运用，评选一批真正具有示范、引领作用的非遗项目保护实体作为非遗生产性保护示范基地。推行"文化产业+文化旅游""公司+基地+手工业者""项目+传承人+基地"等运作模式。对于入选的非遗项目保护实体，给予一定的财政补贴或奖励，支持非遗产品研发设计、技术创新、版权保护和品牌推广；出台减免税收、出口优惠、金融扶持等政策；引导各方力量，共同培育专业的非遗项目流转市场，打造专业的服务和交易平台，实现项目和资本对接；利用多层次、多种类的出口平台，包括广交会、驻外机构、贸易促进组织以及政策性金融机构，推动非遗项目和企业构建国际市场营销网络，实现非遗项目"走出去"。

图5-5　广州陈家祠灰塑
（图片来源：百度图片）

图5-6　广州玉雕
（图片来源：百度图片）

定期组织入选非遗生产性保护示范基地的保护单位开展交流、座谈、研讨等活动，探索、总结和推广非遗生产性保护的做法和经验，充分发挥非遗示范基地的示范、带动作用。

（2）优化升级，加强非遗展示传习场馆建设

制定规划，建立市一级的有广州特色的集中的非遗馆，有条件的、非遗资源丰富的区如越秀区，建立区一级的专门的非

遗馆，集非遗展示、教学、表演、交易于一体，以满足当前非遗传承发展的需要和市民精神文化的需求。

设立专项资金，分批改造现在的条件简陋的基层的非遗展示传习场所，建设新的单项非遗展示馆和传习馆，保障市级以上的非遗项目在基层有固定规范的展示传习场所。

改变建设思维，对一些单项非遗的展示馆，如展示传统音乐、舞蹈、戏剧、曲艺、体育等动态非遗项目的展示馆，进行活态呈现。同时，运用数字化多媒体、虚拟技术等新科技，增加非遗展示传习场所的互动体验机会，以吸引年轻的非遗爱好者。

（3）营造氛围，推进非遗惠民活动

结合非遗项目展演活动与旅游宣传，依托乡村旅游、"乡村春晚"、民俗活动等平台，开展龙舟舞狮、拜祭祈福、庙会集市、戏剧曲艺、传统饮食等各种非遗项目展演。同时配合打造"非遗展示体验点"和"非遗主题村（镇）"，不断加深非遗项目影响力。

设立非遗惠民基金，畅通渠道，鼓励基层非遗保护部门开发当地非遗资源，利用"文化和自然遗产日""粤港澳大湾区非遗周"等时机，举办富有当地特色的非遗展演活动。

启动非遗周末聚活动。制订计划，联合非遗传承人，以全市非遗项目的展示展演为主线开展非遗周末聚活动。每周一个街（镇），以当地特色的非遗项目为活动主题，如在天河区珠村举办以乞巧民俗文化为主题的活动，在白云区江高镇或均禾街举办宣传舞火龙民俗文化的活动，将非遗周末聚打造成为非遗保护、展示和研究的重要平台以及文化惠民的重要窗口。

3. 规范、创新非遗的产业化发展

（1）注重法制，加强非遗知识产权保护

制定地方性的保护条例。优先考虑出台传统美术、传统技艺、传统医药等产业化、市场化程度较高的非遗项目的单行保护条例。从法律角度认可传统手工艺的创作者和传承人所应享有的权利，防止对非物质文化遗产的不当利用和得利，鼓励公平合理的利用方式。确立非遗项目的开发准入审批和使用许可制度。强化商标注册制度。将对非遗项目的保护扩大延伸到艺术表达形式及思想精神等内容的保护范畴，并寻求可行的实现渠道。

加强专业培训，提高知识产权保护意识。培养高素质的非遗从业人员，对非遗知识产权保护进行专业化指导。定期组织知识产权保护的宣传培训班，加强非遗保护工作人员和代表性传承人的知识产权保护观念。

健全文化保障体系，打通非遗维权渠道。组织各个行业的专家，成立专家委员会，帮助非遗传承人提高对非遗价值内涵的认识、树立非遗保护的自我意识，对非遗的合理开发利用进行指导和参谋，在产品质量、包装设计、经营模式等方面提供决策咨询。通过相关社会组织成立维权中心，在非遗传承人的合法权益受到侵犯时提供法律支持，作为被侵权人代表出面进行协商、沟通。

建立监管机制，加大处罚力度。正在制定的《广州市非物质文化遗产保护办法》应具体规定政府的监管责任和义务，明确政府的行为规则，并建立区一级的非遗保护工作部门联席会议工作制度，加强联合监督，落实对非遗知识产权侵犯行为的惩罚。

（2）多方合作，制定非遗项目标准

制定规划，由质监部门牵头，联合市非遗主管部门、行业协会和高校，组织专家和非遗传承人，结合非遗项目的特点，制定非遗项目的质量标准和行业标准。对特定非遗项目的产品的原材料使用、生产环境、产品形式、产品质量等，根据现代社会秩序、市场安全标准、生态环境保护等要求，确立一套能与当代社会和市场接轨的非遗项目标准，一方面提升非遗产业化的整体效率和管理水平，以适应当代的市场竞争；另一方面为传承主体的知识产权保护提供依据，助力非遗传承人打造品牌，并有效维护消费者利益，为识别、监管、仲裁工作提供依据。

（3）互通有无，建立非遗产业协同创新机制

出台政策，鼓励金融机构、民间资本、旅游企业投资非遗产业，并通过税收优惠等政策对相关产业进行扶持；鼓励和支持具有较强设计能力的公司、企业、高校以及相关科研单位，与广绣等濒危的传统非遗项目传承人合作成立"艺术大师工作室"，或到非遗传承人工作室比较集中的产业园区设立工作站，带动手工艺人提高创意设计能力，提升产品品质，扩大产品销路；鼓励非遗企业与国内外高端文创设计公司合作，打造兼具地方特色和现代品味的文创产品，激活传统工艺，提升广州非遗的影响力。

（4）创新思路，推进非遗产品品牌化运营

实行"差异化竞争"策略，根据非遗特点，选择适合的品牌化运营渠道和方式。首先，对基于创意、依赖手工制作的劳动密集型非遗产品，在尊重传承人的个性化创作和生产、保持其核心技艺的前提下，适当引入现代工艺，通过市场的集聚和现代流通手段，使非遗项目的核心技艺得到传承，产品和服务得到推广。如广绣的生产制作，不应片面追求规模，而应走高、精品牌的市场路线。其次，对于与民众生产生活密切相关、市场认可度高、生产技艺简单并可标准化生产的非遗产品，实行产业化生产。如广州特色食品，可根据市场需求实行机械化生产，扩大生产规模，提高市场占有率，提升品牌影响力（见图5-7、图5-8）。

图5-7 广绣
（图片来源：百度图片）

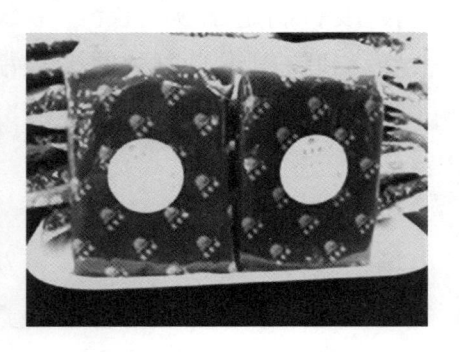

图5-8 广式莲蓉饼食
（图片来源："广州非遗"公众号）

激发品牌创意，实施文化创新驱动。在梳理、叠加和整合非遗项目的诸多文化元素的基础上，抽取其核心的、具有标识意义的文化符号和文化价值构建文化创意。选择最具承载力和表现力的载体，用文化创意打造非遗品牌。根据现代人的审美趣味和消费需求，利用高科技手段，借助产品功能创新，将文化创意转化为具有知识产权和市场消费特性的创意产品。

（5）良性互动，建立文化产业与非遗的利益协调机制

出台政策，规定文化产业企业保障非遗传承人按照自己的方式对非遗项目进行传承，并从非遗产品开发收益中提取一定比例的资金用于非遗保护、传承及新产品研发等，以促进非遗企业及非遗产业自身的可持续发展。

4. 提升非遗数字化保护水平

（1）数管齐下，建立非遗保护的数字化管理制度

贯彻参与式数字化保护理念，赋予非遗拥有者和传承人参与数字化保护的责任和权利。制订方案或细则明确规定：非遗拥有者和传承人有参与非遗数字化保护和建设的责任和权利；非遗拥有者和传承人应全程参与相关非遗数字化项目的方案制定、内容选取、录制和拍摄计划、具体步骤及生产和实施过程，并享有获得非遗数字化创作的报酬的权利。

公共服务平台建设方面。加强数据库建设的标准化和规范化建设，制定出台较全面的市非遗数字资源采集、加工标准和规范。联合市内博物馆、图书馆、文化馆及有关高校，借助其专业研究能力，共同建设市非遗数据库、非遗网站及常态化的虚拟展厅，形成立体化保护体系。

加强对非遗项目的数字化管理。建立数字化管理模式，进行非遗项目的结构化管理、过程管控，以及非遗项目、传承人、非遗资料的一体化管理；同时，统筹优化利用有关稀缺资源，如榄雕的原材料等。协助非遗传承人和保护单位运用数字化等技术，实时记录顾客消费时留下的痕迹，对消费者的需求、消

费模式、购买方式等特征做出科学分析,为用户定制产品。

(2)循序渐进,制定实施非遗数字化保护规划

建设非遗传承人的数据库。分类、分步骤开展传承人(尤其是濒危项目的传承人)的信息的数字化管理和保护,详细记录其个人基本资料、技艺成果、技艺的特点等信息,并通过文字、语音、视频等对其承载的非遗记忆进行分类采集和记录。

设计广州非遗数字地图。第一阶段,设立专项,组织非遗、地理和数字技术方面的专家,以广州非遗数字资源为主要内容,根据非遗项目实体在广州各区、县的地理分布,研发设计广州非遗数字地图。第二阶段,将广州非遗数字地图运用于非遗的学习、传承、查找等公益性服务,如在图书馆、博物馆、文化馆及学校教育中进行展示性和互动性应用;同时,提升和完善广州非遗数字地图的功能,进行创意加值,如旅游交通导航、文化旅游购物、地理信息定位等。

(3)激发创意,利用数字技术优化非遗宣传推广措施

建立数字化非遗展览馆、博物馆、体验馆。制定规划,引进专业的技术和人才,搭建广州重点非遗项目的数字博物馆、展览馆,对非遗项目所涉及的历史流变、传承人档案、传播方式、制作工艺、所需材料等全过程进行数字化转换,通过高清晰扫描技术、虚拟3D技术、音频解说技术等,把非遗展示动态化、立体化,以活态文化的方式展示广州非遗项目的具体内容和精髓,利用网络技术实现非遗项目的跨时空宣传和传播。数字化非遗体验馆可以单独建设,也可以作为数字博物馆和展览馆的一个附属功能,借助VR(Virtual Reality)等现代技术,营造虚拟而完整的非遗文化空间,如利用民间文学、民俗等非遗项目的内容,让参观者获得身临其境的体验感、互动感。

开发动漫技术的非遗数字化宣传功能。利用广州发达的动漫业的优势,设立专项,联合非遗传承人、动漫创意人员和企业,以民间文学、民俗等非遗项目为主,传统美术、传

统技艺和传统医药等非遗项目为辅,制作独具广州特色的非遗宣传普及动漫系列片,可用于学校、社区以及各类公共文化服务设施的非遗普及教育。鼓励开发非遗主题的数字游戏,将非遗项目内容嵌入游戏之中,如以民间文学或民俗内容为背景,在关注非遗信息的真实性和知识深度的基础上,有机融合数字游戏与非遗传播,引导新生代对非遗的认知、理解与认同。此外,在数字化非遗博物馆和展览馆的展示中,也可引入动漫创意。

研究数字化非遗传承。设立项目,联合高校研究人员和非遗传承人,尝试将数字化技术作为非遗传承的辅助手段,并可进一步研究通过数字化技术改进非遗的口述、身传、心授等传承方式的可能性和途径,以期缩短传承周期,提高传承效率。

5. 加强学校教育在非遗传承发展中的作用

(1) 按需定制,创新非遗青年人才培养模式

依托学校学科专业优势和非遗项目需求,创新非遗青年人才培养模式。传统美术、传统技艺方面,出台政策,鼓励已设置工艺美术专业的广州市轻工技师学院和已开设广彩、广雕、广绣课程的广州美术学院等院校,与相关企业和单位合作,定向培养具有创新能力和市场意识的青年工艺人才。传统医药类的非遗项目方面,出台政策,鼓励相关企业和单位根据自身需要,与省内外有专业优势的中医药学院合作,制定后备人才培养长期规划,定向培养面向社会、注重实践、具有创新能力的青年非遗后备人才。

高校与用人单位共同制订"定制式"人才培养计划,在基本教学课程中嵌入企业元素,按企业需求培养培养人才。在学习的后半期,"定制式"学生修习根据行业、企业要求所提炼出的课程,并在企业参加顶岗实习。

(2) 回炉锻造,开展非遗传承人培训教育

根据非遗传承人实践能力强、学历层次低、创作题材老化、

偏离现代生活等较普遍的现实问题，与相关高校合作，有针对性地开设具有大专学历及以上的传承人成教班，不定期举办非遗传承人群研培班。

制订广州非物质文化遗产传承人群研修研习培训计划。委托高校，利用寒暑假举办普及培训班，使非遗传承人群培训工作成为政府的一项常态化工作。授课主体以高校老师为主，可邀请部分非遗项目的传承人或大师为学员授课或进行交流。计划可从传统美术、传统技艺传承人群开始，分层次进行培训。对具有较高技艺水平的传统工艺传承人或资深从业者，培训的重点是推动跨界交流，提高其文化艺术修养、审美能力和创新能力；对中青年传承人，组织其进入高校工作室、实验室及设计企业研究学习，通过手工实践与跨界交流，开阔眼界，解决其非遗保护传承中的瓶颈问题；对非遗项目的学徒或从业者，培训目的以提高其文化素养、学习和领悟能力为主，提升其传统工艺的审美水平和实用程度。培训采取"通识课＋专业课＋参观交流＋实践"的构成模式，因人因事施教，提升传承人群的文化艺术素养、审美能力和创新能力，培养其法律意识、市场意识以及现代设计思维和技能。

（3）培训引进，加强非遗素质教育师资力量

利用广州非遗方面的教育优势，成立非遗教育教研机构，组织教师进行培训。中小学层面的教师培训，可依托市、区教师进修学校。一方面，进行非遗知识的普及性的系统培训，从根本上形成保护非遗、重视非遗教育的思想观念；另一方面，根据教师的特长和能力进行有针对性的非遗技艺技能的专项培训，如培训美术教师学习广彩等传统技艺，培训体育老师学习扒龙舟等非遗技艺，培训语文教师学习民间文学等非遗项目内容，使各科教师都掌握一些与自己教学领域相关的非遗技艺或知识。

组织教师深入田野，深入非遗赖以生存的文化空间，鼓励

他们积极开拓非遗教学的第二课堂。同时，经常开展教学观摩，组织教师到非遗教育特色学校参观、交流等，多渠道提升教师的非遗素养。

有条件的高等院校，设置非遗课程作为学校通识课程。组建"高校教师+传承人"的教学团队，高校教师与传承人同台授课，取长补短，互汲营养。也可从社会上引进资深的非遗从业人员作为非遗通识课的实训指导教师。

6. 推进非遗与文化旅游业的深度融合发展

（1）挖掘资源，多方位开发体验式非遗旅游

关注游客体验，创新旅游项目。一是提升创意，打造参与民俗表演的旅游体验项目。二是围绕手工艺精品、手工艺制作过程、手工艺历史文化进行展示，以"前店后厂"式、院落式、社区旅游等空间开敞型的旅游组织方式，进行制作过程现场展示、专业人员讲解、亲自体验手工艺制作、与手工艺人互动交流等动态性的旅游体验活动。三是利用现代科技，开发广州非遗资源，构建虚拟世界旅游项目。如在博物馆、展览馆或特定景区，运用VR等虚拟技术，让游客进入虚拟的、叙事性的旅游空间，体验五羊传说、迎春花市、波罗诞等广州民间文学、民俗等方面的非遗文化。此外，还可开展游学参观、文化体验、古村活化游、定制主题游等旅游服务，为非遗爱好者们提供互动和交流的平台。

制定差异化的体验式非遗旅游规划。根据广州各区及各旅游景区的非遗特点，确定其核心非遗元素，提高其旅游辨识度，锁定特定的游客群体，有针对性地设计个性化的旅游产品，打造具有鲜明的非遗主题特色的旅游模式。以广州2017年公布的九大商旅文融合重点功能区为例，西关文商旅活化提升区可围绕"三雕一彩一绣"提炼体验式非遗旅游的主题项目，如以西关大屋和运用广绣技艺制作的龙凤裙褂婚服为特色的传统婚礼体验、传统手工艺体验等活动；黄埔海丝之路文化旅游商贸合

作区，可以该区特有的扒龙舟民俗活动等定位其非遗旅游的主题，如参与扒龙舟体验活动等（见图 5-9、图 5-10）。

图 5-9　钉金绣裙褂
（图片来源："广州非遗"公众号）

图 5-10　扒龙舟
（图片来源：百度图片）

（2）鼓励创新，提升非遗旅游纪念品开发水平

鼓励有创意的非遗旅游纪念品申请外观设计专利，加强对非遗旅游纪念品的知识产权保护。组织非遗旅游纪念品创意设计竞赛，发掘优秀创意和创意人才。对优秀的创意人才，为其提供创业条件；对优秀的创意，可帮助联系相关企业或机构将其创意转化为非遗旅游商品。将非遗旅游商品的推广与历史文化旅游线路相结合。运用微信等新媒体、新技术手段，让游客通过扫描非遗旅游商品包装或说明上的二维码，进入一个既具有岭南文化特色又能为不同文化背景的人所理解的声、影世界，丰富和创新广州非遗文化的体验方式。

（3）取长补短，建立非遗保护部门与旅游部门的合作机制

非遗旅游线路的开发和推广方面。出台政策，鼓励旅行社与非遗保护部门合作，共同开发非遗旅游线路，提升旅行社产品的文化内涵，促进广州非遗的传播和传承。例如，广州非遗中心目前策划的西关十三行非遗体验游、南沙区水上居民非遗游等非遗旅游线路，既可以通过旅行社进行单独推广，也可以融入旅行社的常规旅游线路中。非遗保护部门还可利用专业和

资源优势，根据旅行社的需要，为旅行社设计非遗旅游线路，提供非遗资源，共同开发深层次的非遗旅游产品。

建立文化旅游与非遗保护的反哺机制。在非遗保护部门与旅游部门合作开发非遗旅游产品的基础上，出台政策，规定将非遗旅游收入中一定比例的资金用于建立市非遗保护工作专项基金，形成广州文化旅游产业和非遗之间的优势互补和互动发展，从而促进非遗与文化旅游产业的融合发展。此非遗保护工作专项基金的利用，应向基层非遗保护部门倾斜，鼓励基层非遗保护部门培训社区居民的非遗保护、推广、传承意识和能力，提升社区参与规划和开展非遗旅游的水平。

（四）创新体制机制，推动文艺创作生产向高峰迈进

习近平指出："文艺是时代前进的号角，最能代表一个时代的风貌，最能引领一个时代的风气。"1979年广州东方宾馆开设国内第一家音乐茶座，成为新中国文艺改革发展的一个重要标志。改革开放40多年来，广州文艺园地百花竞放、硕果累累，呈现出繁荣发展的生动景象，为广州的发展提供了源源不断的精神动力。2014年10月15日召开的中央文艺工作座谈会上习近平同志强调，"改革开放以来，我国文艺创作迎来了新的春天，产生了大量脍炙人口的优秀作品。同时，也不能否认，在文艺创作方面，也存在着有数量缺质量、有'高原'缺'高峰'的现象"。"高原"不足也是广州文艺发展的一块短板，在一定程度上削弱了广州的文化影响力。当前和今后一个时期，应切实加强广州文艺精品创作生产，推进广州文艺创作持续向高峰迈进。

1. 健全文艺精品创作生产机制

（1）健全组织协调机制

坚持实施"一把手"工程，统筹整合全市文艺资源，建立广州市文艺精品创作生产联席会议制度，定期召开文艺精品创作生产联席会议，协调全市创作力量，统筹规划、整合资源，合力推动文艺精品的创作生产。

文艺精品创作生产组织协调建设，对优秀文艺作品的产生，要充分发挥以下作用：一是导向作用，以社会主义核心价值观为导向，引导文艺工作者围绕正确的价值目标进行创作，并提供具体指导，使文艺工作者不偏离方向。二是调节作用，统筹资源、配置资源，处理调节各个环节，包括高端决策、机构设置、目标调控、人员安排、障碍排除等，使文艺精品创作生产能够有序进行。三是保障作用，重点强化保障机制建设，通过机制的制度性、规范性、制约性，加强各部门、各要素之间联结，确保文艺精品创作生产落到实处。

（2）搭建与上级部门互动沟通机制

强化与中宣部、文化部、中国文联等机构的联络与沟通，经常性邀请中央国家部门及相关专业协会的领导、专家到广州指导工作，提前把握"五个一工程"等项目的创作方向。主动承接中央国家部门及文联、曲艺家协会等专业机构主办的活动及研讨会，以及创作任务。发挥"广州讲坛"等大型论坛作用，邀请国家级奖项评审专家组主要成员赴广州演讲，实地指导广州文艺创作。

（3）健全项目牵引机制

文化领导部门担负着文化发展与繁荣的重任，了解本地文化规划的目标，能从全局出发，对文艺精品创作生产起组织协调的作用。分散的个体的创作者，在不同的创作实践中不可能自动趋同一个方向，但党中央的要求和时代的要求却需要有共同的目标。在这里，文化领导部门就起着重要的引导作用。这是方向性的问题，在这个方向下，可以在内容、题材、门类、形式、传播能量等方面制定课题，采取招标、委托、聘请等方式落实创作者。

一要抓好主题规划。落实好《广州市文艺精品创作三年行动计划（2018—2020年）》，研究制定《广州市文艺精品创作生产五年规划》《广州市文艺精品创作生产五年规划的实施意见》等中长期规划文件。狠抓主旋律创作安排，以3—5年为一个周期，建立文艺作品创作题材库。二要抓好项目策划。抓好创作安排、沟通联络等工作，以精神文明建设"五个一工程奖"和中国文学艺术界12个艺术门类最高奖为主要标准，策划一批高质量精品佳作。三要建立健全项目招投标机制。加强对文艺创作生产选题论证，每年圈定一批重点创作选题向社会发布。对以招标、委托、聘请方式产生的文艺作品，应制定评估制度，由第三方评估，并及时将评估意见反馈给创作者，要求修改完善。四要做好支持与激励。文化艺术创作者大多数是个体工作者，艰苦的脑力劳动需要得到社会和有关领导的支持。对有卓越贡献的文化艺术创作者，有关部门应制定定期或不定期交流制度，了解情况。对于作品优秀、影响广泛的创作者，应给予精神和物质的表彰奖励。特别是创作出具有重大影响的文艺精品的作者，更要大力表彰。

2. 构建精品文艺创作的"四架马车"

根据广州文艺现状与发展愿景，找准突破方向，有所侧重，将有限的优质资源向重点文艺创作项目上倾斜。贯彻落实深化拓展《广州市文艺精品创作三年行动计划（2018—2020年）》，围绕影视、音乐、戏剧、美术四大重点文艺创作工程，统筹安排好创作项目，抓好创作规划，确保推出一批讴歌党、讴歌祖国、讴歌人民、讴歌英雄的精品佳作。

（1）加强影视作品创作规划

优秀影视作品观众众多，社会影响力巨大，具有极强的产业带动效应。广州要以弘扬主旋律、宣传正能量精神、能反映近现代广州波澜壮阔历史的影视作品创造生产为突破方向，发挥珠影集团、南方影视集团、民营影视公司等省内龙头影视企业的作用，合力推出兼具社会效益和经济效益的影视精品。强化与国家、省及其他省市广播电视台合作，面向社会和高校开展互联网影视作品征集活动，打造国内具备完整互联网影视孵化和产销模式的大型文创活动。在人才培养培训、项目孵化创投等方面形成合力，重点培育本土青年影视创作人才、完善广州地区影视产业生态、孵化优秀剧本，培育南中国的影视创作中心。

（2）培育音乐龙头品牌

以落户广州的"金钟奖"为龙头，以提高广州市原创音乐为目的，引进优秀音乐人才，完善音乐创作、制作和宣传推广机制。形成音乐产业的完整链条。打造音乐工程，重点引进一批优秀音乐人才，完善音乐创作、制作和宣传推广机制。恢复20世纪90年代曾有的音乐产业的完整链条，推动广州成为国内盛产优秀原创音乐的重要城市。未来几年，围绕改革开放40周年、新中国成立70周年、全面实现小康、建党100周年等多个重要时间节点，汇集国内优秀创作力量，征集优秀主题歌曲创作，加大宣传推广力度，创作推出一批代表广州、广泛传唱的优秀歌曲。

（3）强化戏剧作品生产

继续发挥市属文艺院团在戏剧作品创作生产的主力军作用，按照"规划一批、储备一批、实施一批、推出一批"的思路，以中国梦、社会主义核心价值观、"一带一路"、改革开放等重大主题和重大活动为创作重点，做好舞台剧目的创作规划。创新资金投入方式，探索以创作基金、扶持资金等形式，搭建文艺精品创作生产资助平台。打造舞台精品，贵在高标准、严要求，提倡精耕细作，鼓励艺术创新，提升原创力，借助国内优秀创作力量，深挖本地题材，讲好广州故事。

（4）繁荣美术事业产业

广州有岭南文化中心的深厚土壤，有岭南画派的特色优势，拥有实力雄厚的美术队伍，有创新发展的时代氛围。定期组织本市美术家开展深入生活主题实践活动，推动重大主题创作，集中优秀创作骨干，重点抓好社会主义核心价值观题材、改革开放和创新发展题材、重大革命和历史题材的美术创作。鼓励美术名家创办艺术工作室，开展绘画教育和传播活动，从业余作者和在读高校学生中发掘美术人才。探索搭建美术创作产业平台，鼓励以美术院校、美术大师、龙头企业为依托，整合金融、科技、物流、教育、电网及行业组织等各种资源，培育美术产业集群。构建完善的营销平台，办好广州国际艺术博览会、广州大学生博览会等活动，构建成熟规范的艺术经营机构和平台。

3. 创新文艺精品创作生产扶持方式

（1）充分发挥"两金"的引导作用

充分发挥文化事业建设费及宣传文化事业发展专项资金（两金）对文艺精品创作生产的引导和标杆的作用。根据广州城市经济社会发展情况，适当扩大扶持资金规模，形成完善的文艺精品创作生产资金扶持长效机制。

（2）筹措广州市文艺精品创作扶持资金

制定《广州市文艺创作奖励扶持办法》，用好广州市文艺精品创作专项资金。逐步建立文艺精品创作前期扶持、中期管理、后期奖励的资金保障机制，形成文艺创作主体全开放、扶持对象不设限的立体式资金保障模式。建立公平透明开放的资金扶持渠道，不论体制内外、不论投资主体、不论投资规模，在资金、政策上都一视同仁。坚持政府行为与市场机制相结合，坚持社会效益与经济效益相统一，在主体培育、题材规划、机制建设、资金保障、人才培养等环节探索出行之有效的路径，汇集全社会的创作力量，催生一批思想精深、艺术精湛的文艺精品。

（3）拓展资金来源

除政府财政资金投入之外，探索建立多元创作投入机制及剧目招商机制，鼓励和组织社会力量以投资、捐赠等形式参与文艺精品文艺创作生产。强化对国家文化政策、中央文化宣传部门关于文艺创作思路的研究，争取中宣部和文化部创作项目，争取中宣部、文化部等机构的资金配套。

4. 强化人才队伍和团队建设

（1）建立名师名家工作室制度

一要建立一批艺术家工作室，重点培养扶持广州市入选全国宣传文化系统"四个一批"、省"特殊支持计划"获得者，国家常设性文艺大奖的获得者及获奖作品主创（编剧、导演、舞美设计、主演）、第一完成人，省常设性文艺奖项获得者等。二要建立一批老艺术家工作室，充分发挥老艺术家传帮带作用，以师傅带徒弟的形式，培养青年艺术人才，培养濒临失传的特殊艺术人才。三要建立一批艺术大师工作室，聘请引进顶尖文艺大家，以传授技艺的方式，培养文艺人才、指导文艺精品创作、推进对外文化交流。

（2）实施高层次文艺人才引进工程

支持市属文艺院团从高校引进编剧、导演、音乐、舞美设计、市场营销等专业高层次人才，从省内外国有文艺院团中引进具有高级专业技术职称的艺术人才或领军人才，特别是国家常设性文艺大奖的获得者，以及45岁以下青年才俊。

（3）实施青年英才扶持计划

深入贯彻落实《广州市优秀文艺人才培养扶持计划（2017—2020年）》，加大资助力度、改革资助方式，注重创作项目资助和绩效考核。继续支持开展"广州国家青苗画家培育计划""广州市戏剧创作孵化计划"等青苗文艺人才孵化项目，并将相关培育经验扩展实施到其他艺术种类。开展艺术幼苗培养计划，联合艺术院校联合培育一批艺术种子。支持优秀青年艺术人才拜师学艺，跟随国内艺术大师学艺。资助青年文艺工作者在国家级艺术类刊物上发表音乐、舞蹈、戏曲、曲艺、文艺评论等作品。

（4）实施在职人才培养深造工程

从广州市属文艺院团中挖掘具有发展潜力的优秀青年艺术骨干，选派到中央戏剧学院、中国戏曲学院、上海戏剧学院等省内外高等院校，或中直艺术院团以及省内外先进艺术团体学艺培训。用两年时间，培养20名青年文艺骨干。与中国戏曲学院等建立委托培养战略合作伙伴关系，举办创作、表演、编剧等专业艺术人才高级研修班。筹办广州舞蹈戏剧学院、广州大学舞蹈戏剧学院或者中央戏剧学院广州继续教育学院。

（5）实施创作演出团队扶持工程

对于参加由省文艺家协会以上机构牵头组织的展演剧目、汇演剧目及个人专场演出，给予不同档次的补助、资助。大力支持市属艺术院团参与"一带一路"文化交流，赴"一带一路"国家和地区及其他境外中等以上发达国家举办舞台剧目或综艺节目交流展演。支持市内艺术家积极参与省文化厅、省文联以上级别机构主办的作品或个人研讨会等活动。充分发挥文联作为"艺术家之家"的功能，集聚创造创新力量，打造文艺创造骨干队伍。实施青年艺术团队品牌提升计划，支持"净心堂"等青年团队的品牌化建设。制订民间文艺团队孵化计划，开展新文艺组织、新文艺群体的调查摸底工作，建立体制外文艺人才服务网络，探索促进体制外文艺团体健康发展的新方式。

5. 深化市属文艺院团（企业）体制改革

习近平总书记指出："要尊重文艺工作者的创作个性和创造性劳动，政治上充分信任，创作上热情支持，营造有利于文艺创作的良好环境。"

（1）巩固"转企改制"成果

要在2009年市属文艺院团（企业）体制改革的基础上，建立健全各项现代企业制度，完善理事会制度，推行艺术专家委员会、艺术总监工作机制，形成院团艺术创作科学决策机制。要从健全内部管理运行机制、优化精品创作机制、完善人才支撑机制和强化综合保障机制等方面着手，增强院团（企业）的积极性、主动性、创造性，推动市属文艺院团（企业）文艺创作演出再上新台阶。

(2) 全面推进"三项"制度改革

全面推进劳动、人事、分配三项制度改革，既要考虑特殊性实行"一团一策"，也要寻求最大公约数，为文艺院团（企业）重组保留空间。要重点推动文艺院团（企业）内部分配方案改革，推行"艺衔制"，强化院团艺术和技术岗位职务序列改革。重点向顶尖业务人才倾斜、向一线演职人员倾斜、向艺术周期较短的特殊岗位倾斜，形成"多劳多得"的绩效导向。

(3) 优化文艺院团（企业）的考核指标结构

要强化政府对文艺院团（企业）的考核与管理，根据市属文艺院团（企业）的共性特征和个性特点，按照"基本要求＋引导性要求"制定"基本指标＋引导性指标"，形成考核指标体系，改变目前一些文艺院团（企业）基本不考核的状况。政府对文艺院团（企业）的投入，要与上一年度的单位考核结果挂钩。基本要求和基本指标，针对的应是院团（企业）的基本工作和基础性工作，体现政府考核的统一性以及政府对院团（企业）的刚性要求。引导性要求和指标，体现的则是各院团（企业）的特色与不同侧重面，使考核更具针对性和灵活性，更符合不同艺术门类的自身特点和发展规律。

(4) 开展文艺院团（企业）重组计划

要借鉴上海、江苏、重庆等城市经验，整合市属文艺院团（企业）、场馆、广电新闻出版单位等资源，组建演艺集团。破解文艺院团（企业）、场馆条块分割、资源分散、"小而全"、"散而弱"等问题，推动文艺院团（企业）、场馆等共建共享资源平台、演艺渠道、市场营销渠道，实现文艺人才合理流动和优化配置，全方位推动演艺产业集约化、规模化、国际化发展。要搭建以演艺集团为母公司，所属院团（企业）和其他经营单位为子公司的母子公司框架体制，同时成立演艺中介子公司，搭建演出院线体系和互联互通的演出票务系统。联合进行艺术创作演出和演出经销，演艺文化衍生产品的开发和销售，音像出版和发行，舞台美术、服装、灯光和音响设计制作，主办和承办各类大型艺术活动。待条件成熟之后，可以进行股份制改造，打造跨所有制、跨业态的大型演艺集团公司。

6. 推进文艺市场建设

（1）重视市场的力量

完善文化经济政策，大力发展文化金融，探索文化＋科技、文化＋旅游、文化＋电商、文化＋创意等发展路径。充分发挥广州中国音乐金钟奖等各类艺术节庆、国家音乐产业基地等国家级艺术平台、文化产业平台的作用。充分利用广州艺术院校、文艺团体众多的优势吸纳各类文艺人才。把握文艺产品的商品属性，重视市场的力量，推动精品创作走市场化、产业化道路。壮大文化产业园区，完善服务体系，加大财政投入，做好院团体的经营管理与机制改革。充分调动民间的创作力量，为民营资本投入精品创作生产搭建桥梁，不断走宽政策引导、社会参与、市场运行的文艺精品创作生产路子。

市属院团探索演艺产业链商业运作模式，破除市属文艺院团共建共享演艺渠道、资源平台的体制障碍。全方位推动演艺产业集约化、规模化、国际化发展。

（2）扩大提升文化消费

利用广州作为首批国家扩大文化消费试点城市契机，推动"广州市文化消费积分通"计划，通过政府采购、消费补贴等途径有效拉动文化消费。积极推动大型文化消费活动。以群众参与、惠民利民、引导消费、扩大市场为主题，将广州艺术节、中国（广州）国际演艺交易会、广州国际艺术博览会、中国（广州）国际纪录片节，以及众多的群众文化活动，整合成广州文化嘉年华、群众的文化节日和文化消费场，加大惠民力度，鼓励市民文化消费。

7. 构建文艺交流与合作机制

（1）创新省内合作机制

一要强化院团与剧场合作，发挥市属院团历年获奖精品剧目和经典剧目实体内容优势，结合广州地域文艺演出阵地资源，形成以广州大剧院、星海音乐厅为代表的高端演艺场馆和中山纪念堂、友谊剧院、省演艺中心为代表的中端演艺市场惠民矩阵。二要强化与影视企业合作，发挥珠影集团、南方影视集团、民营影视公司等省内龙头影视企业的作用，合力推出兼具社会效益和经济效益的影视精品。实施"新锐互联网影视青创计划"，构建与广东广播电视台合作机制。三要与中国音协、星海音乐学院、星海演艺集团等合力打造广州星海国际音乐季等大型品牌活动，助推广州由音乐之城迈向音乐之都。

（2）推动市属院团与中演院线签约合作

联合挖掘国内外文化资源题材，共同创意编排、联合打造具有一流艺术水准和国内外行业影响力的特色剧目。共同开发国内外演艺市场，协同开展已有演艺产品的改编和提升。联合新创演艺产品的国内外推广、巡演工作，加强信息和资源的互通共享。

（3）拓展广州大剧院与"丝绸之路剧院联盟"的合作

充分发挥广州大剧院加入拥有21个国家56个成员的"丝绸之路剧院联盟"的机会，加强与"丝绸之路"沿线剧院在剧目制作、人才培训、资金筹备等方面的深度交流和合作，实现优质资源互换和共享，搭建沿线剧院交流和合作的平台。

（4）打造高端文化传播交流平台

多方位构建既有"岭南风格"又有"国际气派"的国际文化交流平台。重点推进与"海上丝绸之路"主要城市、广州友好城市、世界文化名城之间的交流合作，利用好国际航线大会、国际港口大会、世界财经媒体论坛等城市文化传播平台，举办或者联合举办一批国家级、国际化的文化交流活动，重点推出广州原创作品。主动借助中宣部、文化部、中国文联等对外文化交流活动的契机和平台，输送本地文艺精品对外交流演出，传播岭南文化，推进城市文化的国际影响力显著提升。

（五）民心相通，推进广州文化在交流融合中发展

传统文化的传承发展需要广泛吸纳、融汇一切外来优秀文化成果。习近平总书记明确指出：文明之间要对话，不要排斥；要交流，不要取代，因为人类历史就是一幅不同文明相互交流、互鉴、融合的宏伟画卷。文化传承尤其需要以客观包容的态度对待外来文化，尊重各种文明，平等相待，互学互鉴，兼收并蓄。扩大对外文化开放交流是促进优秀传统文化传承交流、提升城市软实力的重大机遇，客观上有利于本土文化广泛吸纳、融汇一切外来优秀文化成果，发挥文化创新高地作用，构建文化创新网络，引领区域内的文化传承与合作。广州应主动对接国家推进21世纪'海上丝绸之路'建设三年行动计划，积极参与"海上丝绸之路"城市联盟建设、友好城市建设，搭建"海上丝绸之路"人文合作重要平台，通过文化交流、文化传播、文化贸易三种方式，逐步建立"政府引导、企业主体、市场运作、社会参与"的对外文化交流机制，达成全方位、多层次、宽领域的"21世纪'海上丝绸之路'人文合作工程"愿景。

1. 构建多层次、宽领域的中华文化走出去格局

（1）以友城为桥梁，加速启动民心相通工程

友好城市掀起于"二战"结束后的欧洲，经各国数十年来的实践推广，目前已经成为各国城际交流合作、增加友谊的重要平台。自20世纪80—90年代开始，广州先后与亚洲、美洲、欧洲、非洲及大洋洲43个国家59个城市建立友好城市关系或友好合作交流城市关系。随着友城关系的深入发展和对外交往的日益频繁，广州与当地官方或民间组织和机构逐步建立了良好的长效沟通机制。今后在积极参与国家文化外交活动的同时，应主动对接国家整体外交战略和广州对外经贸合作趋向，借助友好城市的桥梁作用，探索建立友城间跨领域、跨地区的文化信息共享机制和城际交流联动机制，确保友城及相应的文化机

构在文化信息整合及交流合作业务系统的互联互通，逐步实现友城间文化交流、文化合作信息的有效共享。在构建上述信息共享与合作基础上，有步骤地引导广州本土优秀文化项目参与国家文化交流重点项目（如中国文化年、"欢乐春节"等），参与跨国文化组织的交流合作计划，开启一条21世纪"海上丝绸之路"广州文化走出去请进来的便捷通道。

（2）开启文化交流的蓝色通道（南太平洋岛国、东盟、东非洲国家）

鉴于"海上丝绸之路"建设过程中广州的重点发展方向和承担的国家使命，今后应每年定期选择若干重要城市举办广州文化周，在交流内容方面有所侧重。为兼顾广州海上丝路蓝色通道建设过程中承担的国家使命，建议在巩固传统欧美文化交流区的基础上，近期以南太平洋岛国、东盟、东非洲国家列为重点交流地区，稳步开拓蓝色海洋交流通道。做好交流规划，组织学术机构、文化院团和文博单位，精心策划一批具有广州特色、国际表达、创意融合的对外文化合作项目，如主题文物展览、美术书法展、"丝绸之路"非遗展、"丝绸之路与广州"专题论坛、"一带一路"国际音乐季、电影节等，通过这种城市间的多边交流、联合出品及互派巡演等形式，增强国际观众的参与和互动，拉近文化心理的距离，为"一带一路"建设奠定民心相通的基础。

（3）扩展文化贸易，培育文化交流的市场机制

①借力大型会展全球营销，开启永不落幕的文化交流窗口。文化会展是文化交流的重要窗口，通过文化会展拉动文化贸易有利于增加文化进口国对中华文化的亲切认知，可以最大限度地促进文化交流，是中华文化走出去的重要渠道。广州既拥有一大批著名的大型文化活动展，如广州国际艺术博览会、中国音乐金钟奖、中国（广州）国际纪录片节、羊城国际粤剧节、中国国际漫画节、中国（广州）国际演艺交易会、广州艺术节，

也拥有一批影响广泛的国际经贸活动展,如中国进出口商品交易会、广东21世纪"海上丝绸之路"国际博览会、中国(广州)汽车展览会、广东(广州)台湾名品博览会等大型展会,这些展会经过多年运营推介,其于文化交流、文化贸易领域已形成重大影响力。探索文化对外交流,理应充分利用这些著名展会活动的品牌、资源、人脉和渠道优势,并经充分拓展后搭建成中国独一无二的国际性文化交流平台。建议将全市重要展会作为一盘棋统筹运作,设置专职的管理部门,同时定向委托专业的营销机构,启动广州重大文化交流活动全球营销,扩大城市展会的文化影响力。

②对接海内外高端贸易展会,本土文化借道走出去。以广交会所在地的琶洲文创展会为试点,发挥广交会既有资源和渠道优势,着力提升全市外向型文化创意产业比重及专业化水平。按照国际一流展会标准,推进琶洲周边楼宇与国际、国内品牌会展机构开展合作,建立琶洲文化展会质量管理体系,形成集文化产品交易、研发设计、创业孵化、信息服务和总部办公为一体的文化创意产业集聚园区和总部经济区。同时主动对接海内外高端文化贸易展会,如美国演艺出品人年会、香港国际授权展、美国洛杉矶艺术展、香港国际影视展、美国洛杉矶电子娱乐产业展示交易博览会、芝加哥国际艺术博览会、德国科隆游戏展、德国法兰克福书展、戛纳秋季电视节等专业高端展会等,打通境内外合作通道,既把国内优秀的文化项目、产品及企业及时推送到国际市场,同时也大开门户,将当代最前沿、最时尚的文化产品、文化成果引进来。

③设立文化保税区,助力文化走出去。当前国际文化产品交易市场的竞争异常激烈,传统的交易市场如电影节、艺术节、博览会、拍卖会等已不能满足国家间文化贸易竞争的需要,设立保税区、免税区已成为保持文化贸易竞争优势的重要选择。发达国家和城市如瑞士、伦敦、纽约、新加坡都已建设了一定

规模的文物艺术品的保税区,中国的北京、宁波也已分别着手规划建设各自的文化保税区、出台相应的"免证、免税、保税"政策。建议广州抓住南沙新区设立国家自贸试验区的战略机遇,先行先试,探索设立文化保税区(国家级对外文化贸易基地),发挥其国际商品中转集散功能,吸引一大批具有一定国际影响、行业带动力强的外向型文化企业和机构(演艺、数字内容、艺术品及授权产品、工艺美术品、文化旅游、创意设计、电子出版物等)进驻,在强化其文创产品全球交易功能的同时,使保税区成为中华文化产品走出去的快捷通道。在具体运营方面,除了为境内外企业提供全程保税、快速通关、自由中转等一系列的政策支持和优惠服务外,建议借鉴香港艺术展免税运作的经验,去除文化执照要求和进口许可证等政策,为艺术品投资机构、博物馆、美术馆、艺博会、画廊、国内外拍卖行、海内外藏家等提供国际艺术品交易环节的一揽子专业解决方案和配套物流服务,使艺术品交易更加便捷自由,并由此形成南沙文化产品交易服务的全产业链集聚区和辐射全球的新型文化交易中心。

(4)促进文旅融合,加速中国文化走出去

文化与旅游相生共兴,相辅相成。旅游作为当今世界最广泛、最大众的民间文化交流传播方式,可以创新文化形态,丰富文化内涵,开阔文化交流视野,历来是展示文化特色、传播文化精神、推进不同形态文化间交流融合的重要载体。正因为旅游具有强大的文化交流功能,世界上一些著名的文化都会如纽约、东京、巴黎、香港往往成为最重要的旅游目的地,其旅游与文化高度融合,旅游产品彰显文化精粹,旅游的跨文化吸引力超强,从而赋予旅游产业极强的生机与活力。面向21世纪"海上丝绸之路"的文化融合之旅,广州应在文化旅游领域积极谋划,找准切入点,通过项目带动,将新型旅游通道打造成跨地域民间文化交流的重要渠道。

①以南沙邮轮母港为基地，建成中华文化走出去的海上国际门户。邮轮旅游在民间文化交流领域具有很强的带动能力。数据统计显示，中国邮轮产业自2006年起步，10年来发展迅猛。2006年全国港口接待邮轮115艘次，2015年已经达到629艘次，增幅达447%，年均增长23.7%；乘坐邮轮出境的中国游客从2006年的2万人增长至2015年的111.21万人，增幅达5460.5%，年均增长65.2%。中国已成为仅次于美国的全球发展最快的邮轮旅游市场。广州的南沙邮轮母港，按照规划设计将建成集大型邮轮母港、航站楼、一线海景住宅、公寓、商务中心及高端免税商城于一体的大型城市综合体，建成后将成为广州的海上国际门户。建议提升南沙邮轮母港综合配套服务功能，突出南沙邮轮母港国内首个公共对外开放码头特性，赋予邮轮项目跨境文化交流属性，除了引入高端餐饮、免税商城、大众娱乐外，还应引入文化艺术展览和民俗风情展示等文化交流项目，使其作为一个大型公共地标的同时，也为国内外游客提供一个友好宽松的跨文化海上交流平台。

②探索开辟南太平洋、印度洋及环球海上文化旅游新通道。在稳固既有的旅游航线基础上，应以强大母港为支持，进一步探索开辟南太平洋、印度洋及环球海上旅游项目，增进航程航次，增加旅游目的地，突出旅游线路与旅游资源的独特性。努力营造邮轮文化氛围，使游客清晰地将旅游目的地及其文化特质联系在一起，提升消费群体对文化特色的认知。邮轮旅行过程中，旅游节庆活动要以特色文化为主线，注重突出文化内涵，通过丰富多彩的文化活动，使游客充分感受到邮轮产品所包含的信仰、知识、艺术、语言、风俗、历史、传说等文化要素，不断提升海上旅游的文化影响力。

（5）畅通多元化建设渠道，助力对外文化交流

①加强海内外智库交流，丰富文化交流主体。民间智库在优秀传统文化传承传播方面从来就是一种不可忽略的力量，其

在城市文化形象管理和城市文化精神塑造方面具有重要的人力资源和智力保障，可以为城市文化融入国际社会做出贡献。采纳民间智库的智慧参与国际社会文化交流与合作，这种做法既符合国际惯例，也容易拉近广州与"一带一路"国际城市联系的距离。在具体合作内容方面，可以通过定期举办"广州传统文化与当代中国"论坛、本土文化社团负责人圆桌会议、友城青年文创论坛等活动，增强与海外学界、智库的交流，提升传统文化研究与交流质量。引导民间智库参与海内外交流合作，如互派专家学者到对方学习考察，参与文化交流合作咨询服务，拉动广州地区文博、学术机构与"一带一路"国家的相关机构建立联系，合作开展丝绸之路沿线出土文物的研究与保护，等等。

②加强与国际主流文化机构合作，提振文化交流的影响力。文化交流需注重渠道建设，渠道宽、路径多，才能有更广阔的交流平台和更深入的沟通与合作，对外文化交流也才能更加富有成效。领事机构、国际文化机构、重要社会组织往往是当代世界文化交流与合作的重要组织者及推动者，它们不仅拥有渠道、资金、人才和平台的优势，而且是国际上文化交流合作的重要倡导者，往往具有非同寻常的影响力。应借地理之便，加强与粤港澳及京、沪地区国际主流文化机构的横向联系，着力加强与诸如领事机构、联合国教科文组织等国际知名机构的联系对接。在举办大型文化活动时，主动邀请世界大都市协会、城地组织、UCLG、世界大都市协会的会员城市代表，以及外国驻穗主要企业、商务机构代表和社会各界代表参与活动，优选交流主题，从多个侧面推进跨域文化对话交流。

③加强与本城外国人交流，提升中华文化的濡化功能。广州是中国最主要的对外开放城市之一，作为对外贸易的窗口，来自北美、日韩、欧洲、中东、非洲等地区的外籍人士众多，被称为"第三世界首都"。其中欧美日韩外籍人士主要

聚居于天河北、珠江新城、花园酒店等地区,中东、非洲籍人士聚居于登峰街、小北路及环市东路秀山楼等地方,他们推动了广州的经贸往来、文化交流和科技合作,使广州成为国内外人才的流通中枢和全球重要的高端人才集聚辐射中心。客居广州的外国人社会群体,往往因拥有不同职业背景和跨民族跨文化交流经验,容易形成对广州文化较为深刻的认识。个体性的感受更容易被国际社会关注、接受。加强与广州的外国人群体联谊交流,吸收借鉴他们的见解,既可以弥补城市对外文化交流与文化合作中的一些盲区,也有利于发挥中华文化在跨文化交流中的融合涵化功能。

2. 探索差异化合作机制,增强文化交流合作的全局性、战略性和前瞻性

(1) 建立对外文化工作协调机制

对外文化交流是一项复杂的系统工程,关乎城市管理的方方面面,需要优化体制,逐步形成更适宜的交流机制。尤其需要打破条块分割,形成合力,实现资源共享,拓展对外文化交流的广度和深度。建议优化全市统一协调的对外文化工作机制,建立广州市对外文化工作联席会议制度。通过全市统筹,促进市、区各横向部门之间的联系,形成文化与经贸、文化与金融、文化与教育、文化与旅游对外交流领域全方位紧密合作关系,实现项目资源统筹和信息共享,协调全市文化"走出去"步伐。

(2) 构建差异化合作模式

"一带一路"国家之间存在较大的差异,既有相对发达的国家,也有发展水平较低的国家;既有邦交成员国,也有非邦交国家。这些差异决定着广州在与不同国家合作时面临的问题和挑战不同,需要正视合作模式、合作领域的差异,分类施策,提升合作的整体效果。目前在文化交流领域,可以先在条件相对成熟的城市,探索建立艺术节、电影节、美术馆、博物馆、

音乐创演五大合作机制，具体内容包括组织协调、资源汇聚、版权保护、服务运营等机制构建。通过稳步建立城际文化合作机制，灵活运用现代交流技术和交流媒介，推动各城市在文化遗产保护、艺术创作、文化旅游等领域的合作。在"一带一路"合作共享组织框架中，签订具有约束力的文化交流合作协议，推动城市间文化交流。

（3）编制广州—"海上丝绸之路"国家文化交流一揽子行动计划

拓展与21世纪"海上丝绸之路"国家文化合作，需要与广州的国际化战略统一起来协调思考。在充分评估城市文化交流与文化产业合作发展基础的前提下，通过总结海上丝路文化交流经验，增强对外文化交流合作的全局性、战略性和前瞻性。研究制定中长期文化交流规划，合理编制文化交流、传媒合作、人才培训、法律咨询服务一揽子交流行动计划。优先试点在每年5月21日"世界文化多样性促进对话和发展日"启动城市文化合作论坛，通过举办各类文化跨境论坛，逐步形成"一带一路"国际性文化交流合作平台。深化在文化市场、文化项目、文化人才、文化信息等多方面合作，有针对性地培育一批精品项目，构建多层次交流网络。我们认为，面向21世纪的"海上丝绸之路"其实就是一条作为开放、交流、融合的文化通道，它体现了政治上的共存、经济上的共荣以及文化上的互动特征，实施广泛的交流合作，将为广州参与全球化进程打开全新的多元文化视界。

（4）开展广州—"海上丝绸之路"国家文化合作专项调查研究

整体来看，有关与"海上丝绸之路"国家合作的各项调查研究多数还停留在宏观和概念层面，缺乏深入细致的分析，远未形成具有较强国际影响力的研究成果。今后需要组织专业力量开展更加深入的调查，充分发掘国内外智库的智力资源，为广州—"海上丝绸之路"国家合作提供更强的智力支持。近期可以由文化、外事部门牵头，组织科研院所、外贸、海关等相关部门形成课题小组，编撰"海上丝绸之路"国家文化贸易咨询报告、"海上丝绸之路"国家知识产权概况与管理体系等专项报告，主要研究内容应包括当地政治、经济、文化习俗、贸易政策、市场准入、技术标准、知识产权等，为参与"海上丝绸之路"国家文化合作的机构提供智力支持。

（5）组建广州—"海上丝绸之路"国家文化合作专家顾问小组

在广州参与"一带一路"工作建设领导小组的基础上，以文化、外事、贸易部门为基础，筹建相对独立的专家顾问小组，其成员主要由国内外研究"一带一路"的权威专家、知名企业家和熟悉广州对外合作情况的知名人士、媒体代表参与。建立并完善其工作制度，包括沟通协调制度、调研督查制度和联络员制度，做好咨询小组的工作计划及资金与人力资源保障。通过建立与沿海城市在海上丝路建设方面的信息沟通渠道，深入开展调查研究，统筹安排各项政策咨询、意见征集的综合协调工作，切实发挥咨政建言、增进理解、促进合作等重要功能。

五 保障措施

（一）构建良好的文化生态环境

一要积极宣传推广。文化传承发展需要有良好的生态环境，应积极利用党报党刊等宣传阵地，依托移动互联网等新兴媒介，引导创作、提高审美、引领风尚。加强和改进传统文化传承发展工作，应始终把握正确舆论导向，以社会主义核心价值观引领文化传承，旗帜鲜明地表达党的文化立场、文化方针，在开展具体的文化传承行动中，倡导真善美，贬斥假恶丑。

二要营造宽松和谐的文化传承环境，吸引广大市民参与各项文化传承活动。如利用公共图书馆、文化场馆、纪念场馆、社区文化中心等公共文化阵地，增加市民参与传承体验和互动内容，传播广府文化传承信息。通过岭南公益行广告、羊城微电影征集大赛、广府文化论坛等形式，创作一批富有地域特色、形式生动多样的文化传承作品。结合广州传统民俗节庆、重大纪念日等节点，创办广府文化发展论坛，营造千年商都、历史名城浓厚的文化氛围。

（二）加强文化传承的组织保障

一要高度重视文化传承工作。市委、市政府要从坚定文化自信、坚持和发展中国特色社会主义、实现中华民族伟大复兴的高度，发挥统揽全局的主导作用，统筹协调全市各区、各基层社区的文化传承工程活动，切实把中华优秀传统文化传承发展工作摆在更加突出的位置，列入重要议事日程，并作为党政"一把手"工程，纳入经济社会发展的总体规划和考核评价体系，为广州培育世界文化名城提供有力支撑。

二要精心组织全市重点传承项目。建立健全市委统一领导、党委宣传部门组织协调、行政主管部门具体实施、有关部门密切配合、社会力量和人民群众积极参与的文化建设领导体制和工作机制，形成齐抓共管、各方参与的文化发展新格局。

三要形成推进合力。全市各区、各职能部门应加强横向协调，充分发挥部门职能作用，在政策衔接、标准制定和组织实施等方面整体设计、协调推进。积极推进传承方案实施，完善传承工作机制，把各项重点工程、重点项目落到实处。将文化传承的主要工程及相关任务纳入年度计划，明确责任人和进度要求，定期开展文化传承工程实施的督促指导和检查考核，使文化传承项目的责任落实到位、工作推进到位，充分释放文化发展活力，推动全市优秀传统文化传承工作不断取得新进展新成效。

(三) 构筑文化传承的财力支撑

加大文化传承工作的财政支持力度，完善文化传承工程所需的物力资源配套，优化文化传承工程的金融支持政策。

一要加强经费保障，将文化传承及文化交流纳入市、区两级财政预算，强化财政支持在文化传承资金体系中的主导地位，同时整合现有相关的公共文化专项资金，优化经费保障、管理和使用，逐步提高财政资金使用效益。

二要逐步增大资源保护和文化设施建设投入，加大对全市重要文化遗产资源保护利用设施建设的支持力度，有所偏重地支持一批标杆性文化传承发展重点项目。坚持文化传承项目经费、传统文化设施基本建设资金随着本市国民经济的发展逐步增加。

三要强化产业引导，加大城市文化遗产及相关的文化创意产业引导力度，制定相关配套扶持政策，灵活运用货款贴息、项目补贴、培训补贴、后期奖励等多种形式，完善投融资服务体系及交易平台建设，引导社会资本向文化、会展、旅游等创意产业渗透，形成若干辐射强劲的创意产业集聚园区，壮大产业规模。

(四) 探索文化传承的社会参与模式

推进文化传承发展，需要激发市民活力，拓宽社会力量参与渠道，充分发挥社会组织的活力，培育"政府主导+社会参与+市场配置"的文化遗产传承模式，形成以市民为主体、具有开放性、多元性为特点的优秀传统文化传承体系。

一要探索制定《广州城市优秀传统文化传承发展公众参与办法》，明确公众参与的业务范围、参与形式、参与程序。凡涉及文化传承的项目如历史城区内规划编制、项目开发、历史建筑修缮、商业网点布局、名城保护活动策划，以及日常监督等都应列入公众参与范围,在参与程序上则应覆盖信息搜集、编制规划、规划的审议和批准等所有阶段。将公众参与上升为实施优秀传统文化传承项目的制度性程序,公众意志才能自然融入文化传承规划决策与传承保护行动的体系中。

二要搭建网络化公众参与平台。灵活运用公众意见调查、专家意见咨询、座谈会、论证会、听证会等参与方式进行公众意见收集,同时建立覆盖全城的数据化、智能化、多样化的广州传统文化传承网络平台,推动文化遗产管理、保护、活化方式的全面数字化,实现传统管理与网络参与的高度融合。试点以部分历史文化街区为单位,建立文化遗产保护微信服务平台,拓宽政府、社会互动渠道。每年分阶段策划优秀传统文化传承专题宣传,汇集、整合亮点突出、条件成熟的新闻点,主动邀请专家名人作网上专题采访。这样的平台还有助于政府部门做好各类文化遗产监管、传承活化信息的网上收集和反馈工作,形成常态长效的反馈机制,有利于提高市、区、街道办和社区居民的联动能力。

三要加大对社会组织参与文化传承发展的财政支持力度。建议以越秀、荔湾两区为试点建立公众参与的引导(财政)补贴机制,资助内容可以根据参与、投入、运营和效益的不同层面给予具体安排。比如对新登记成立的公益性文化传承发展组织由财政给予一次性开办费补贴5万元,并给予办公场地补贴和用人补贴。对于市民利用历史城区内的老旧厂房、批发市场、废弃用地、仓储用房、老旧民宅等建设博物馆、图书馆、文化馆、展示厅、美术馆、文体活动中心等文化设施,或参与营造历史名城的文化氛围,可以借鉴香港经验,根据服务数量和质量情况给予当事人一定的运行补助。对于组织公众参与的大规模民俗文化传承活动,可以根据活动项目投入额、社会影响面和市民受惠度等给予组织者一定的奖励资金。

（五）完善传承项目的绩效考核办法

一要建立行之有效的长效考评、反馈评价与经费使用监控机制，注重效果评价。通过完善绩效评价指标体系、实施建管用并重等措施，加大效能指标权重，引导政府和公共文化服务机构切实提升文化传承的社会效益。

二要推广实施独立的第三方绩效评估，加大文化传承工程实施过程中群众满意度测评方式的应用，将参与文化传承项目的法人机构、文化设施和文化服务项目纳入绩效评估范围。重点对文化传承发展项目的活动组织、运营管理、财务绩效（如资金使用情况、资源利用效率）、公众满意度及服务规范进行评估，确保政策落实到位、公众参与到位和项目推进到位。

三要强化对绩效考评结果的运用，通过加强考评结果的有效传递与反馈，一方面可以推动文化行政部门提升文化治理能力，推动文化传承发展项目实施机构及时优化服务；另一方面可以建立文化传承发展项目承接主体的服务信用档案，逐步形成诚信奖励、失信惩戒的长效机制，从而使绩效考核结果与项目实施单位绩效紧密挂钩，进一步强化组织的激励约束机制，提升文化传承项目实施机构的工作效率。

（执笔：曾德雄、贾云平、陈文洁、梁礼宏、陶乃韩、彭颖）

第六章 面向"一带一路"的广州对外文化交流合作

一 面向"一带一路"的广州对外文化交流合作的背景和意义

(一)面向"一带一路"的广州对外文化交流合作的背景

1. 全球化趋势与本土文化的危机

马克思在《共产党宣言》中曾指出,"资产阶级,由于开拓了世界市场,使一切国家的生产和消费都成为世界性的了","物质的生产是如此,精神的生产也是如此"。[①] 生产力的总体提升和科学技术的进步,加速了资本的流动和世界各国之间的交往。现代化与全球化已成为当今世界最重要的发展趋势。一个国家或地区的现代化,主要意味着科技进步、农业发展、工业化和城市化,从而获得西方工业化社会的某些特征。因此,由现代化所催生的全球化必然具有西方主导的特征。全球化不仅体现在经济方面,也体现在文化方面。全球化、信息化的深入发展,打破了不同文明之间交流的时空障碍,极大推进了世界各文明之间交流的规模、深度和频率。在此过程中,西方国家凭借其强大的资本、贸易、技术和文化产业等优势在全球广

---

① 《马克思恩格斯文集》第2卷,人民出版社2009年版,第35页。

泛开展文化渗透和文化扩张，从而使得在国际文化交流中，西方文化对发展中国家和地区的文化形成巨大的"文化逆差"，导致世界文化日渐趋同质化、西方化。

文化全球化作为当今最重要的文化现象之一，对世界文化特别是发展中国家的文化正在产生不可忽视的影响。以语言为例，联合国教科文组织最新发布的《濒危语言图谱》显示，全世界有7000种语言，其中一半以上将在21世纪消亡，80%—90%将在未来200年灭绝；平均每两个星期就有一种语言消失。这反映了发展中国家本土文化在全球化趋势下所面临的普遍危机。本土文化维系一个国家和地区的精神纽带，是实现民族文化认同感、自豪感和安全感的源泉。作为一个国家和地区的"根"和"魂"，本土文化被侵蚀、同化以至于生存发展空间受到挤压，势必威胁到这一国家和地区的文化自主性和文化安全，使其文化向心力和凝聚力受到不同程度的削弱。广州地处中国改革开放的前沿，历史上又得风气之先，与其他国家和地区交流频繁；既经济发达，工业化、城市化水平较高，又常受外来文化的熏染，现代化与全球化冲击影响本土文化的问题尤其突出，本土文化的认同感和归属感所面临的挑战更加严峻。正是在这一背景下，坚定"文化自信"，坚守本土文化，对广州参与实施"一带一路"倡议、开展对外文化交流合作具有特别重要的指导作用。

2. "一带一路"倡议推动文明交流互鉴

面对当前全球化的弊病以及国际上"逆全球化"的思潮，中国提出"一带一路"倡议，提供了重塑国际关系、打造"互信""包容""共赢"的新型全球化的"中国方案"。2013年3月，习近平在莫斯科国际关系学院演讲时首次提出构建人类命运共同体的倡议。同年9月和10月，他在出访中亚和东南亚国家期间，又先后提出共建"丝绸之路经济带"和"21世纪'海上丝绸之路'"的重大倡议，受到国际社会高度关注。2015年3

月,国家发改委、外交部和商务部联合发布《推动共建丝绸之路经济带和21世纪海上丝绸之路的愿景与行动》。目前,"一带一路"倡议已经得到世界上100多个国家或国际组织的参与和支持,与沿线40多个发展中国家签署了协议。联合国报告中将"一带一路"倡议作为可持续发展议程的重要支撑点,对中国在全球发展当中的作用和意义表示肯定并寄予希望。

不同文明交流互鉴,是"一带一路"倡议的重要内容。2014年3月,习近平在联合国教科文组织演讲中明确提出,文明交流互鉴,是推动人类文明进步和世界和平发展的重要动力。2019年5月,他在亚洲文明对话大会开幕式上重申了这一思想。文明交流互鉴,主张文明具有多样性、平等性和独立性,反映了"一带一路"倡议最核心的特性即开放性和包容性,体现了习近平着重强调的"和平合作、开放包容、互学互鉴、互利共赢的丝路精神"。《推动共建丝绸之路经济带和21世纪海上丝绸之路的愿景与行动》坚持以文化交流促进"民心相通",提出了一系列文化交流合作的计划和措施。2019年4月发布的《第二届"一带一路"国际合作高峰论坛圆桌峰会联合公报》进一步提出要"加强人文交流"。

目前,"一带一路"倡议在文化交流合作方面已取得初步成效。元首外交引领人文交流,中国高级别人文交流机制不断创新,先后推动建立了中俄、中美、中欧等8个总理级的高级别人文交流机制。开展中外人文交流的媒介和平台日趋多元,交流合作机制不断创新。与沿线相关国家签署了67个文化交流合作文件,共同举办了20多次国家层面的文化年活动。着力实施"丝绸之路"留学推进计划、"丝绸之路"合作办学推进计划、"丝绸之路"师资培训计划等。与24个沿线国家实现公民免签和落地签,以旅游业带动不同文明间的了解和交流。与53个沿线国家建立734对友好城市关系,博览会、旅游节、电影节、论坛、联合考古等交流活动频繁。通过"丝绸之路国际艺术节"

"'海上丝绸之路'国际艺术节""丝绸之路（敦煌）国际文化博览会"等平台，以及"丝绸之路国际剧院联盟""丝绸之路国际博物馆联盟""丝绸之路国际艺术节联盟"等交流与合作机制，夯实了"一带一路"建设的民意与社会基础。

在"一带一路"推动文明交流互鉴的背景下，随着各领域人文交流的内容、形式和工作机制日益改进，人文交流与合作逐渐融入对外交往各个领域，广州的对外文化交流合作也将得到进一步提升。

3. 粤港澳"人文湾区"建设助力"一带一路"

"一带一路"倡议提出以来，粤港澳三地达成了携手参与"一带一路"建设的政治共识和制度安排。2015年3月，《推动共建丝绸之路经济带和21世纪海上丝绸之路的愿景与行动》提出粤港澳深度合作的愿景："打造粤港澳大湾区""积极参与和助力'一带一路'建设"。同年4月，国务院发布《中国（广东）自由贸易试验区总体方案》，要求"将（广东）自贸试验区建设成为粤港澳深度合作示范区、21世纪"海上丝绸之路"重要枢纽和全国新一轮改革开放先行地"。此后，《深化粤港澳合作推进大湾区建设框架协议》《关于支持香港全面参与和助力"一带一路"建设的安排》等文件初步构建了三地共同参与"一带一路"建设的政府间合作机制。2018年8月，粤港澳大湾区领导小组成立。2019年2月，《粤港澳大湾区发展规划纲要》正式颁布，确立了粤港澳大湾区作为"'一带一路'建设重要支撑区"的战略定位。

"共建人文湾区"是粤港澳大湾区建设的重要内容。粤港澳大湾区以岭南文化为根本，又有各地不同的特色；各地民风相近，文化相通，形成了丰富的人文价值链。《粤港澳大湾区发展规划纲要》强调"坚定文化自信，共同推进中华优秀传统文化传承发展，发挥粤港澳地域相近、文脉相亲的优势"，并从"塑造湾区人文精神""共同推动文化繁荣发展""加强粤港澳青少年交流""推动中外文化交流互鉴"四个方面提出了四项规划要点。这表明,"共建人文湾区",应立足本土文化,既要在湾区内部尤其是三地之间开展富有成效的文化交流合作,更要基于粤港澳大湾区中西文化交汇共存的优势,在"一带一路"对外文化交流与文明互鉴中起到交流平台与文化辐射的重要作用。

文化交流合作,是"共建人文湾区"、将粤港澳大湾区打造成"一带一路"人文交流重要纽带的核心内容。目前,粤港澳三地已正式签署经国务院港澳办批准的《粤港澳艺文合作协议书》,建立了行之有效的文化交流合作机制;每年举办三地文化合作会议,切实推动了在演艺、文化信息、文博、公共图书馆、非物质文化遗产、文化创意产业等领域的交流合作,如三地联动举办"国际博物馆日""粤剧日"和"文化遗产日"活动。又如2006年6月,三地联手成功向国家文化部申请"粤剧""凉茶"列为首批国家级非物质文化遗产代表名录,为今后共同向联合国申遗的工作奠定基础。随着粤港澳"人文湾区"建设的深入推进,三地的文化交流合作势必将大力加强,从而将有力促进广州的对外文化交流合作。

(二)面向"一带一路"的广州对外文化交流合作的意义

1. 广州建设"21世纪'海上丝绸之路'"重要枢纽、助力国家战略的必然之举

广州作为我国通往东南亚、大洋洲、中东和非洲等"海上丝绸之路"沿线国家海上往来距离最近的经济发达的城市之一,承担着"21世纪'海上丝绸之路'"重要枢纽平台的历史使命。2019年2月,《粤港澳大湾区发展规划纲要》赋予粤港澳大湾区"打造'一带一路'建设重要支撑区"的历史重任,广州的区位重要性更加凸显。作为广东的省会城市、国际航运中心和珠三角地区商贸的集散地,广州位于珠三角的中心,面对港、澳,处在粤港澳大湾区A字形结构顶端和中部,在地理上又与内地紧密联系，能够方便地与内地和港澳进行融合，对接内外两种资源，是大湾区里重要的核心枢纽城市。

文化交流合作促进不同国家和文明之间的沟通和对话，有利于凝聚共识、达成"民心相通"和政治互信，是"一带一路"倡议的重要内容。广州作为古代"海上丝绸之路"的起点，有着深厚的对外文化交流的传统和基础，拥有丰富的"海上丝绸之路"历史文化资源，传承了不少与"一带一路"沿线国家、区域共同或类似的文化遗产，如在我国沿海、台、港、澳以及东南亚地区影响深远的妈祖信俗；以及在很多东盟国家或多或少保留着的舞龙舞狮、放花灯、赛龙舟等传统习俗；同时，广州是著名的侨乡，拥有遍布世界各地的华侨华人，在语言文化上有共通性和认同感。作为国家重要的中心城市，发挥自身对外文化交流的天然优势，服务"一带一路"民心相通，是广州建设"21世纪'海上丝绸之路'"重要枢纽的应有之义。

岭南文化是粤港澳大湾区的文化根源。如《粤港澳大湾区发展规划纲要》指出，大湾区九市"文化同源、人缘相亲、民俗相近"，是大湾区合作发展的重要基础。广州作为传统岭南文化的中心地和重要的国家历史文化名城，在大湾区建设中具有天然的文化优势，应该在"共建人文湾区"中起到文化引领作用。《粤港澳大湾区发展规划纲要》明确"支持广州建设岭南文化中心和对外文化交流门户，扩大岭南文化的影响力和辐射力"，对广州在大湾区"打造'一带一路'建设重要支撑区"中发挥文化纽带作用寄予厚望。因此，广州应该充分利用自身在大湾区建设中的区位优势和文化优势，多方位展现岭南文化开放包容、兼收并蓄的特点，大力开展对外文化交流，打造大湾区乃至"一带一路"的"对外文化交流门户"，积极助力国家战略。

2. 广州提升文化软实力、建设国际大都市的重大机遇

2010年颁布的国务院《全国主体功能区规划》，赋予广州

建设国际大都市的重任。2019年2月《粤港澳大湾区发展规划纲要》出台，要求"广州要充分发挥国家中心城市和综合性门户城市引领作用，全面增强国际商贸中心、综合交通枢纽功能，培育提升科技教育文化中心功能，着力建设国际大都市"。2019年6月，《广州市国土空间总体规划（2018—2035年）》草案正式公示，对广州建设国际大都市做了较为具体的部署，提出了"在2035年建成国际大都市，2050年全面建成中国特色社会主义现代化国际大都市"的发展目标。

广州建设国际大都市，离不开文化软实力的提升。文化软实力不仅为促进经济贸易发展、推动科技创新提供智力支撑和创造力源泉，更有助于增强城市影响力和国际竞争力。"一带一路"倡议提出"民心相通"、倡导文明交流互鉴，为广州提供了提升文化软实力和城市国际形象的重大机遇。充分利用国家对广州作为"21世纪'海上丝绸之路'"重要枢纽的战略定位，发挥广州的文化资源优势和文化产业优势，积极开展对外文化交流合作，是广州建设国际大都市发展战略不可或缺的部分。

全球化发展不能失去本土化，这是国际城市的共识。很多著名的国际大都市，例如巴黎、伦敦等，都以各自独特的历史和文化而著称。2005年联合国教科文组织第33届会议上，法国提出了"文化多样性"的诉求，提倡"尊重差异、包容多样"。这一提议得到大多数国家的积极响应，被认为是第一部关于文化的国际法。这部"国际法"已成为当今国际城市建设在文化方面的重要依据。本土即全球，独特的历史和文化是一个城市参与全球竞争的重要资源。彰显本土岭南文化的特色和魅力，是广州建设国际大都市的必然之义。作为粤港澳大湾区这一"'一带一路'建设重要支撑区"中的核心枢纽城市，广州担负着"建设岭南文化中心和对外文化交流门户"的历史重任。这是广州立足本土、迈向全球的大好时机。广州应在"一带一路"和粤港澳大湾区的建设框架下，大力开发利用岭南文化资源，积极开展对外文化交流合作；以特色促交流，以交流促发展，塑造广州独特的国际城市文化形象，在增强广州文化软实力的同时提升城市文化影响力和国际竞争力，实现建设国际大都市的发展目标。

3. 对广州进一步扩大对外开放有重要意义

广州作为中国20世纪70年代末改革开放的前沿阵地，在中国新一轮的改革开放中又被委以重任。2017年6月，国家发改委、国家海洋局印发《全国海洋经济发展"十三五"规划》，赋予广州"全国新一轮改革开放先行地"的历史使命。2018年3月7日，习近平到十三届全国人大一次会议广东代表团参加审议，要求广东在"形成全面开放新格局"方面走在全国前列。2018年10月，值中国改革开放40周年之际，习近平视察广东，要求广东在更高水平上扩大开放。广州作为广东的省会，集中了政治、经济、文化、教育等方面的优势资源，应该不负重托，在"全面开放新格局"中走在广东前列。

广州扩大对外开放，促进对外文化交流合作是必要之举。积极深入的文化交流合作，不仅有助于拓宽国际市场，推动本土文化对外传播，更可以发挥文化的融合功能，增进不同国家、地区和民族之间的亲和力，从而汇聚共识、积聚力量，使之成为文化、经贸、政治、社会等各领域交流合作的"催化剂"。2017年7月，中央全面深化改革领导小组会议审议通过的《关于加强和改进中外人文交流工作的若干意见》指出，中外人文交流是夯实中外关系社会民意基础、提高我国对外开放水平的重要途径。中共十九大报告进一步提出，加强中外人文交流，以我为主、兼收并蓄。这也是粤港澳"共建人文湾区"的一个重要要求。《粤港澳大湾区发展规划纲要》指出，"塑造湾区人文精神。坚定文化自信，共同推进中华优秀传统文化传承发展"；建设粤港澳大湾区，旨在提升其"在国家经济发展和对外开放中的支撑引领作用"。粤港澳大湾区是中国新一轮改革开放的前沿，其"坚定文化自信"的建设原则，指示了广州在新时代改革开放中开展对外文化交流合作的方向。广州扩大对外开放，必须立足本土文化，着力建设岭南文化中心，积极开展对外文化交流合作，充分发挥岭南文化开放兼容的精神，以文化交流带动广州进一步的全面开放，切实履行国家赋予的"全国新一轮改革开放先行地"的历史重任。

二 国内"一带一路"重要节点城市对外文化交流经验

(一) 宁波

宁波作为"海上丝绸之路"重要节点城市，位于"一带一路"与长江经济带两大战略交汇处，连接东西、辐射南北、通达江海，在国家全方位开放格局中具有特殊地位。作为世界级港口经济区和"一带一路"试点城市，宁波可通过多式联运直接覆盖长江经济带及丝绸之路经济带，直接面向东亚、东盟及整个环太平洋地区，拥有236条国际航线，与全球100多个国家和地区有着密切的联系。作为国家历史文化名城，宁波是记载古丝绸之路的"活化石"，是传统浙东文化、佛教文化、藏书文化、海洋文化、港口文化与海外文化交流融合的典范，具有独特的"山海汇融、中西合璧"的城市文化。唐宋以来，宁波对外文化交往发达。天童寺是日本曹洞宗的祖庭；阿拉伯、波斯人在宁波设立"回回堂"；王阳明心学、朱舜水的教育在日本极有影响等。这些都充分说明宁波与"一带一路"沿线国家文化交往频繁。这些丰富的文化资源是宁波对外文化贸易的重要资源。

政策引领，制度保障。宁波市委市政府对文化交流统一部署，编制下发《宁波参与"一带一路"建设行动纲要》总方案和4个子方案。依托《宁波参与"一带一路"建设扩大友城人文交流合作实施方案》，深化教育、科技、文化、新闻等领域的对外交流合作，加大开放力度，拓宽开放领域，提升开放层次。

依托海外华侨"宁波帮"促进文化交流合作。海外宁波人数量众多，十分团结，素有"宁波帮"之称。根据宁波侨情调查，海外"宁波帮"有42.7万人，分布在103个国家和地区，近50个华人华侨社团组织与宁波保持经常性友好往来。海外"宁波帮"拥有巨大的人才、资本及成熟的商业网络优势，熟悉"一带一路"沿线国家当地的政治、经济、历史、民俗、语言、文化、社会和法律，具有融通中外的独特优势，是宁波加快对外文化交流合作的宝贵资源。例如，祖籍鄞州的美籍华人马友友，就来宁波演出过。经过甬港联谊会牵线，宁波市小百花越剧团多次赴香港演出。

文化与商贸相结合。文化团队、艺术家跟随商贸代表团出访，传播宁波文化，扩大城市影响。20世纪90年代，宁波市小百花越剧团多次到香港、澳门等地演出，成为宁波的一张亮丽文化名片。进入21世纪以来，市演艺集团多次参加文化部组织的"欢乐春节活动"，足迹遍及亚洲、欧洲、非洲、美洲、大洋洲。2016年，宁波成为东亚文化之都。2017年，第十五届亚洲艺术节在宁波举办。同年，宁波市与文化部携手创建的索菲亚中国文化中心落成，这是我国在中东欧国家建立的首家文化中心。

促进文化对外投资。近年来，宁波企业为文化贸易注入持久动力，对外文化投资步伐不断加快，文化产品多元化，逐步覆盖图书出版、影视、演艺、动漫游戏等领域；投资方式日益多元，设立海外分公司、跨国并购和签署合作协议等都成为企业对外文化投资的重要方式。如宁波海伦钢琴成功受让奥地利百年钢琴品牌"文德隆"所有权，使"文德隆"成为海伦钢琴旗下的第二品牌。当前，海伦公司生产的钢琴约有50%出口欧洲、日本、美国，并被欧洲的近300家琴行、日本的40多家琴行代理销售。

　　深入推进教育对外开放，全面加强教育国际交流与合作。宁波市全面深入推进宁波教育国际合作与交流的改革与创新，加强中外合作办学。2004年，浙江万里学院与英国诺丁汉大学合作建立了宁波诺丁汉大学，成为我国第一所中外合作大学。引进了澳大利亚TAFE体系，建立浙江省首个中澳合作、中高职贯通的非独立法人设置的二级学院——宁波TAFE学院，培养现代服务业人才；建成中英时尚与设计学院，与英国12所联盟高校合作推进中英纺织服装设计中心建设，为17家企业提升品牌，承接13项设计外包服务项目；引进A-level，AP高中国际课程项目7项，中外合作办学总数达到39项，占全省三分之一。2007年，宁波市教育局与澳大利亚新南威尔士州教育部、西悉尼大学三方签署协议，合作开展赴澳汉语志愿者项目，每年由宁波选派优秀的大学毕业生和中小学在职教师赴澳大利亚新南威尔士州的中小学开展中国语言文化的推广。2012年，宁波市人民政府与教育部签署共建教育国际合作与交流综合改革试验区，宁波成为全国首批两个试验区之一。2014年，赴澳志愿者项目被成功列入国家汉办国际汉语志愿者项目，该项目创造了全国独具特色的国家、地方政府与国外政府、高校和中小学联合出资推广中国语言文化的新模式。

　　广泛结交友城，促进双边文化交流。宁波已与五大洲44个国家的86个城市建立了友城关系和友好交流关系。通过举办宁波国际港口文化节、人文交流、合作办学、中东欧旅游以及宁波歌剧院、交响乐团、小百花剧团海外演出等方式，积极探索友城合作新模式，逐渐改变过去单纯的高层互访、政府间交流等传统友城工作模式，与国际友城开展多层次、多类型、多渠道的交流与合作，有效促进与"一带一路"沿线友城的文化交流合作。

（二）泉州

泉州是国务院首批历史文化名城、东亚文化之都、古代"海上丝绸之路"起点城市，文化积淀深厚，素有"海滨邹鲁""世界宗教博物馆""光明之城"的美誉。泉州作为古代"海上丝绸之路"的起点城市，伊斯兰教、印度教、古基督教、摩尼教、犹太教、佛教等世界多种宗教在泉州广泛传播，留下大量遗迹，使泉州成为多元文化融洽交汇、和平共荣的载体。泉州是中国历史上对外通商的重要港口，有着上千年的海外交通史，是一座历史悠久、风光秀丽的开放港口城市。自唐代开始，即为中国南方四大对外通商口岸之一。宋元时期，泉州港跃居为四大港之首，以"刺桐港"之名驰誉世界，成为与埃及亚历山大港媲美的"东方第一大港"，呈现"市井十洲人""涨海声中万国商"的繁荣景象。

完善对外交流政策，加大对外文化交流扶持力度。泉州市先后颁布了《泉州市建设21世纪海上丝绸之路先行区行动方案》《关于实施泉州市21世纪海上丝绸之路人才培养工程的意见》《泉州市对外文化交流人才培养工程实施办法（试行）》《关于促进泉台经济文化交流合作的若干措施》等政策，促进泉州市对外文化交流。

着力培养对外文化交流人才。通过实施对外文化交流人才培养工程，培养一批"南音""南戏"艺术演出、管理人才、海丝文化遗产保护管理、文博骨干人才、"非遗"传承人和广播影视外宣人才，深化泉州与"海上丝绸之路"沿线国家在文化方面的交流活动。主要措施包括举办对外文化交流高级研修班、"南音""南戏"对外传承人才、管理人才高级研修班、文化产业经营管理人才高级研修班和广电新闻出版人才高级研修班。

文化先行，商贸共赢。依托泉州市传统优势产品陶瓷、茶叶等出口贸易，带动陶瓷文化、茶文化国际传播与交流。在扶持陶瓷企业走出去的同时，德化县委、县政府一直致力于向全世界推广"德化瓷文化"。2014年"魅力中国白——德化窑陶瓷精品展"在故宫博物院开幕；2015年"碧海丝路东方之舟——泉州'海上丝绸之路'展览"在文莱首都斯里巴加湾开幕；2017年8月20日，国家博物馆举行"丝路使者'中国白'再出发——2017年国博德化白瓷艺术展"。2016年5月26日，首届中法文化论坛在北京开幕，论坛设立中国瓷路基金——中国白瓷艺术振兴基金，启动世界陶瓷艺术大奖赛，同时举办"中国白"德化陶瓷展览，向世界讲述瓷都"海丝故事"。安溪积极构建安溪茶文化系统，同时大力开拓海外市场，深化茶文化对外交流，致力打造"茶香通道"，在35个国家和地区完成商标注册，持续锻造安溪茶文化的国际影响力。自2010年以来，安溪茶叶成功抱团登陆欧美茶叶高端市场，其中，三和茶叶成为法国、意大利、希腊政府的国礼茶，成为高端铁观音的代表。安溪的三和茶业从2008年起就开展功夫茶世界巡礼表演，近年来又在罗马、米兰、威尼斯等欧洲城市的大学设立茶学社，设立专项经费，为每一位大学生会员提供功夫茶具和茶叶，教授泡茶品茗知识。

积极参与举办高层次的文化交流盛事。2013年，举办世界闽南文化节，先后在中国香港、新加坡、泰国等地举办。2014年，举办首届东亚文化之都活动年，首届中国与阿拉伯城市论坛，参与在联合国教科文组织总部举办的丝绸之路与创意城市展览和《中国一日·重返泉州》活动。2015年，经中央批准，每两年一届的"海上丝绸之路"国际艺术节永久落户泉州，同年，第十四届亚洲艺术节暨第二届"海上丝绸之路"国际艺术节拉开帷幕。

鼓励海外支教，传播泉州文化。2004年，中国国家汉办启动了汉语教师志愿者项目，泉州两所高校华侨大学与泉州师院坚持了十多年，促进汉语和中国文化在国外的传播，传播泉州文化。支教对象覆盖大学、中学、小学及幼儿园，支教范围从此前的东南亚为主，拓展到南美洲、非洲等地。

推动媒体国际合作，多途径推介泉州。2013年世界闽南文化节上20多家海内外华文媒体共同倡议成立泉州市对外新闻媒体协作网。在泉州市对外文化交流协会、泉台交流合作促进会、海外交流协会的牵头组织下，包括泉州晚报社以及海内外其他22个协会和媒体共同倡议，达成积极开展互换稿件、异地采访、同步报道等新闻交流活动，创造条件开展合作办报办刊，成员单位积极互帮、互访、互学等六项共识。通过泉州市对外新闻媒体协作网将把泉州城市的发展变化、闽南文化的精髓所在，更好地向外介绍，增进世界对这两者的认知、理解、支持和认同。

（三）西安

西安是古丝绸之路的起点，是"一带一路"核心区、中国西部地区重要的中心城市，是国家重要的科研、教育、工业基地。西安是国务院公布的首批国家历史文化名城，1981年联合国教科文组织确定为"世界历史名城"。在"一带一路"建设的大背景下，西安以前所未有的广度和深度融入世界，架起亚欧合作交流的桥梁，努力打造为"丝路文化高地"，战略定位是中华民族共有精神家园重要标识地、国际参与"一带一路"文艺创作的内容生产高地、丝绸之路文化产业带引领区、"一带一路"文明交流互鉴高地、西部领先的公共文化服务高地、最能体现东方神韵的国际化大都市。

制定并实施"一带一路"文化交流合作相关政策。为贯彻落实国家"一带一路"倡议部署，强化陕西省的战略支撑作用，西安市结合自身定位，陆续制定和策划了历年《西安市"一带一路"建设行动计划》《中国（陕西）自由贸易试验区西安区域"一带一路"人文交流工作方案》《西安市加快建设服务

"一带一路"亚欧合作交流的国际化大都市的决定》《西安市建设"丝路文化高地"行动计划（2018—2021）》等举措，在规划引导、项目支撑、资金扶持、税收优惠等方面形成了相对完整、规范的政策体系。

深化国际教育合作与交流。"一带一路"倡议提出后，西安积极与丝绸之路沿线国家开展教育交流与合作。西安充分发挥高校众多的优势，大量招收国际留学生。例如，长安大学成立了"一带一路"工程教育中心，陕西师范大学成立了以培养来华留学生为主体的"国际汉学院"，西北农林科技大学于2016年与12个国家的59所大学和科研机构共同发起了"丝绸之路农业教育科技创新联盟"。目前，西安已成为中亚国家学生首选出国留学目的之一。2015年5月西安交通大学牵头成立了"丝绸之路大学联盟"，目前已有来自37个国家和地区的150余所高校参与联盟，"丝绸之路学术带"初见成效。2018年12月由西北大学牵头、省内高校全员参与创建的国际汉唐学院在西安成立，成为西部地区"一带一路"教育文化国际推广交流的重要平台，创建与"一带一路"沿线国家人文交流的新模式。国际汉唐学院旨在推广中国传统文化走出去和世界各国文化走进来的双向交流，在国内面向外国人开展中国传统文化和艺术传播，与孔子学院在国外传播中国传统文化形成互补。

商贸互通与人文交流并举。民心相通是贸易畅通的基础，只有通过文化交流、共融，形成一个非常好的营商环境，才会促进经济往来和发展。2016年9月，第一届"丝绸之路工商领导人（西安）峰会"在西安举行，来自"一带一路"52个国家的政府代表、企业代表等，以"构筑工商合作平台、共推'一带一路'建设"为主题，共商丝路沿线经济、文化、商贸等多个领域的跨区域合作。峰会期间，与会各成员国工商协会代表一致同意在总商会框架下设立商贸、金融、文化、能源和交通五个专业委员会。设置文化委员会，是各国商会主席的共同要求。会议倡议以"尊重差异、包容多样、互鉴共荣"的原则推动文化交流和文明对话；支持总商会文化委员会工作，支持实施丝绸之路国际文化周、丝绸之路国际博物馆友好联盟等文化项目。2017年9月第二届丝绸之路工商领导人（西安）峰会暨丝绸之路国际文化周在西安大唐西市举行，围绕"创新丝路商贸合作机制与平台，共享'一带一路'经贸文化新成果"的主题共商合作共赢机制。

建设国际文化产业交流合作平台。西安致力打造"千亿级"文化产业，部署安排了"六脉托长安"文化产业大走廊建设工程、文化"硬科技"创新工程等。争取"丝绸之路影视桥工程""丝路书香工程""经典中国国际出版工程"等项目落户西安，打造我国西部辐射力最强的版权交易国际综合公共服务平台。为推动影视业国际交流合作，2017年"一带一路"城市影视联盟在西安成立，成员包括中国、俄罗斯、意大利、越南、新加坡、印度尼西亚等十多个国家和地区的电影组织机构。该组织致力于促进"一带一路"沿线国家与地区影视文化和影视市场交流，为世界各国影视剧组来西安取景提供"一站式"服务，也为西安影视人打通与世界的交流之路。联盟将搭建影视产业的深度合作平台，通过设立电影基金、举办"一带一路"城市电影周等活动，以影视文化交流带动丝路沿线国家和地区的人文、艺术和资本等交流。

三 广州推进面向"一带一路"对外文化交流合作的基本条件

（一）文化历史渊源

1. 商贸交往

广州是一座有着2240多年历史的文化名城。秦汉之交，番禺已成港市，并为中国九大都会之一。西汉武帝时，广州"海上丝绸之路"的商贸交通初步形成,并于东汉时发展成对外贸易之始发港口。唐宋元时期,广州成为我国海上丝路的第一大港和世界东方之最大港口,当时的东西方海上贸易达到繁盛之境。广州因有自然环境、经济实力、政治因素等方面的优势,故在唐宋元三朝,除了个别年份外,长期是中国古代海上丝路的第一大港,始终为东西方经济文化交流的首要枢纽都会。"这一时期与广州通商的地区与国家,自唐代120多个,至宋代130多个,元代则增至145个。"[1] 其间不断扩大对外开放的状况,于此可见一斑;而广州作为我国进出口贸易主港之地位与作用,更是从未动摇和失去过。

明清时期,朝廷对海路贸易采取时开时禁、后又只许广州对外开放的政策,使广州成为海上丝路环球贸易的唯一大港。期间,对外商贸仍有所扩展,一直延至鸦片战争前。葡萄牙人科尔沙利在明正德九年(1514)游历广州后说:"广州是我所到过的世界上最富裕的地方:坚固雄伟的城墙,宽阔的街道,珠江上来往如梭的帆船,繁华的商业市场,及经营瓷器、丝绸的商店,目不暇接。"[2] 科尔沙利的描述印证了古海上丝路实为繁荣之路。明清时期,大量丝绸、陶瓷和茶叶从广州出口。广州城南和西南珠江北岸为繁华的商业区,店铺林立、码头密布。产自江西、福建和粤东地区的陶瓷器源源不断运往广州,再从这里销往海外。清代中期起,特别是"十三行"时期,广州及周边地区生产的广彩瓷器、广绣、外销画等"广货"畅销海内外。广州的海外贸易发展到又一个巅峰。从粤海关到十三行商馆,这些明清海外贸易机构的遗迹也清晰地展现了广州从古代贸易港向近代通商口岸的转变,季节性的"互市"最终被形形色色的"夷务"所代替。"以朝贡贸易为主的市舶贸易体制也最

---

[1] 崔瑞驹:《广州:改革开放前沿地》,中国评论学术出版社2007年版,第128页。

[2] 曾应枫:《俗话广州》,广州出版社2008年版,第30页。

终转变为条约贸易制度,广州逐渐被纳入世界贸易体系之中,"海上丝绸之路"的影响愈发长远。"

2. 文明交流互鉴

广州在我国西汉至清中期的古海上丝之路,不仅仅是商贸之路,不仅仅是中国与海外各国进行贸易活动的创新与繁华之路,还是我国长期与世界各地互联互通的开放之路,更是彼此间友好与文明交往的和平之路。历史研究表明,秦汉至南朝时期,广州开始第一次中外文化大交流,其间阿拉伯医药传入广州。隋唐时期,广州成为中国最大的,跟海外联络最多的城市,广州与丝路国家和地区开始了第二次文化大交流,期间阿拉伯天文、历法、数学、音乐、舞蹈、美术、语言、服饰、风俗等传入广州。

文化交流与融合始终扮演着重要角色,现今留存下来的南越国—南汉国宫署遗址,代表南越国时期商贸往来实物证据的南越文王墓,见证佛教、伊斯兰教、天主教沿海路传入中国的光孝寺、怀圣寺光塔、清真先贤古墓和方济各·沙勿略墓园及大洲湾遗址。作为古代海上贸易基础设施的南海神庙及码头遗址等"海上丝绸之路"史迹和出土文物,以及丰富的文献记载,共同见证了这一地区进行对外交往、实施海贸管理的历史,对"海上丝绸之路"的繁荣发展产生了重要影响。在老广州的地名中,有不少这样的外来词,这些地名从源头上考证,其实都来自阿拉伯语,因此成为中外文化和商贸交流的精神反映和历史遗物。比如广州番坊附近的"朝天路"来自阿拉伯语中的即(朝天房的意思),中山六路旁的"擢甲里","擢甲"是阿拉伯语"小巷"的意思。

3. 历史的价值

2015年博鳌亚洲论坛开幕式上,习近平发表主旨演讲,表示"一带一路"建设不是要替代现有地区合作机制和倡议,而是要在已有基础上,推动沿线各国实现经济战略相互对接、优势互补。在两千多年的城市发展史上,广州几乎从未停止与外界的文化交流和互动。正是这种交流与互动奠定了广州城市的发展和进步的基础。从古代海上丝路的主港,到近代中国看世界的窗口,再到当代中国对外开放的桥头堡,广州城市形象的变化不仅深刻反映了我们这个古老文明国度的现代转型之路,也高度浓缩了全球化在中国的历史。

广州古海上丝路在千余年商贸活动中,的确是开放之路、创新之路、文明之路、繁荣之路、和平之路。其所积淀与形成的丝路文化精神具有丰富之内涵:它作为一条中国与世界各国(地)互联互通的开放之路,不仅使广州对外商贸航线不断拓展延伸,而且令从广州进出口之海舶与日俱增。古代丝绸之路的开辟,促进了中国与世界的交流,通过交流,大大地推动了世界各国的经济、政治发展,丰富了各国的物质文化生活与精神文化生活。丝绸之路上的交流,为人类进步和世界文明做出了贡献,也为近现代社会的文明与发展奠定了基础,在中外文化史上有着里程碑式的意义。在今天中国文化走向世界,世界文化交流出现人类历史上最辉煌、最壮观的历史背景下,"一带一路"已成为全球最受欢迎的全球公共产品,也是目前前景最好的国际合作平台。正如习近平总书记指出的那样,"一带一路"建设根植于丝绸之路的历史土壤,把沿线各国人民紧密联系在一起,致力于合作共赢、共同发展,让各国人民更好共享发展成果,这既是对丝路精神的传承,也是中国倡议共建人类命运共同体的重要目标。

(二) 现实条件

1. 中国梦正逐步融入世界

习近平在十二届全国人大一次会议闭幕会上强调指出:"实现全面建成小康社会、建成富强民主文明和谐的社会主义现代化国家的奋斗目标。"实现中华民族伟大复兴的中国梦,就是要实现国家富强、民族振兴、人民幸福，既深深体现了今天中国人的理想，也深深反映了我们先人们不懈奋斗追求进步的光荣传统。中国梦是复兴之梦、发展之梦，也是和谐之梦、和平之梦。坚持和平发展，是实现中华民族伟大复兴的必由之路。"中国梦"中国人需要，世界也需要。中国梦融入世界，不仅需要加强政治、经济、军事的对外交往，更需要加强文化对外交往，搭起让各国人民了解中国优秀的传统文化精华，享受中国的文化产品，欣赏到中国的文化艺术，提升中国形象的桥梁与纽带。改革开放以来，中国加大了对外文化交流的力度，取得了可喜的成绩。从组织中法文化年、中国俄罗斯年、中意文化年、美国的中国文化节、中非合作论坛，到在海外多个国家设立100多所孔子学院等，都具有一定声势和影响，取得了良好效果。

2. 广州城市战略定位更加符合国家"一带一路"倡议

为推动对外交往和国家"一带一路"倡议，广州先后出台了《广州市参与国家"一带一路"建设三年行动计划（2018—2020年）》《广州建设国际交往中心三年行动计划》等政策文件，计划到2020年，城市国际交往能力增强，初步建成在世界城市舞台具有较强影响力的国际交往中心，迈向"独具特色、文化鲜明的国际一流城市"。

面向"一带一路"推进文化对外交流与合作，是广州打造全球区域文化中心城市重要途径。2017年1月，广州第十一次党代会明确提出"强化枢纽型网络城市功能，提高全球资源配置能力"，广东省委十二届四次全会提出"广州建设全球区域文化中心城市"，广州市委十一届五次全会中明确"广州打造全球区域文化中心城市"的目标。"全球区域文化中心"是在对全球进行文化区域划分的基础上，能够在一个或若干个国际文化区域范围内对文化资源的利用、布局和流向进行高效集聚、融合、创新和辐射的中心城市，其作为城市的一种文化功能定位，表现出鲜明的高端性、网络性和外部性等特征。全球区域文化中心不仅要拥有辐射和影响文化一个或若干个文化区域的重大文化设施，更重要的是通过文化产业和文化服务形成人才、资本、技术、信息等高端要素的强大吸附器和辐射源，同时还形成多点支撑、联动发展的国际文化资源配置空间，从而在文化资源配置和文化消费方面发挥引领作用。

广州打造全球区域文化中心城市，根据广州地缘优势和城市发展战略，广州需要根据文化辐射圈层选择重点国家和地区，集中资源采取针对性措施争取突破，全面深化对这些重点国家和地区的文化资源配置与辐射。发挥地缘优势、传统优势、人文优势和文化亲缘性优势，以人文交流为先导，以文化产品服务贸易为引擎，以文化创意和创新为动力，以"一带一路"为依托，全面深化"一带一路"沿线城市人文合作水平。根据城市文化功能互补、产业互补和资源互补的客观现实，加强与"一带一路"沿线重点国家和城市之间的各项文化交流活动，加快文化资源要素聚集与辐射，推动对核心合作圈层的文化贸易及华侨华人的文化推广活动，全面提升广州人文合作新枢纽的功能与地位。

3. 势态良好

广州市作为展示国家实力的重要窗口、国际文化传播交流的枢纽城市，近年来，在对外文化交流工作上紧密配合国家外交战略大局和中心工作，以习近平新时代中国特色社会主义理想为指导，全面贯彻党的十九大报告提出的讲好中国故事，展现真实、立体、全面的中国，提高国家文化软实力的具体要求，用品牌活动传播广州声音，借精品项目讲好广州故事，着力推进国际传播能力建设，加强中外人文交流，提升广府文化在国际上的影响力和感召力，助力广州建设独具特色、文化鲜明的国际一流城市。

一是精心建设"广州文化周"对外文化交流品牌，展现广州文化自信。凝聚本土艺术团力量，将传统元素与时尚元素、广府特色与世界潮流相结合，通过开展粤剧、杂技、广东木偶、岭南歌舞、中西乐曲、现代舞蹈等多种精品剧目国际巡演活动，为当地民众带来艺术福利的同时，用国际艺术语言展现真实、立体、全面的广州；2018年，策划了"许鸿飞雕塑世界巡展"，其中以"五羊传说"为主题，重新创作了《羊帆启程》等富含新时期广州敢于攀登、勇于创新城市精神的作品，并作为建交之礼赠外国友城，用艺术搭建沟通桥梁，聚焦世界目光。二是倾力打造"我们，广州"城市文化推介品牌，丰富对外文化交流载体。2018年，依托《财富》论坛、世界航线发展大会、世界港口大会等国际著名展会进行跨界合作，立足岭南文化、融合国际文化，开展系列城市文化推介活动。通过开展线上线下创意活动，集中展示千年商都与广府文化精髓，推动广府文化与世界文化交融互进。2018年5月，在阿塞拜疆举办的世界港口大会上，广州作为下一届世界港口大会的东道主，专门打造"我们，广州"城市文化形象推广活动。三是成立广州国际友城文化艺术团，强化友城情谊、深化互利合作。2017年，成立广州国际友城文化艺术团，建立广州国际友城文化艺术交流合作联席会议，统筹协调全市文艺资源，参与对外文化交流活动。每年精心选出1—2个国际友城，结合高层出访、经贸推介活动，推进重点地区文化交流项目。自成立以来，广州国际友城文化艺术团先后赴瑞典、芬兰、新西兰等国家举办了多场综合文艺晚会以及系列友城文化交流活动。2019年7月，广州国际友城文化艺术团赴印尼泗水开展"2019广州文化周——广州国际友城文化艺术团印尼行"文旅交流活动，参加该市2019年跨文化艺术节，向当地市民和各国艺术家展现中国传统非物质文化艺术，传播友谊的种子。四是努力抓细"丝路花语——'海上丝绸之路'文化之旅"品牌项目，彰显广州开放发展新魅力。近年来，精心策划斯里兰卡、马来西亚、塞浦路斯"丝路花语——'海上丝绸之路'文化之旅"系列文化交流活动。按照"一年多国，一季多地"的实施模式，分赴海丝沿线国家城市，同时通过开展系列文化推广活动，推动海丝沿线各国联合申遗。

（三）主要挑战

美国人类学家爱德华·霍尔在其著作《无声的语言》一书中提出，文化是在同一个环境中的人民所具有的"共同的心理程序"。我国提出"一带一路"倡议以来，已确定沿线有65个国家，共涉及总人口约达46亿人，政治经济环境、宗教信仰、价值伦理观念、文化传统等千差万别。

一是语言差异挑战。"一带一路"沿线涉及使用的语言有1000余种，其中官方语言及国语总共60余种。[①] 语言不仅是交流的工具，还是思维和文化的载体，由于语言状况复杂、语言种类繁多，在沟通协作以及文学、口头艺术等翻译过程中可能产生跨文化风险。

二是宗教差异挑战。宗教本身不是风险，但在一定条件下，信仰差异或者触犯宗教禁忌，可能引发冲突。"一带一路"沿线地区曾是佛教、伊斯兰教等宗教的发祥地，许多国家的宗教信仰氛围浓厚，有时同一种宗教内部还派别林立。宗教在不同文明交流互鉴、不同国家友好往来中曾起过重要作用，但这一变量也可能产生风险。

三是习俗习惯差异挑战。由于文化传统和社会历史发展进程千差万别，沿线城市具有丰富多彩的习俗、习惯和民族心理。特别是中东地区，战乱纷纷，与不同种群、部落、群体间的信仰、民族心理有很大关系。

四是社会发展水平差异挑战。广州现有友好城市37个，友好合作交流城市33个，遍布亚洲、美洲、欧洲及澳洲，但是在部分地区如南太平洋岛国则近乎为空白区，仅有苏瓦（斐济）一城为友好合作交流城市。不少国家汉语传播的基础环境薄弱，有些国

[①] 杨亦鸣、赵晓群：《"一带一路"沿线国家语言国情手册》，商务印书馆2016年版，第11页。

家还不能接收中国中央电视台的卫星频道,中文传播缺乏基础,这直接制约了文化交流融合的外部环境。文化交流范围比较狭窄,交流层次缺乏多样性。在中国文化推广方面,目前仍处于以单向的文化展示、文化推介为主,活动的形式较为单一。"一带一路"沿线居民对广州文化的理解简单地停留在粤菜、饮茶等方面,而在精神文化层面的"仁、义、礼、智、信"等却很难被理解。缺乏新意的交流活动很难吸引更多的当地人对中华文化学习交流的热情。在当前文化交流的基础和范围受限的情况下,寻求突破点是一项重要的工作。

四 广州推进面向"一带一路"对外文化交流合作的基本思路与发展目标

(一) 基本思路

广州市开展面向"一带一路"的对外文化交流合作,要以习近平中国特色社会主义为指导,体现全球眼光和战略高度,抓住历史发展机遇,统筹两个大局,紧紧围绕广州市积极打造"一带一路"重要枢纽型网络城市来持续开展,不断提升广州文化的国际影响力、辐射力、竞争力、凝聚力,夯实"一带一路"重要枢纽城市和粤港澳支撑区的人文基础,深化"一带一路"沿线国家和地区对外文化交流合作,促进形成全面开放新格局,在"一带一路"建设中走在全国前列。

把握面向"一带一路"广州对外文化交流合作,有必要进一步了解一个重心、两个途径、三个机遇、四个抓手的发展思路,以期实现重心明确、途径清晰、时机精准、抓手牢靠的行动。

一个重心:民心相通。"一带一路"倡议是全球治理中国方案和国际公共产品,旨在打造政治互信、经济融合、文化包容的利益共同体、命运共同体、责任共同体。"一带一路"的核心内容是包括政策沟通、设施联通、贸易畅通、资金融通、民心相通在内的"五通"。面向"一带一路"开展对外文化交流合作，主要应以"民心相通"为工作重心，交流互鉴，为"一带一路"建立互惠互利共同体奠定坚实社会根基和民意基础。

两个途径：走出去，引进来。党的十九大报告指出，"要以一带一路建设为重点，坚持引进来和走出去并重，遵循共商共建共享原则，加强创新能力开放合作，形成陆海内外联动、东西双向互济的开放格局"。对外文化交流要形成主动走出去、积极引进来的平等、多元、开放的格局，促进文化的双向流动、文明的彼此互鉴，体现道路、理论、制度和文化自信，实现文化共兴。

三个机遇：广州迈向全球城市建设、粤港澳大湾区建设、中华民族伟大复兴。广州要在"一带一路"中发挥更大作用，必须抓住自己发展、区域发展以至国家和世界发展的机遇，紧跟形势。广州要对标国际顶尖城市，建设改革开放高地、国家重要中心城市，迈向中国特色社会主义引领型全球城市，这个时间节点为广州面向"一带一路"开展对外文化交流合作提供了符合城市发展节奏的良好契机，既获得城市发展的内缘动力，也赋予了城市升级的外缘保障。2019年《粤港澳大湾区发展规划纲要》的出台和紧锣密鼓的行动，打造"一带一路"建设的重要支撑区，为广州融入粤港澳共建平台，推动"一带一路"对外文化交流提供了全新的试验场、重要的合作平台和远行跳板。中华民族伟大复兴已经进入关键阶段，这是"一带一路"的大时代背景，同时"一带一路"也是实现中华民族伟大复兴的重要举措。理解、把握这个时机，对于实现中国梦、实现中国共产党人的使命，对于把握国内外两个复杂大局具有至关重要作用，决定"一带一路"对外文化交流合作的大方向和使命、任务。既要认识到中华民族伟大复兴不可阻挡，和平、发展、合作、共赢的时代潮流不可逆转，也要认识到当今世界面临的不稳定性不确定性突出，机遇和挑战共存，构建人类命运共同体以及展开文明平等对话、交流互鉴成为时代迫切需求。这为广州实行面向"一带一路"的对外文化交流合作提供了全局背景、世界眼光和努力方向，需要认真学习把握。

四个抓手：中国价值观、文化遗产文创文旅、文艺创作交流合作、粤港澳试验区。通过这四个任务模块，抓住重点，推动开展"一带一路"对外文化交流合作，开展品牌建设、平台建设、机制建设、项目建设等工作，以此不断推进、细化广州对外文化交流的战略目标。

（二）发展目标

到 2025 年，广州打造成为"一带一路"重要枢纽型网络城市的城市文化功能和影响力显著增强，作为粤港澳大湾区"一带一路"建设重要支撑区文化中心城市的文化交流合作能力大幅提升，在促进"一带一路"沿线国家和地区民心相通、文明互鉴、开展对外文化交流合作方面走在全国前列，具备较高世界影响力和美誉度。为此，要着力实现广州"一带一路"对外文化交流合作发展目标。

对外文化交流合作影响显著加强。中国价值观、中华传统文化、岭南文化、广府文化在"一带一路"沿线的国际影响力持续增强。国内外全媒体传播能力不断增强，通过媒体走出去、引进来交互宣传，形成广州在"一带一路"对外文化交流中全面拥抱世界，世界主流媒体争相宣传广州的态势，城市国际形象不断提升，"一带一路"枢纽型网络城市辐射力进一步加强，人文湾区核心城市文化中心功能大幅提升，城市文化竞争力、影响力、凝聚力显著加强。

对外文化交流合作品牌稳步提升。持续拓充丰富广州"一带一路"对外文化交流内容，精心打造一批重点项目和交流合作活动品牌，繁荣"一带一路"主题文化艺术生产。创作一批具有国际高水准、国际化、特色化的文艺、文创、文旅、非遗品牌项目，推出一批德艺双馨的代表性大师、传承人、带头人，做好智库、文化、艺术等人才交流访问活动。讲好广州故事，传播中国话语，赢得国际支持和尊重。

对外文化交流合作平台不断优化。各类国际性文化艺术节、高端国际会议论坛、国际博览会展、文化民俗节庆活动不断举办，大型文艺创作展演交流平台、影视交易平台、对外文化创意贸易平台、版权综合交易平台、版权资本运作平台、公共数字文化平台不断发展，智库国际合作平台、传统文化对外宣传平台、新型文化传播媒介平台、粤港澳公共文化服务及多层次公共政策沟通平台等不断创新，对外交流合作平台不断优化，成为"一带一路"沿线国家或地区开展文化交流的优先首选地、"一带一路"文化交流合作交汇地。

对外文化交流合作机制持续完善。完善政府主导、社会力量参与，多主体、全方位、立体式、互惠性、长效式交流合作机制。探索对外交流合作的运作机制、传播机制、沟通机制、政府统筹机制、市场引导机制、项目合作机制。积极探索"一国两制"制度框架下粤港澳大湾区文化创新交流合作机制，推动湾区城际文化交流，建立"一带一路"重要支撑区、深度合作示范区。

五 广州推进面向"一带一路"对外文化交流合作的重点任务、合作领域、合作平台、项目支撑

（一）价值共享，以开放态度推进"一带一路"中国价值观传播与交流

1. 中国价值观内涵与广州在"一带一路"中的城市文化使命

（1）中国价值观与社会主义核心价值观、中华民族优秀传统文化核心价值观意涵

"一带一路"倡议对于世界的重要贡献首先在于，提供了一种中国所倡导的、以中国价值观为基础的共建共治共享的交流

合作方案。中国价值观是新时代中国特色社会主义实践的结晶，具有卓越文化内涵、深厚历史底蕴和广泛社会实践经验，对于"一带一路"倡议的顺利开展、有关方面交流合作具有沟通、指导作用。"一带一路"展现的中国价值观主要有两方面来源。一是中华民族在长期历史实践中以儒释道为主流的文化传统所涵摄的中华文化核心价值，具有讲仁爱、重民本、守诚信、崇正义、尚和合、求大同等历久弥新、人所乐见的核心思想理念和价值信条。中华传统优秀文化的价值观作为五千年文明的价值遗产和文化宝藏，既是古代丝绸之路得以畅通互惠的护路使者，也是今日"一带一路"民心相通的友谊桥梁。二是社会主义核心价值观，基本内容包括三倡导二十四个字，即国家层面倡导富强、民主、文明、和谐，社会层面倡导自由、平等、公正、法治，个人层面倡导爱国、敬业、诚信、友善。作为新中国所构建发展出来的新时代价值观，具有合乎文明发展规律、顺应全球化发展、有利于实现人民对美好生活需求等特点。在中华优秀传统文化核心价值和社会主义核心价值观基础上树立的中国价值观，为"一带一路"倡议沿线国家地区的交流合作奠定了和平安全、友善共赢的信任基础，为"一带一路"践行人类命运共同体构想提供了价值要素，需要在深化"一带一路"倡议的过程中加强中国价值观的价值共享。

（2）广州城市历史文化特质与"一带一路"中国价值观共享的使命担当

作为"一带一路""海上丝绸之路"的重要节点城市，广州不仅在历史上享有与世界畅通往来的长久经验和全球声誉，拥有众多关系友好的合作城市、商业伙伴以及大量在文化上同声相应、同气相求的侨胞侨属，而且在现时代也有改革开放前沿地的重要地位，在国家对外开放发展战略中具有战略支点作用。广州千年商都的历史与重商务实的岭南文化、海洋文化赋予了广州城市文化包容、开放、平等、务实、敢为人先的性格，是

"一带一路"沿线中国城市中充分体现中国价值观、和平发展、合作共享的代表性国家中心城市、全球性城市、粤港澳大湾区核心城市。广州的历史地位和文化特质，要求广州在"一带一路"倡议中率先肩负起传达中国价值观、实现价值观共享的重要使命。

2. 完善中国价值观的广州行动机制，提升价值观共享能力

（1）促进中国价值观行动的城市文化主体建设

广州要实现在"一带一路"文化交流合作中开展中国价值观行动，弘扬、共享中国价值观，首先要明确行动主体，促进价值观行动文化主体建设。主要加强以下几个文化主体建设。一是市级党政机关部门主体，尤其是有关宣传部门、外事机构、侨办侨联、广州文化广电旅游局等。这一部分主体承担中国价值观广州行动的顶层设计的指导、从上而下的推动、自内而外的拓展、立体组织的联络工作。二是文艺院团、博物馆文化馆等单位组织。这一部分主体需要承担中国价值观的文化艺术表现形式和内容建设，是"一带一路"文化合作交流的文化使者和价值观弘扬先锋队。三是各类社会组织、非政府组织、高校科研院所。这部分主体对于活跃"一带一路"中国价值观的共享、激发社会层面的价值理解具有重要作用，尤其需要加以引导，增强这部分主体在对外交流合作中的价值观使命担当。四是个体公民。不论是从事"一带一路"具体项目建设、交往工作、志愿服务的个人，还是在"一带一路"国际化往来旅游、民间交互的公民，都多多少少代表着国家和民族的对外形象，是民心互通的具体实现者，对中国价值观的分享与增强中国影响力有着不可替代的基础作用。

（2）探究中国价值观的内容创作机制建设

中国价值观要通过"一带一路"深入民心、畅通民情，不能停留于几个价值字眼的宣传，而应当通过具体的、多样化的表现形式，融入中国价值观内容，以人们所喜闻乐见的方式展

现给有关各国人民群众。

探索符合受众需求、符合目标城市文化生活需求和习惯的中国价值观在地化表达，规避文化禁忌。探索符合时代要求、有利于体现中国价值观、彰显广州文化及岭南文化特色、发挥城市主体性、展现城市精神的价值观表达。

建设完善"一带一路"中国价值观主题创作、专题创作、协同创作机制。根据敬业、仁爱、和平、和谐、共建共治共享等一系列中国价值观有关主题，开展丰富多样的主题价值创作活动。重点突出广州作为"一带一路"重要节点城市、历史文化名城在体现中国价值观上的历史面貌和现代精神。结合广州与"海上丝绸之路"文化合作交流有关的宗教、民俗、商贸等活动，如南海神庙、妈祖文化、佛教在港澳及东南亚弘传的影响、十三行商业文化、外销画等进行宣传广州和中国价值观的专题创作。建设完善中国价值观行动主体的协同创作机制，明确组织化主体责任，定期组织价值观的内容创作，搭建价值观融入创作交流合作平台，做好联合推广。

(3) 理顺"一带一路"友好城市价值观沟通机制

发挥广州"一带一路""海上丝绸之路"节点城市的城市文化功能。提升区域性文化中心城市影响力，加大粤港澳湾区联动、价值共享，促进与"海上丝绸之路"沿线城市的联系。发挥港澳、海外侨属、岭南文化、广府文化的历史文化及地缘优势，强化港澳、东南亚等城市价值的沟通和理解。借助广州既有非洲的商业贸易等往来优势，增强广州在"一带一路"中对非洲人民的亲和力、影响力，不断推动广州"非洲论坛"的深化与提升，深化既有的中医文化、旅游文化等交流，做到中国价值观思想先行、观念分享、美美与共。

3. 丰富中国价值观的广州表达，提升价值观共享效果

(1) 同气相求，打造粤港澳大湾区人文价值链

粤港澳大湾区是构筑丝绸之路经济带和21世纪"海上丝绸

之路"对接交汇的重要支撑区,价值观共享是凝聚大湾区人心、共同发展的关键性因素,影响着大湾区建设成效、港澳的长期繁荣稳定、"一带一路"整体建设。

广州作为大湾区核心城市,负有培育提升科技教育文化中心功能。广州是广府文化中心,与粤港澳大湾区其他城市有着同根同源的岭南文化,具有相似历史语言文化习俗,血脉亲近,价值沟通优势明显,有利于从文化角度打造和谐亲近的价值链,共建人文湾区。

在当前面对香港地区复杂形势下,广州愈要主动承担,挖掘大湾区人文内核,发挥文化辐射力和价值感召力,不断加强、巩固价值纽带,发挥大湾区文化共同体同一性作用,通过促进民众往来交流,增进民心互通,化解社会矛盾,消除制度疑忌,强化大湾区文化相通、包容互助的氛围。推动粤港澳文化融合发展,持续开展粤港澳青年文化之旅、青年戏剧交流计划等合作交流项目,令大湾区青年尤其是港澳青年了解岭南文化和传统渊源,纠正历史教育偏失,获得中国价值观指引下的身份认同。加快建设广州南沙粤港澳全面合作示范区,通过提供高标准的国际化市场化法治化的营商环境,展现社会主义优越性、社会主义价值观公平法治等价值,为构建"一带一路"倡议国际合作先导区、大湾区城市群人文价值链提供助力。

(2) 文明互鉴,促进中国价值观理论研究和交流

积极促进粤港澳大湾区中国价值观理论和交流。联合港澳大专科研院所,重点针对岭南文化价值观与中华优秀传统文化核心价值观开展专题性研究。组织粤港澳价值论坛,开展价值观研究学术交流。搭建粤港澳价值观交流平台,定期组织、邀请港澳大专学生、团体组织在穗开展传统文化寻根探源活动,体验社会主义价值观有关志愿服务、文化交流。

组织广州市科研学术院所、智库团队开展中国价值观研究。推动习近平中国特色社会主义研究机构、团队建设,提高研究

理论水平，重点开展社会主义核心价值观、中华优秀传统文化核心价值研究。

加强与"海上丝绸之路"沿线国家、地区学术交流。优化广州市专业技术人员对外交流程序，支持科研学术机构和人员在"一带一路"沿线国家和地区开展中华优秀传统文化、岭南文化学术交流，增进外界对中国价值观理论理解，消除"中国威胁论"、"中国陷阱论"的误解和敌意。加大对中国价值观的学理研究、理论阐发和培训理解，强化智库作用，举办跨文化价值观论坛，促进"一带一路"有益共同治理、共同建设、共同分享的价值观理论交互研究。

（3）文以载道，推动体现中国价值观的岭南文艺走出去

文化艺术交流是"一带一路"文化交流合作的主要内容，也是中国价值观共享和传播的重要载体。

加强对外交流文化艺术作品创作的中国价值观融入。要从文艺管理和创作者意识上，不断强化中国价值观融入的必要性和重要性认识，提升文艺创作格局和思想意识，主动承担，积极探索，建立与"一带一路"格局和广州城市战略地位相匹配的文艺路线。在对外文艺交流合作中，将以中华优秀传统文化传统价值观、社会主义核心价值观为基本内容的中国价值观的共享和阐发放在首要位置，争取社会效益最大化，赢得国际社会的理解和尊重。

搭建中国价值观与中国文化、岭南文化学习、培训平台，定期协调组织中国价值观有关专家学者进行创作辅导、培训与协作，创作具有艺术高度同时兼具深厚中国价值观内涵的优秀文艺作品。

鼓励广州木偶剧团、广州粤剧团等市属文艺院团不断创作具有鲜明岭南文化特色同时又展现传统文化核心价值的剧目。鼓励广州芭蕾舞团在国际文化舞台创作和表演中融入东方神韵、体现岭南文化艺术门类如岭南音乐特色，增强中国价值观叙事

表达能力，提升民族芭蕾舞剧创作能力，将代表中国价值观的作品国际化。促进文化艺术、书画艺术大师、岭南文化代表性艺术工作者参与"一带一路"文化交流活动。鼓励广州美术学院、岭南画派专业等专业书画艺术家积极展示代表中国传统文化核心艺术形式的书法、绘画艺术，结合"一带一路"沿线国家或地区文化特点，创作、展出更多既有当地人民群众喜爱题材又能符合中国价值的作品。

搭建艺术展示平台，拓充合作渠道，做好中国价值观艺术作品推广。合作举办"一带一路"艺术节、艺术论坛、文艺交流演出，以中华优秀传统文化、岭南文化为着力点，推动艺术团体和个人在艺术交流访问中主动弘扬中国价值观。

(4) 博通古今，讲好中国价值观与广州历史文化名城故事

提升博物馆、纪念馆、美术馆、艺术馆开展中国价值观融入的效果，打造展示中华优秀传统文化、岭南文化、社会主义核心价值观精品展览，建设好对外文化交流窗口。鼓励文博展馆积极开展对外文化交流，走出国门，在"一带一路"沿线国家持续举办讲好中国价值观和广州历史文化名城故事的展览交流活动。

策划组织"一带一路"专题性展览。设置"海上丝绸之路"与广州文化长期陈列。与国内其他"一带一路"节点城市、"一带一路"沿线国家或地区特别是东南亚地区国际文博展览机构或组织合作举办"一带一路"文化展览。

持续打造广州历史文化名城名片，落实习近平总书记广州考察时的指示，他注重文明传承、文化延续，让城市留下记忆，让人们记住乡愁。重视推介广州文化遗产，讲好广州故事，突出广州作为千年商业城市的文化品牌，打造全球城市的价值形象。做好"海上丝绸之路"广州旅游景点服务。组织好非物质文化遗产、民间工艺、节庆活动的宣介推广。重视人文内涵和价值观念的表现，多渠道开发"一带一路"文化创意产品。

4. 强化引领，多方努力，做好中国价值观的广州宣传

（1）推动政府主导与社会力量的全局性宣传

"一带一路"中国价值观的正确宣传对于"一带一路"倡议的顺利开展具有至关重要的意义。宣传要充分体现文化自信，着眼于民心相通、价值共享，有利于人类命运共同体的构建。广州作为"一带一路"重要节点城市，从政府到社会力量，在参与"一带一路"的对外文化交流合作中，担负起中国价值观的宣传使命，本身即是中国价值观的体现，显示出中国从国家到社会到个人的和谐统一，展现出"一带一路"倡议在发起国中国的坚实国家意志和民意基础，为"一带一路"的顺利开展赋予信心保证。

广州在"一带一路"中国价值观对外宣传方面，要突出国家中心城市和综合性门户城市引领作用，强化政府宣传部门职能，在对外交流合作加强中国价值观的工作指导，树立价值观先行的工作目标和引导方式。结合广州市国际性大都市建设、中华优秀传统文化弘扬计划、社会主义价值观行动安排，专设或兼设有关部门及人员具体主导广州市"一带一路"项目中国价值观的宣传，做好规划指引工作。设立"一带一路"中国价值观专项引导基金，扶持中国价值观宣传。支持"一带一路"对外文化交流合作的有关社会组织、社会力量积极参与中国价值观宣传，设立专项资金予以扶持、资助。发挥粤语、岭南文化、广府文化优势，组织开展好世界广府人恳亲大会，做好重点侨领、爱国华侨广州行友好往来活动，鼓励海外侨胞、海外华人展示中国传统文化，宣传中华文化核心价值。

（2）推动新媒体和传统媒体的全媒介宣传

抓住广州重大发展机遇和城市活动，通过"一带一路"相关国家地区的传统媒体和报纸、电视，以合作或投放的形式，借走出去或邀请记者进来采访的途径，讲好广州故事，宣传广州形象，突出以广州为代表的中国城市发展所体现出的社会主

义价值观、发展观、中华文化文化底蕴和蓬勃生机。

借力在广州落户或举办的大型国际会议、赛事、典礼、论坛、交易会等国际盛事，提高国际性传播水平，吸引全球主流媒体、传统媒体、新媒体就广州作为"一带一路"节点城市及其城市文化及价值进行全方位、立体性宣传。如广交会、"一带一路"国际跨界文化产业峰会、财富论坛、即将召开的"读懂中国"广州国际会议等。

强化粤港澳大湾区媒体合作，打造以中国价值观为根本，以中华文化为主流，着眼于"人文湾区"共建的媒体交流平台。邀请国际性的"一带一路"新闻合作联盟前来广州采访，分享中国价值和成就。

加强"一带一路"传统影视媒体的合作。挖掘亮点，扩大宣传，放大全球首部"一带一路"电影《共同命运》广州首映礼一类活动的社会效应。通过国际八大纪录片节展中的中国（广州）国际纪录片节加强与"一带一路"沿线国家的合作与交流，制作体现岭南文化特色、展现广州城市精神风貌和中国价值观的优秀纪录片。加快在广州建立完善"一带一路"纪录片发展联盟，通过联合联盟成员的各电视台、新媒体、制作公司、发行机构、影视节展等机构和国际组织，打造"一带一路"纪录片文化传播带，促进人文艺术等方面的传播和交流。

紧跟形势，贴近民心，创新传播载体、手段和渠道，充分重视新媒介对于宣传"一带一路"中国价值观、民心互通的重要作用，及其对文化合作交流的意义，推动"微传播""微外交"。组织好"一带一路"中国价值观宣传在国内外社交媒体的正面引导作用，及时跟进报道广州有关的"一带一路"活动，突出正面价值。做好短视频制作，发挥"一带一路"的传播潜力。鼓励具有广州特色、岭南文化特点的粤剧、曲艺等做成观众喜闻乐见的短视频进行传播。

(二) 交流互鉴，挖掘开发广州传统文化遗产

1. 合作共享，挖掘开发"海上丝绸之路"文化遗产

继续推进申报"海上丝绸之路"世界文化遗产工作。目前广州已经启动了与南京、宁波、福州、扬州、蓬莱、北海等9个城市合作申报"海上丝绸之路"世界文化遗产的工作。作为申遗牵头城市，广州应进一步完善联合申遗协调机制，加强各申遗城市之间的协调与合作。同时，联合广州知名的高校和智库，组织专家，成立"海上丝绸之路"申遗研究小组，对广州"海上丝绸之路"文化遗产进行深入研究，尤其是第一批审定的6处申遗史迹，即南越文王墓、南越国—南汉国宫署遗址、怀圣寺光塔、清真先贤古墓、光孝寺和南海神庙及码头遗址，可以考虑开展专题研究，以学术研究助推广州申遗。定期举办广州"海上丝绸之路"申遗国际研讨会，邀请国内外在申遗方面有经验和影响的专家，为广州申遗出谋划策。借力"感知中国""欢乐春节"等国家项目，进一步加强与"海上丝绸之路"沿线国家的文化交流，提升广州"海上丝绸之路"文化遗产的知名度和影响力。

积极开发以"海上丝绸之路"为内容的文化产品。充分发挥广州的文化产业优势，开发融合古今"海上丝绸之路"内容的动漫游戏产品。开发基于互联网、移动终端等载体的"丝绸之路"数字文化产品，多渠道推送、多平台展示。利用广州丰富的传统文化资源，如传统的文艺表演形式如粤剧、广东音乐、木偶、杂技等，实施"海上丝绸之路"文化精品创作工程，围绕海上丝路主题，展现岭南文化特色，反映广州古今商贸发展，结合国际文化需求，大力推进文艺样式和手段创新、风格和流派创新，策划创作融合传统与现代的文化精品。在广州每年举办的系列节庆活动中，如演交会、纪录片节、漫画节、艺博会等，策划安排反映广州"海上丝绸之路"文化的主题展览或演

出。与"海上丝绸之路"沿线国家建立常态化的联合展演机制，推介、输出广州优秀的文化产品。积极与海上丝绸之路沿线国家的文化部门和演出机构合作，共同创作、策划、推出以"海上丝绸之路"为内容的文化精品。充分利用先进的信息技术、数字化生产、网络化传播的优势，将传统的舞台表演、音乐、美术、文物、文献资源等重新包装，进行数字化转换和传播，扩大广州"海上丝绸之路"文化的影响力。

整合资源，发掘广州"海上丝绸之路"文博优势。跨区域整合秦代造船工场遗址、南海神庙、怀圣寺光塔和蕃坊、十三夷馆、黄埔古港、十三行、太古仓等历史文化遗产，建设广州"海上丝绸之路"遗址公园。利用广州申遗和建设"博物馆之城"的机会，建设"海上丝绸之路"博物馆，并借助"一带一路"沿线国家博物馆友好联盟等平台，广泛开展与沿线城市和国家在文博方面的交流与合作。设立市文化建设项目，以现在的文化公园为中心，整合同文街、联兴街、靖远街、桨栏路等周边街区，建设十三行主题公园，以微缩景观的方式建立有代表性的十三行时期的建筑如夷馆、商铺、西关大屋、竹筒屋、骑楼街、酒吧等，重现当年的历史事件、人文风貌和生活方式等，并利用 VR（虚拟现实）等现代技术，让参观者体验当年的生活和休闲方式。

加强与"海上丝绸之路"沿线国家文化机构的交流与合作。共同策划"21世纪海上丝绸之路"文库，为广州"一带一路"文化发展服务。联合译介、出版古代"海上丝绸之路"相关书籍，拍摄、播放有关影视片，挖掘古丝绸之路的文化内涵和人文精神，并赋予其新的时代意义。此外，借助联合举办国际会议、论坛、研讨会等多种文化交流形式，在"海上丝绸之路"的背景下，探索和分享现代城市发展和商贸发展经验，广泛开展学术往来、人才交流和文化合作，为广州"21世纪海上丝绸之路"建设提供学术支撑。

2. 多措并举，优化完善对外文化交流平台

进一步发挥保税区优势。借鉴北京、上海的经验，制定政策，在萝岗综合保税区设立文化保税业务，专门为进出口文化商品集散、仓储物流、商业展示、企业聚集以及文化消费提供专属保税区域，降低文化进出口企业的成本，为广州文化商品"走出去""引进来"提供便利条件。把握南沙新区建设粤港澳自贸区的机遇，打造对外文化贸易产业园区，推动升级为国家对外文化贸易基地，开展文化展示交流、境外文化资产保税仓储、国际艺术品展示交易、文化设备保税租赁、文化进出口代理等服务，积极打造对外贸易的文化金融支持、信息中介、展示推介等配套服务，为广州对外文化贸易搭建平台和通道。

开展国际版权贸易推广工程，促进广州文化对外输出，提升中国文化国际话语权。制定政策，吸引国内其他地区的文化产品开展版权登记和贸易，力争将广州国家版权贸易基地建设成为全国最大的版权作品登记中心、版权综合交易市场和版权资本运作平台，将基地打造成为华南地区最具影响力的版权产业集聚区和版权产业加速器，并以此为支撑，搭建版权交易渠道，积极扩大对海丝沿线国家的版权输出，积极引进版权，推动与海丝沿线国家的版权贸易增长。

建设广州"一带一路"文化建设专业智库。整合广州在岭南文化和"一带一路"研究方面的优势资源，成立"一带一路"文化建设专业智库，为市政府提供相关政策咨询和建议。加强与国外智库、国际组织和跨国文化企业的合作交流，在广州"一带一路"政策解读、岭南文化传播和民意通达方面发挥桥梁和纽带作用。开展智库国际合作平台和网络建设，着力打造"一带一路"文化建设对话交流合作的高端平台，建立常态化的智库对话、人员交流与合作机制。

优化广州传统文化的对外宣传平台。一是构建与主流央媒、外媒合作的文化传播体系。加强广州文化知名企业与CNN、

BBC、俄塔社等境外知名媒体的互动交流与合作，建立长期稳定的合作机制，力争在世界知名媒体上有关广州文化的报道量逐年递增。积极参与中国日报、国际广播电台等国家外宣媒体牵头开展的传播项目。构建包括境外社交媒体平台、英文网站、客户端等载体的互联网传播集群。二是结合数字化技术与新媒体技术，打造线上线下、全方位、多元化的"文化+新媒体+数字化技术+创意"的新型文化传播平台。通过微博、微信公众号、微信小程序、短视频等自媒体，数字化展览馆、数字化报纸杂志、App等新媒体平台，在线上开展灵活多变的广州传统文化传播新模式；在线下举办中国文化数字化立体展、数字化文化体验展，用AR（现实增强）、VR（虚拟现实）、语音图像识别与AI（人工智能）等现代科学技术，全方位调动参观者的视觉、听觉、触觉、嗅觉、味觉等，实现外国观众对岭南文化的全身心感受，加强外国观众与岭南文化的交流互动。

进一步发挥海外华侨华人的桥梁作用。广州是著名侨乡，粤籍华侨华人遍布世界各地，在"一带一路"沿线国家例如东南亚一带，人数尤其众多。应充分利用海外粤籍华侨华人所具有的共同的语言文化背景和文化归宿心理，发挥侨乡优势资源，加强与海外侨胞、华商组织和民间团体的交流合作。鼓励广州媒体扩大与沿线国家华文媒体的合作，支持沿线国家华文教育发展。在参与文化部牵头的海外"欢乐春节""中国思想文化精品系列推广活动"等文化活动中，充分利用当地的华人网络，调动当地华人参与传承传播广州传统文化的积极性。

3. 兼收并蓄，推动文化创意产业进一步"走出去"

发挥动漫游戏产业在文化产业国际交流合作中的先导作用。巩固和加强广州动漫游戏产业在全国领先的优势，打造动漫游戏产业之都。培育重点企业，设立重点项目，鼓励广州动漫龙头企业如广州易动公司、奥飞娱乐、漫友文化等进一步"走出去"，广泛开展国际交流与合作。坚持办好中国国际漫画节。重视 IP 的保护和开发，同时整合相关资源，鼓励品牌授权经营，促使动漫"全产业链"和"全年龄段"发展。制定措施，如通过创立文化创意中心、文化创意大赛基金等方式，鼓励和支持原创开发，吸纳创意资源和人才，培育一批具有国际影响力的动漫游戏品牌。产品开发面向"一带一路"沿线国家，结合广州传统文化，尤其关注岭南传统文化中与沿线国家文化共通的元素，如目前在 33 个国家和地区流传的妈祖信俗，以及在很多东盟国家都还或多或少地保留着的舞龙舞狮、放花灯、赛龙舟等传统习俗，从中提取创意，开发相关动漫游戏产品，以传统文化推动动漫游戏产业进一步"走出去"，为广州文化对外宣传助力，为"一带一路"民心相通发挥独特作用。

加强创意产业与非遗产业的融合。制定政策，鼓励文化创意企业引进非遗人才，或与非遗传承人合作，开发非遗文化创意产品。通过"新媒体＋非遗""数字化技术＋非遗"等，促进文化创意产业中文化与科技的融合，开发生活化、现代化、充满趣味性又独具岭南特色的文创产品和文化服务，并借助新媒体平台在"一带一路"沿线国家推广和销售。通过"创意＋非遗＋时尚"，挖掘广州非遗资源中的创意元素，与时尚产业相结合，加快本土服饰文化资源创意转化和创新开发。如利用玉雕、广彩、广州珐琅等传统工艺开发富于创意和时尚感的装饰品，利用广绣、香云纱、钉金绣等传统技艺开发兼具岭南特色与现代品位的时尚服饰。可与国内外品牌合作开发，条件成熟时也可形成自主品牌。鼓励文创企业与服装学院、中国服装协会、中国服装设计师协会等院校和机构建立合作，举办"丝绸之路"非遗服饰创意设计大赛，开展模特走秀等活动，展示推广丝路服饰文化产品及品牌。与世界知名设计机构合作，举办广州非遗原创设计大赛；与世界著名设计院校、时尚品牌等合作，实施国际设计师广州驻地计划，通过世界时尚文化平台进行推广。借助"一带一路国际时尚周"、京交会、广交会等平台，将广州的非遗文化和时尚理念带进"一带一路"沿线各国人民的生活，促进民心相通。

深化文化金融合作。鼓励社会资本进入文化创意企业孵化器、文化众创空间等领域，创建文化与金融合作示范区，打造"一带一路"文化金融中心。鼓励社会力量借助互联网技术，探索搭建广州"一带一路"文化内容生产、交易以及投融资平台。探索设立"广州文化走出去"专项资金，综合运用股权投资、小贷、混合质押贷款、融资租赁等多种手段，促进文化创意产业集群发展，培育文化创意产业龙头企业。

4. 立足特色，提升旅游业的文化交流和传播作用

用好"144小时过境免签"政策，开发差异化文化旅游产品。经国务院批准，广东省从2019年5月1日起对53个国家实施外国人"144小时过境免签"政策，广州白云机场是三个入境口岸之一。"过境免签"允许符合条件的国际旅客无须持中国签证而可在广州做短暂停留，这是广州通过他们向世界宣传岭南传统文化及文化旅游品牌的大好时机。应坚持需求导向，不断提升服务水平，在餐饮、购物、货币兑换、行李寄存等细节上下功夫；优化旅游线路设计，策划更深入的、更具识别度的、令过境游客过目不忘的特色文化旅游体验产品。利用广州在粤港澳大湾区的区位优势，着力加强与大湾区各城市的旅游合作，不断丰富过境旅客的旅游消费选择。如联合肇庆、江门、佛山等具有丰富的文化旅游资源的城市，规划更深入的岭南文化游；利用香港、澳门的国际化优势以及与广州共通的传统文化背景，开发三地文化遗产游，让游客在感受不同的城市文化的同时体验三地共同的文化根基。同时，通过与各大航空公司合作，向乘机旅客宣传"过境免签"政策和广州的文化旅游资源。向参加免费"广州一日游"的国际旅客派发岭南文化纪念品，让他们将岭南文化带回家。此外，由于不少过境广州的国际旅客是公务出差，并无时间在广州停留，可考虑向转机国际旅客派发

具有广州文化特色的旅游纪念品，如以岭南绘画方式体现广州古迹、传统建筑或民俗风情的明信片等。

积极开展国际国内合作，开发特色文化旅游资源。鼓励有资质的旅行机构如广之旅等借助联合国世界旅游组织丝绸之路旅游国际会议、国际旅游展等平台，寻求机会与境内外旅行机构合作开发文化旅游项目。抓住粤港澳大湾区建设的机遇，联合香港，利用香港的区位优势及其作为亚洲邮轮枢纽的地位，积极合作拓展"海上丝绸之路"旅游线路。加强与"21世纪海上丝绸之路"沿线城市和国家的合作，共同开发涉海的跨省、跨境的"一程多站"文化旅游产品，如"'海上丝绸之路'沿线城市文化鉴赏游""广州—东南亚佛教文化精品游""'海上丝绸之路'仿古游"等，打造具有"海上丝绸之路"特色的国际旅游文化品牌。利用广州作为"21世纪海上丝绸之路"重要枢纽城市的地位，开发古代"海上丝绸之路"的诸多文化遗迹，整合沙面、长堤、锦纶会馆、海山仙馆、琶洲古港、黄埔村、长洲岛、南海神庙等旅游资源，同时结合广州非遗文化尤其是与沿线国家共通的民俗文化如妈祖信仰、赛龙舟等，开发特色文化旅游线路，如"海丝史迹之旅""千年商都之旅""祭海祈福之旅""岭南宗教之旅""岭南美食体验之旅""岭南传统工艺鉴赏之旅"等文化旅游线路。这些旅游线路既可作为独立的旅游产品向国际游客推广，也可融合进与境内外合作的旅游项目之中。

此外，加大广州文化旅游资源和品牌的宣传力度。加强在海外市场的营销，坚持国际航班开到哪里、旅游推广就走到哪里，培育目标客源市场。通过各国驻穗领事馆推广广州文化旅游品牌。借助"欢乐春节""文化周"等活动和各类节、奖、展、会平台，宣传广州的旅游政策和文化旅游资源，不断提升广州传统文化的知名度。

（三）合作共赢，实现文化艺术共同繁荣

1. 健全"一带一路"文化艺术交流合作机制

完善广州市与深圳、佛山等省内城市合作机制，建立"一带一路"对口合作机制，共同研究制定中长期合作规划，尽力实现省内城市合作项目对接。发挥国家重要中心城市引领功能，积极倡导广东省内城市及周边省外城市，如厦门、泉州、桂林、昆明等在文艺作品创作生产、文艺活动举办、文艺人才培养等方面开展区域性合作。发挥粤语的独特优势，以"粤港澳"大湾区建设为契机，构建"粤港澳"大湾区城市圈在文化艺术领域深度合作机制。推进穗港澳文化交流机制常态化，持续举办粤港澳青少年文化交流季，加深穗港澳三地文化认同、民族认同。提升岭南文化在21世纪"海上丝绸之路"建设中的影响力，构建以岭南文化为代表的海洋文化圈。倡议并举办"一带一路'文艺合作交流峰会"，定期交流在项目审批、资金使用、人才培养、平台建设、技术支持等方面的成功经验与需要进一步改进的事项，合力探索建立对口项目合作机制和目标任务考核机制。并借助国内外研究"一带一路"的权威专家、文化名人、知名企业家和熟悉广州对外合作情况的知名人士、媒体代表的力量，提升广州对外文艺交流合作的效能。

积极与"一带一路"沿线友好城市签署政府间文件，深化文化主管部门、文艺院团（院线）、文化企业、文化场馆、院校等合作机制，为"一带一路"文艺发展提供可靠保障。推动与沿线友好城市建立比较文学研究、文艺创作生产、文艺活动开展、国际文艺人才培养培训等方面的交流与合作机制。建立"'一带一路'广州文艺合作引导资金"，为城市之间的合作提供一定资金保障。推动市内文化场馆、机构、企业及知名文化机构积极参与目前已经成立并运作的丝绸之路国际剧院联盟、丝绸之路国际博物馆联盟、丝绸之路国际艺术节联盟、丝绸之

路国际美术馆联盟和丝绸之路国际图书馆联盟五大专业联盟。

2. 搭建"一带一路"文化艺术交流合作平台

积极参与国家开展的"一带一路"沿线国家和地区的中国文化中心建设,积极参与中央国家相关机构重点打造的以"一带一路"为主题的国际艺术节、艺术博览会、艺术公园等国际交流合作平台。积极借助中宣部、文化部、中国文联等对外文化交流活动的契机和平台,输送本地文艺精品对外交流演出,传播岭南文化。配合市政府外事办公室实施友城拓展计划,经营好友城周年庆典、友城文化艺术团等项目,推动全方位对外文艺交流与合作。深化粤港澳大湾区文艺项目合作,建设以中华文化为主流、多元文化共存的交流合作平台。学习西安创办"丝绸之路国际艺术节"、上海成立"一带一路"电影节联盟、泉州建设"'海上丝绸之路'(泉州)艺术公园"等经验,积极向中央相关部门申请设立以"一带一路"的艺术交流合作为主体的综合性国际文化论坛、文化交易会以及项目平台,拓展广州"一带一路"文艺交流板块和提升广州的城市影响力。

开展项目合作。繁荣以"一带一路"主题的文化艺术创作生产,与沿线城市和地区的艺术人才和文化机构联合创作、共同推介,联合搭建艺术精品展示平台,提升艺术人才的专业水准和国际交往综合能力,为丝路主题艺术创作储备人才资源。联合挖掘"一带一路"文艺资源题材,共同创意编排、联合打造具有国际一流艺术水准和重大影响力的特色剧目。共同开发演艺市场,协同开展演艺作品的改编和提升。联合开展新创演艺作品的国际推广、巡演工作,加强信息和资源的互通共享。

以项目为纽带建设离岸文艺创作平台。以我为主,推动广州文艺向"高峰"迈进。在巴黎、伦敦、纽约等高端文艺人才集聚地成立海外文艺人才联络处(文艺驿站),打造文艺交流合作的空间载体。加强与驻外使馆、华人华侨社团联络,聘请海外文艺人才担任工作顾问。定向访问和引进海外拔尖文艺人才和核心团队，采用量身定制、一人一策，精准引才。文艺人才驿站要"五有"：有场所、有人员、有经费、有项目和有任务。重点挖掘"一带一路"友好城市的文艺资源和有潜力的文艺人才，以签约合作的形式开展项目合作，支持创作人员围绕广州的历史地位与当代形象进行中外合璧的文艺创作，用当地人的语言讲广州故事。

3. 打造"一带一路"文化艺术交流品牌

办好现有的重大国际性文化活动。强化权威性和专业性，扩大中国音乐金钟奖的国际影响力。深化政府主导、市场运作发展模式，将中国（广州）国际纪录片节打造成为国际知名、亚洲首屈一指的纪录片节展品牌。持续扩展优秀影片专场放映活动，提升中国国际儿童电影节在"一带一路"沿线的国际影响力。优化"羊城国际粤剧节"基础资源，扩大办节规模，邀请"一带一路"沿线城市粤剧知名表演者参演，特别是海外华人粤剧知名表演团队。开展粤剧海外培训普及工程，组织粤剧专业院团和艺术家赴"一带一路"沿线友好城市举办培训班，培养海外受众，特别是海外华人受众，扩大粤剧的受众面。充分发挥广州动漫产业优势，打造广州国际动漫展、国际动漫影视博览会、广州国际动漫节等展会品牌。坚持打造"广府春秋"和"广州艺术影像志"两大精品系列纪录片。擦亮对外文化交流品牌，抓牢"广州文化周"对外文化交流活动，抓实"我们·广州"城市文化推介品牌活动，抓细"丝路花语——'海上丝绸之路'文化之旅"品牌项目，开展广泛的国际合作，传递广州人文，展示广州风采，提升广州形象。

举办与"海上丝绸之路"相关的双向文化交流活动。广州要谱写"海上丝绸之路"的美丽篇章，需要有大手笔。例如常设性的高级别"海上丝绸之路"国家高峰会，"海上丝绸之路"学术研讨会等。通过活动品牌打造和双向交流，吸引"海上丝绸之路"沿线国家来广州开展交流合作，增强广州在"海上丝绸之路"建设中的主导地位。广州与阿拉伯地区文化交流源远流长,广州要充分发挥中阿文化交流的历史资源优势,积极参与阿拉伯国家孔子学院建设,扩展广州文艺交流交往领域和深度。以"一带一路"沿线阿拉伯城市为重点,加点公关力度,邀请文艺界名流来粤访问和举行"意会广州"等采风创作活动,让更多有影响力的阿拉伯人士了解广州,了解中国。在"一带一路"城市打造"广式欢乐春节""丝绸之路文化之旅"等交流品牌以及互办文化节(年、季)等活动。

4. 加强民间及民间艺术交流合作

国之交在于民相亲,民相亲在于心相通。"五通"之中,民心相通是涉及许多参与主体的系统工程,也是一项极其重要的基础工程。中央对外联络部王亚军副部长在《民心相通为"一带一路"固本强基》一文中指出,"民心相通的源头和归宿在民间,必须紧紧依靠社会和民间力量"[①]。依靠社会和民间力量,一是要打造城市内部有利于"一带一路"建设的民意氛围、伙伴关系,充分调动各类文化组织、媒体、智库、文化企业等各类主体的积极性、能动性,同时充分发挥他们接地气、连民心、人多力量大的优势,鼓励他们积极建言献策,提高文艺作品及活动的适应性、针对性,使有关文艺作品更加贴近现实、抓住人心。同时引导和扶持社会力量主动参与"一带一路"文化交流与合作。二是要充分调动华侨华人力量。要充分利用"一带一路"沿线城市华侨华人融通中外的优势,推动当地华人华侨组织成为促进"一带一路"文化交流合作的天然桥梁和使者。三是要培养有利于文艺形象传播的外部力量,要了解并充分利用好"一带一路"沿线城市的民间文化艺术节日活动,特别是要与联合国教科文民间艺术国际组织(简称IOV)建立更加亲密的合作关系,以各种方式鼓励中国艺术家参加国际艺术交流

---

① 王亚军:《民心相通为"一带一路"固本强基》,《行政管理改革》2019年第3期。

活动。同时，要创作机会提升广州文艺作品知名度，推动中华文化走进当地民众的圈子，让当地民众赞美和喜爱中国文化，甚至成为中华文化的推广者。

另外，不仅应通过文化贸易向"一带一路"国家推广精美的中国文化产品，也应该从这些国家进口具有它们本民族特色的文化产品和服务，用中国文化消费市场的巨大需求，通过市场机制，拉动这些国家的文化发展。成立"'一带一路'民间艺术和文化遗产国际交流协会"，更好发挥华侨华人的桥梁作用。

文化交流要以民间为先锋，久久为功，潜移默化。因此，有组织、有规划、有序地推动实施民间文化交流显得十分重要。陈平建议在香港或澳门成立"一带一路民间艺术与文化遗产国际交流协会"，更有效地组织国际机构、民间组织、社会团体以及艺术家、手工艺传承人、地方文艺院团等，开展"一带一路"民间文化交流活动，也可为粤港澳大湾区文化建设增添活力、汇聚国

5. 提升自身综合实力

一是提高文艺精品生产能力。强化文艺院团（企业）与剧场合作，发挥市属文艺院团（企业）历年获奖精品剧目和经典剧目实体内容优势，结合广州地域文艺演出阵地资源，形成以广州大剧院、星海音乐厅为代表的高端演艺场馆和中山纪念堂、友谊剧院、省演艺中心为代表的中端演艺市场惠民矩阵。要强化与影视企业合作，发挥珠影集团、南方影视集团、民营影视公司等省内龙头影视企业的作用，合力推出兼具社会效益和经济效益的影视精品，进一步促进广州电影市场繁荣发展。要加强与广东广播电视台等合作机制建设，开展"新锐互联网影视青创计划"等项目，发挥广州影视资源优势，激活年轻人的创作活力，带动南中国影视产业的发展。要与中国音协、星海音乐学院、星海演艺集团等合力打造广州星海国际音乐季等大型品牌活动，助推广州由音乐之城迈向音乐之都，再创广州音乐新辉煌。

二是抢占文艺发展高地。顺应互联网技术和新媒体正快速颠覆传统文艺形态的新趋势，巩固和发展数字互动娱乐、数字视听、网络文学等以数字内容为核心的相关文化产业，打造全国数字文艺、数字文化产业新高地。强化动漫游戏产业全国领先的优势，深化动漫作品思想内涵，引导游戏产业健康发展，打造动漫游戏产业之都。以"粤港澳大湾区"建设为契机，强化与港澳的联合，提升广州音乐和演艺产业的整体实力。借鉴美国"好莱坞"和印度"宝莱坞"发展经验，探索差异化发展之路，建设中国的"华莱坞"。全面提升文化创意设计产业综合竞争力，积极申请加入联合国全球创意城市网络城市之"设计之都"，培育全球文化创意设计之城。

三是提高对外宣传能力。加快传统媒体与新兴媒体融合发展，支持传统媒体和新兴媒体优势互补、一体化发展。引导和鼓励电视台提升粤语电视节目的传播能力，发挥粤语文化资源优势，搭建广东以及香港、澳门、东南亚粤语频道传播交流联盟。打造粤语文化品牌，提升广州文艺作品在岭南地区、东南亚以及世界范围粤语区的影响力和辐射力。拓展新媒体传播平台，探索与海外重要媒体合作，开展立体化多角度的广州文艺作品和城市形象宣传。

四是讲好"广州故事"。利用好国际航线大会、国际港口大会、世界财经媒体论坛等城市文化传播平台，举办或者联合举办一批国际化的文化交流活动，重点推出广州原创作品。深化粤港澳大湾区文艺合作机制建设，构建以中华文化为主流、多元文化共存的交流合作平台。配合"一带一路"倡议和国家的文化交流合作计划，加大文学、舞台剧、电影、电视剧、舞台艺术片及艺术性纪录片的对外翻译推介力度，传播好中国故事中国声音、广州故事广州声音。

6. 提高国际交往能力

一是提升语言服务能力。在"一带一路"文艺交流合作深入推进过程中，要从语言功能、外语语种、语言安全、话语系统等方面入手制定发展战略和规划。文艺交流合作过程中，可能存在的文化安全和意识形态隐忧，特别是文学、口头艺术因为翻译误差可能引发的文明冲突，应针对性地建立应急预案，做到有备无患。要大力开展"一带一路"沿线国家现状调研，加强对"一带一路"沿线城市社会文化心理、语言习惯等信息采集工作，建设语言文化风险预警机制、涵盖多语种的语言风险信息案例库等，及时发布语言风险预警信息，关注潜在风险，提高预见性。

二是强化"一带一路"文艺人才语言培养与培训。加大"一带一路"外语人才特别是小语种人才培养，着力打造精通相关国家语言、熟悉国际通行规则、具有开阔国际视野、擅长开展跨文化交流的文艺专门人才或管理者。着重引导文化机构、企业重视跨文化管理、文化安全治理问题，提高其处理各类文化冲突，应对各类突发语言、舆论事件，减少交流中的语言文化分歧。

三是提高拓展国际视野。要实施青年优秀文艺人才国际培养计划，资助有潜力的文艺理论专家、表演艺术家、编剧等到国（境）外开展短期培训、访问进修。要实施文艺人才国际拓展计划，增强培养方式的实践性。在进一步拓宽国（境）外培训渠道的同时，利用友好城市的渠道，选派各类高级文艺人才、管理人员到国（境）外相关艺术机构进行实践，观摩学习以及创造、表演合作，促进文艺人才、管理人员在实践中不断增长技能，拓展国际视野。

四是强化国际合作。以更宽广的胸怀吸纳国际化高层次人才和国际文化艺术组织落户广州，显示广州世界文化名城和文化大都市的风范和国际影响力。重点推荐高层次人才进入国际组织、步入领导层，有计划地培养、挑选和送出一批青年才俊参与有影响的国际组织，学习国际非政府组织的运营管理，了解"一带一路"沿线城市的文艺艺术动态,掌握文艺艺术创作生产机制和制度,更好地为广州文化、中华文化推广服务。

(四) 正视差异,以务实的态度突破粤港澳大湾区文化交流的障碍

作为"一带一路"建设的深度合作示范区,粤港澳大湾区拥有"一国两制"的制度优势和高度开放的市场化优势,有利于构建"一带一路"多层次公共政策沟通平台,是国家参与全球治理的重要空间载体。2019年2月颁布的《粤港澳大湾区发展规划纲要》明确其战略定位是建成具有全球影响力的国际科技创新中心,为推进"一带一路"提供重要支撑。广州应正视与港澳地区合作模式、合作领域的差异,以全球视野谋划进一步扩大文化领域开放。通过融合创新、公平竞争,主动融入"一带一路"文化合作网络。降低规则和制度的摩擦成本,形成与港澳地区信息联通与业务对接,全面提升广州在大湾区中的文化资源共享与配置能力,提升其在"一带一路"文化合作及全球文化创新格局中的地位。

1. 超越固有思维,以文化认同弥合制度鸿沟

正视港澳文化发展的独特轨迹。任何文化形态都是特定历史阶段发展的产物,受制于当时的社会政治经济发展水平,由特定时空下的经济基础和政治制度决定了它的发展方向。粤港澳大湾区毕竟不同于纽约、东京湾区,它的11座城市虽然同属一国,却分属三个不同的法律和行政体系,实行不同的社会制度,其经济发展与社会管理模式存在显著差别。尤其需要关注的是,由于延续了回归前的经济结构、社会结构,港澳地区社会诉求多、各种意识形态集聚,阶层思维模式各不相同,对其文化发展和价值认同形成了明显影响。港澳文化本质上是在回归前缓慢形成的某种变异性文化,它一方面植根于中华传统文化的基础上,另一方面也大量吸收融合了英、葡为代表的政治、

社会及文化传统，形成了不同于内地城市的独特文化现象。在文化价值理念、文化管理制度方面，港澳地区长期保持了相对独立的发展轨迹。回归以来，历经二十多年经济转轨、社会转型等风风雨雨的洗礼，香港地区党派纷争不断，族群裂痕加深，社会生存压力剧增，社会形势更趋复杂，城市居民在政治立场、利益诉求、行为模式乃至身份认同上都存在显著差异，客观上很需要培育共同的人文情怀，通过文化交流实现民心相通，拉近粤港澳三地彼此认同的距离。

以文化融合之功弥合制度鸿沟。港澳地区的文化多元多样，以独特的方式为世界文明演进做出了贡献，同属于中华民族共同的精神财富。推动粤港澳大湾区共同参与"一带一路"文化交流合作，需要我们放开胸怀，以海纳百川、博采众长的胸怀，进行多方位合作与融合创新。这不仅需要推动城市群之间协调发展，通过"制度创新"跨越体制障碍，更需要通过广泛交流发挥文化的认同与融合功能，引导人们求同存异、相互鉴赏，拉近民心距离，避免不必要的社会风险。可以肯定，粤港澳大湾区建设顺利与否，很大程度上将取决于城市群能否跨越制度鸿沟，能否形成共同的价值认同，能否铸就理念相近、民心相通的社会基础。通过拓展路径、改进交流合作方法、夯实湾区协同发展的民心基础，增进对港澳市民的关心、爱护和尊重，将有效培育共同的人文情怀，提升其对国家、民族和社会等共同体的认知，并逐步弥合三地囿于制度分歧产生的国家民族与文化价值认同差异，使大湾区真正形成一个开放、包容、和谐的共同家园。在主流价值体系的交流融合方面，尤其需要超越固有思维框架，切忌将自己的理念强加于人，更不能以简单的宣传模式取代文化上的交流融合。

2. 探索多渠道、宽领域的文化合作

优化文博艺术影视领域的合作机制。粤港澳大湾区文化交流需要正视合作模式、合作领域的差异，先易后难，分类施策，提升合作的整体效果。目前可以先在条件相对成熟的领域如艺术节、电影节、美术馆、博物馆、音乐创演等领域完善合作机制，具体内容包括组织协调、资源汇聚、版权保护、服务运营等机制构建。通过稳步建立城际文化合作机制，灵活运用现代交流技术和交流媒介，优先推动广州与港澳地区在文化遗产保护、艺术创作、文化旅游、青少年交流等领域的合作。除了借鉴吸收其成功经验和优秀成果，还应主动参与港澳地区不同族群、不同阶层间的文化对话与交流，增进交流的广度和深度，以此培育包容的文化氛围和共同的人文情怀。

　　增强与港澳地区官方协调能力。港澳回归以来，粤港澳三地文化交流合作十分紧密，文化合作效果也很明显。2002年由广东省文化厅、香港特区政府民政事务局、澳门特区政府文化局联合成立了粤港澳文化合作会议，由三方轮流承办，官方协作平台由此初成。建立16年来，先后签署了《粤港澳共同推进"一带一路"文化交流合作意向书》《粤港澳青少年文化交流合作意向书》及《粤港澳青年戏剧交流与合作意向书（第二阶段）》等文件。在演艺节目和人才、文化资讯、文物博物、公共图书馆、文化创意产业、青少年文化交流等方面做出了详细的规划安排。尤其是《粤港澳文化交流合作发展规划2014—2018》，在共同培养人才，推动文艺作品巡演巡展，保护湾区文物遗产，激发城市文化活力，提升市民文化认同方面发挥了重要作用。但是，必须指出的是，由于受官方传统的层级管理制约，大湾区政府间合作指向主要限于粤港与粤澳双方，广州与珠三角其他城市作为下属单位，可供直接参与组织与协调的空间十分有限，文化合作与项目规划受到当前制度明显制约。建议在现行粤港澳联席会议机制的基础上，推动成立穗港澳文化交流协调办公室，配套相应的人力物力资源和交流发展基金，逐步完善相应的运作机构，增强广州与港澳地区官方协调能力。完善与港澳文化机构的会面和磋商机制，通过参加多边活动、举行会议、协商交流计划等方式确保良好的沟通，在重大文化活动（如国际博物馆日、世界读书日、香港艺术节、澳门国际艺术节等文化节庆活动）、文化遗产保护、文化惠民服务、文化产业发展、携手共推文化走向世界等方面深化合作，共同打造一批声誉卓著的品牌活动，以此提升城际文化交流水平，拉近三地交流的心理距离。

拓展民间渠道，消除隔阂，促进文化融通。港澳地区在文化管理方面具有典型的小政府大社会特征，政府可以调动的公共资源十分有限，许多文化交流活动是各类社会机构通过市场运作组织开展的。香港澳门以极大的自由度培育了大量的社会组织和民间机构，它们构成了当地文化活动主导型的推动力量。粤港澳大湾区文化合作，民间交流将是不可或缺的组成部分，是平等自愿、相互借鉴的重要交流形式，有助于增进大湾区民众的相互理解，传递友好合作的声音。在目前情况下，应加大对社会力量参与文化交流的支持力度，吸引更多的社会资本参与"一带一路"文化合作项目。借助大湾区知名企业、公共机构的优势资源，推动形成以政府为引导、社会力量为主体、市场化运作的良性运行机制。鼓励知名企业、公共机构投入资源，激发大湾区社会组织和个人在"一带一路"文化交往合作中的能动作用，提升其文化交流水平和交流层次，塑造大湾区协同参与"一带一路"文化合作的开放性、多元性、创新性特点。开启各类定制化青少年交流体验，通过提供参观、讲座、工作坊、交流会、展览等交流活动，增进青少年在文化、艺术、体育、科学、公益和商业等诸多领域的交流。积极组织大湾区网上文化论坛、文化博览会，推动网上媒体对话、社群交流。

3. 携手港澳，共同塑造"一带一路"人文精神

作为中华优秀传统文化的有机组成部分，岭南文化倡导兼容并蓄、自强不息、开放包容的理想信念和道德追求，积淀着粤港澳人民最深沉的精神追求，是共同的"根"与"魂"。珍

视这个"根"和"魂",需要三地文化艺术和学界联手协作,对共有的文化传统进行发掘、梳理、弘扬,塑造同呼吸共命运的大湾区人文精神。

弘扬大湾区开放、包容与创新的人文价值理念。岭南文化是粤港澳大湾区文化之根,其倡导的仁爱、民本、诚信、正义、大同的思想理念,牢固积淀在海内外华人的思维模式和行为方式中,是华人社会生命力、凝聚力、创造力的重要源泉。组织粤港澳三地的专家学者,共同研究岭南传统文化精髓,通过启动城际文化论坛,开展大湾区专项课题研究,联合实施城市文化遗产调查等方式,阐释粤港澳大湾区共同的历史渊源、发展脉络以及开放、包容、创新的人文精神。系统研究近代以来在大湾区活动的著名哲人思想家、宗教家、学派团体,从多种角度对岭南人文思想、哲学信仰、审美情趣进行广泛探讨,阐明粤港澳文化作为中华文明的重要组成部分,在中西方文明不断交流融合中丰富发展的路径。

组建大湾区公共文化服务联盟。增强大湾区城市群文化交流合作的全局性、协同性,需要通过与港澳地区主流文化机构建立横向联系,着力形成与当地文化机构的信息联通与业务对接。目前可以先在条件相对成熟的公共文化服务领域,组建粤港澳公共文化服务联盟,推进图书馆、博物馆、文化艺术节、文化遗产保护、青少年交流、文化旅游等领域密切合作,围绕公共文化资源共享做好组织协调、资源汇聚、服务运营等工作。通过城际文化合作机制,邀请港澳地区知名企业、商务机构和社会各界代表参与广州主办的大型文化活动,优选交流主题,灵活运用现代交流技术和交流媒介,从多个侧面推进跨域文化对话交流。

筹建大湾区文化学术联合会。港澳地区集聚了大量学贯中西的文化人才,文化精英辈出,拥有许多声誉卓著的学术机构。通过与港澳高校、科研机构、文化研究中心及民间智库开展广泛合作，整合资源筹建粤港澳大湾区文化学术联合会。策划一批港澳文化研究出版选题，推出一批思想性、艺术性、观赏性俱佳的港澳图书、学术、艺术和粤港澳先贤丛书（粤港澳共同文库），系统梳理粤港澳先贤思想。在每年的香港、澳门回归日分别启动穗港澳文化交流季，通过举办"岭南传统文化与当代中国"论坛及其他各类文化跨境论坛、本土文化社团负责人圆桌会议、友城青年文创论坛等活动，增强与港澳及海外学界的交流，提升岭南文化研究与交流质量。

搭建大湾区公共文化智库平台。依托粤港澳知名高校、科研院所和文化社团共同发起成立大湾区智库合作联盟，将为加强湾区内文化智库资源整合、政策沟通、人才交流搭建平台。充分发挥湾区智库研究优势、网络优势和资源优势，联合开展对"一带一路"沿线国家全方位、多层次研究。通过优势互补、资源互利、信息互通，提升智库的研究服务能力，推动智库成果共享，为"一带一路"文化合作提供专业智力支撑。发挥智库的人才集聚效应，编制粤港澳大湾区文化智库建设发展规划，吸引并孵化出更多文化机构、科研基地，形成湾区内文化科研机构集群，为"一带一路"文化交流提供有保障的人才支持。定期举办粤港澳大湾区文化智库论坛，完善智库成果应用转化机制、智库交流合作机制。

4. 繁荣文化市场，共建粤港澳文化合作创新示范区

文化产业天然地蕴含着强大的交流与传播功能。围绕"一带一路"发展倡议和大湾区文化发展战略要求，共同规划建设南沙自贸区"文化创意产业创新服务示范区"，发挥南沙自贸区的保税政策和综合服务功能，完善国际文化贸易企业集聚中心、文化产品展览展示及仓储物流中心、文化商品交易服务中心的配套功能，为粤港澳及海外文化机构提供展示体验、交流推广、孵化培育、融资投资与仓储物流等服务。提升文化资源共享与配置能力，开发大湾区共同的文化市场，有利于凭借共生的文化纽带

将粤港澳紧密联系起来。统一规划合理布局，发挥文化创意产业创新服务示范区在配置文化资源中的调节作用，稳步提升湾区对全球文化创新资源要素的强大吸纳、消化、整合能力。

5. 营造衔接港澳的文化贸易环境

香港作为国际性贸易中心，自开埠以来就是自由港，推崇自由贸易和公平竞争原则，拥有高度法制化与最为开放的营商环境，是全球最自由经济体之一，与"一带一路"上大多数国家和地区保持着紧密的经贸往来。作为"一带一路"建设的深度合作示范区，广州必须积极主动地消除地域壁垒，降低规则和制度的摩擦成本，形成与港澳地区对接的市场环境，提升其在大湾区文化创新格局中的资源共享与配置能力。具体做法包括：

进一步简政放权，完善政府部门权责清单。主动对接港澳地区国际化营商规则，围绕打造"一带一路"企业投资首选地和最佳发展地，持续深化营商环境改革，系统开展投资便利化、贸易便利化、市场监管体制等改革。进一步施行简政放权，精简和下放一批行政许可备案事项，完善政府部门权责清单，如逐步取消港澳文化交流活动中的艺术展览、影视音像、动漫、出版物、表演艺术及文化学术会议的行政审批事项，缩短审批时限，简化审批手续，以此优化市场环境。

进一步减少非关税壁垒，大幅放宽文化市场准入。对现行文化贸易政策进行认真梳理，找出阻碍文化贸易发展的非市场因素，提出工作方案与调整清单，争取上级部门批准，在制度创新方面先行先试，减少各种强制性限制进入文化市场的非关税壁垒。降低港澳台文化行业准入门槛，在文化传媒与出版服务经营许可、影视与演艺跨境项目立项审批、品牌赛事投资核准、分享国有文化改制企业税收优惠政策等方面公平对待所有的市场经营主体，以市场竞争淘汰落后企业。深化国际贸易智能通关、数字口岸建设，提升跨境文化贸易便利化水平。

进一步争取大湾区互联网有序开放。在全球化和全媒体时代，网络的互联互通是构建任何命运共同体的必备条件。应联合国家工信委，积极争取粤港澳大湾区互联网的有序开放，改善粤港澳文化合作的运作环境，为民心相通消除不必要的藩篱，也为文化自信敞开开放包容的胸怀。积极推动广州与港澳间公共文化服务资源的网上衔接，共同筹划粤港澳大湾区文化云建设，提升跨境文化交流合作的便利程度。

进一步完善文化市场监管体系，形成联合奖惩长效机制。建立以"信用＋监管"的新型市场监管体系，保护在广州的外企合法权益，包括公平的市场竞争、平等的分享生产要素以及独立产权的保护，实现内外资、国有与民营企业一视同仁。强化知识产权保护，打击文化领域侵权假冒违法行为，打造全国性知识产权交易中心。

六 政策建议

坚持平等互鉴、开放包容、以我为主、兼收并蓄等原则，整合公共资源，调动各方力量，落实推进机制，以此保障广州服务国家"一带一路"建设、在民心相通领域发挥重要的示范作用。

（一）建立"一带一路"文化工作协调机制

1. 坚决贯彻中央关于"一带一路"文化合作的决策部署

弘扬敢闯敢试、敢为人先的改革精神，创造性地贯彻中央决策部署，打破条块分割局面，真正发挥市场在文化资源配置中的决定性作用。通过市场引导形成合力，实现文化资源共享，拓展广州参与"一带一路"文化交流合作的广度和深度。

2. 完善"一带一路"组织工作机制

对外文化交流是一项复杂的系统工程，关乎城市管理的方方面面，需要优化体制，逐步形成更适宜的交流机制。建议进一步优化广州推进"一带一路"组织工作机制,强化责任落实和督查考核。加强与国家推进"一带一路"建设工作领导小组办公室的协调沟通,研究解决"一带一路"合作示范区建设相关重大问题。成立广州市"一带一路"文化工作联席会议制度,形成文化与经贸、文化与金融、文化与教育、文化与旅游对外交流领域全方位紧密合作关系,实现项目资源统筹和信息共享,推动形成"一带一路"建设过程中广州文化领域的全面开放新格局。

3. 推动"一带一路"国内重点城市分工协作

完善穗港、穗澳对接合作机制,充分发挥粤港澳大湾区核心引擎作用,建立健全工作架构,探索建立穗港、穗澳对接的区域政务服务机制,加速推进广深港澳科技创新走廊、香港科技大学(广州)校区、粤港澳大湾区知识创造示范区、科学城制度创新先行区、生物岛生命科学合作区、黄埔港现代服务创新区及粤港澳大湾区教育研究中心等文化教育合作项目的建设进度,携手港澳建设国际一流湾区和"一带一路"先行示范区。加快构建"一带一路"国内沿海重点城市协作机制,发挥广州重要口岸作用,共享南沙自贸试验区政策"红利",建成21世纪"海上丝绸之路"文化交往合作主通道。

(二) 构建"一带一路"文化政策支撑体系

1. 加强中央、省、市等不同层级政策的协同衔接

在优秀传统艺术创作、民族文化传承服务、文化与科技融合发展、文化交流人才培养等方面,加快研究制定突出市场积极作用、体现社会参与要求、展示岭南"海上丝绸之路"文化特色的支持政策,形成中央、省、市等不同层级协同衔接的政策支撑体系。

2. 提升"一带一路"文化合作的财政支持力度

构建文化交流的财政保障机制,确保每年对"一带一路"文化合作工程投入有一定的增长幅度,确保各级财政转移支付资金用于文化交流与传播的比重逐年增加。加大政府性基金与

一般公共预算统筹力度，逐步增加各类基金、彩票收益中用于城市文化事业发展的比重。试点基金投入文化的创新模式，通过公开招投标和集体决策机制，更多以政府购买服务方式对文化传承领域的财政资金进行竞争性配置，在形成项目优选机制的同时，提升资金使用透明度。

3. 简化"一带一路"文化合作项目审批程序

推进"数字政府"建设，实施审批服务"网上办、就近办、一次办"，完善"一窗式"集成服务、清单管理、跨城通办、一网通办等措施，在法律、法规许可的框架内，各类文化交流合作包括图书、音像、影视、艺术品等审批部门要加强协调，针对不同特点制订最快捷的审批流程，减少审批步骤，放宽审批条件，提高工作效率，缩短审批周期，打造广州政务服务品牌。加快研究出台系统推行有关文化企业参与"一带一路"文化合作项目的配套政策及实施办法。

（三）布局"一带一路"文化交流合作项目

1. 增强对外文化交流合作的全局性和前瞻性

拓展与"一带一路"沿线国家文化合作，需要与广州的国际化战略统一起来协调思考。应在充分评估城市文化交流与文化产业合作发展基础的前提下，总结海上丝路文化交流经验，增强对外文化交流合作的全局性、战略性和前瞻性。

2. 布局全市文化重点建设项目

紧紧围绕服务"一带一路"文化合作及全球城市建设等中心任务，科学评估与挖掘广州在"一带一路"文化交流合作领域的承载力，合理布局区内文化交流合作功能，科学规划与整合广州与相关国家地区和重点城市的文化交流合作项目。进一步推进"图书馆之城""博物馆之城"建设，加快广州文化馆、美术馆、博物馆新馆、科学馆、音乐博物馆等重点文化设施项目建设。在城市历史文化遗产保护方面，科学编制文物保护规划，继续推进"海上丝绸之路"史迹保护和联合申遗工作。制定历史建筑利用修缮监管办法，扩大商旅文融合发展范围，活化利用北京路、东山、沙面、黄埔古港等重点历史文化片区，建成国家全域旅游示范区、北京路国家级文化产业园区。

3. 编制"一带一路"文化交流中长期计划

在制定中长期"一带一路"城市文化交流规划的同时，合理编制文化交流、传媒合作、人才培训、法律咨询服务一揽子文化交流计划。优先试点在每年世界文化多样性促进对话日和重大文化交流活动期间启动各类文化合作论坛，通过举办各类文化跨境论坛、文化社团圆桌会议、友城文创论坛等活动，增强海内外城市文化交流。

4. 构建品牌效应突出、层次多样的跨境文化交流网络

落实高水平建设国际交往中心三年行动计划，发挥重大节庆、著名赛事、国际会议作用，搭建更多文化艺术、教育培训、旅游体育等交流平台，全面提升与沿线国家的人文合作交流水平。进一步打造《财富》国际科技论坛、国际金融论坛、广州国际投资年会等一批国际会议品牌，办好广交会、广州博览会、世界港口大会、中国邮轮产业发展大会、海丝博览会，吸引国际组织、跨国公司来穗举办论坛、峰会等大型会议活动，构建品牌效应突出、层次多样的跨境文化交流网络。深化在文化市场、文化项目、文化人才、文化信息等多方面合作，有针对性地培育一批文化交流精品项目。

5. 提升文化资源集聚辐射能力

针对城市文化特色和历史文化资源潜力、文化合作交流基础、文化资源集聚能力，完善以广州为中心的文化资源保护和开发利用体系，实现"海上丝绸之路"沿线重要城市文化资源集聚、文化协作信息服务集中、文化交流合作空间广阔，从而使名城广州在"一带一路"地区发挥出优势突出的文化辐射效应。我们认为，面向21世纪的"一带一路"其实就是一条作为

开放、交流、融合的文化通道，它体现了政治上的共存、经济上的共荣以及文化上的互动特征，实施广泛的交流合作，将为广州参与全球化进程打开全新的多元文化视界。

（四）规划"21世纪"海上丝绸之路"城市联盟"

1. 全面实施"互联网+广州文化"战略

加强数字、多媒体和网络等核心技术的研发和应用，丰富表现形式，拓展传播方式。鼓励科技公司尤其是平台类公司，不断加强文化创意的数字化，降低"一带一路"数字化文化交流合作的技术门槛。更加重视创意产业，推动文化创意和"一带一路"相关产业融合发展。通过用户反馈数据，依托人工智能技术和产品载体，讲好广州故事，推动文化交流及创意设计融入产业互联网，从而为"一带一路"民心相通助力，为沿线人民生产出更高质量的产品。引导境内外报纸杂志丰富广州文化专栏内容，引导本土电视、广播定期制作"走进广州"精品节目，大力宣传广州的历史风貌、风土人情、新气象、新风貌，深入挖掘、研究传统文化的价值品质，以广州元素的国际表达方式扩大城市文化的国际影响力。

2. 发起建立"21世纪"海上丝绸之路"城市联盟"

文化交流要有全球观念，要利用地缘优势，扩大与"海丝"沿线国家地区友好往来，加强与"海丝"沿线国家地区全方位合作。统筹与福建、浙江、江苏、海南等省份关系，共同筹划21世纪"海上丝绸之路"文化交流合作平台，发起建立"21世纪"海上丝绸之路"城市联盟"，使广州成为国内最重要的"一带一路"文化交流中心城市和全球华人华侨文化交流中心城市。通过举办国际性、全国性的著名文化艺术赛事、会展、演出等活动，为"一带一路"文化交流合作搭建交流平台。办好中国音乐金钟奖、文化产业交易会、海丝博览会、国际纪录片节、亚洲美食节等一批重大国际性文化活动。争取联合"一带一路"重要合作城市举办更多国际性高层次的艺术活动和重大国际文体比赛项目，培育和打造具有重大国际影响的文化节庆或会展品牌。

3. 拓展友城的桥梁纽带作用

以国际友城为桥梁和纽带，拓宽合作渠道，在世界先进城市选点布局，优化网络，增强广州文化的国际影响力。加强友城高层互访，推动友城务实合作，建立友城常态化交流合作机制。通过签署合作备忘录，举办友城政府官员、友城联络员研修班等，加快对接"一带一路"沿线国家地区。积极参与中国—东盟自由贸易区进程，巩固与欧、美、日等传统合作伙伴的文化教育科技往来。积极推进广州与非洲、南太平洋地区的经贸与文化合作。

4. 发挥海外华侨的力量

发挥海外华商优势，鼓励海外华商与广州企业深度合作，开展文化遗产、公共文化服务、文化基础设施、文化创意产业等领域合作。祖居广东的华侨约有2072万人广泛分布在"一带一路"沿线城市，他们广泛从事于商业、教育、金融、文化、政治等领域，构成了广州文化软实力的一个重要因素。在市场开放、文化交流日益频繁的今天，他们不仅会将所在国的文化传统和优秀成果带进广州，为名城文化的多样性增添异彩，同时也会承担起文化使者的使命，为广州文化向华人社会传播架起重要的桥梁。发挥"'海上丝绸之路'基金"作用，引导广州企业到"海丝"沿线国家投资，特别是到华侨相对比较集中的城市投资办厂，开启"21世纪'海上丝绸之路'"民心相通旅程。

5. 加强城市文化形象的策划与营销

通过资助广州文化研究，定期编制全方位介绍广州政治、经济、文化、社会和教育等方面最新发展成就的书籍、影视与自媒体作品等。通过参与、合办"一带一路"文化交流合作项目，提升与各级部门、地区的文化交流和贸易活动层次，积极主动地将外界注意力引进来，提升广州文化在"一带一路"受关注的程度。加强与全球优秀的创作力量进行合作，打造全球共享的广州故事，通过境外营销和市场渠道，将文化精品推广到世界各地，在文化传播的同时突出广州文化的特殊魅力，激励文化产品原创精神，逐步形成文化广州品牌，奠定广州文化产品的原创基础。

（五）造就"一带一路"专业人才梯队

1. 用足用好已出台的人才政策

打破国籍、地域、隶属和体制限制，引导人才合理、有序流动，把更多的优秀人才集聚到"一带一路"文化交流事业中来。办好海交会等引智平台，更好发挥"人才绿卡"聚才效应，高标准建设国家级人力资源服务产业园。加快推进设立海外人才工作站，着力引进一批站在文化交流前沿、处在创作高峰期的领军人才和创新团队。出台更具竞争力的人才政策，用足用好已出台的人才政策，改进留学生的引进工作，做好人才的储备工作。扩大选拔范围，拓宽选拔渠道，完善人才评价和激励机制，吸引更多的跨领域、具有前瞻能力的研发人才到广州安家就业，这将是今后几年内为推进"一带一路"实施文化人才战略储备的最重要工作之一。

2. 构建共享的人才资源配置机制

充分利用地缘优势，以粤港澳大湾区为基础，逐步构建共享的人才资源配置机制，包括人才政策共享、人才配置共享，促进人才间的合作，保障人才流动自由，最大限度地发挥人才在文化创新、创业方面的作用，以此构筑面向21世纪"一带一路"的文化人才高地。

3. 完善人才的轮训、培养工作

实施多层次、宽领域、面向广的文化人才培养工程，做好

各类文化企业、文艺院团和文化运营后备人才的轮训,通过定期轮训,更新其对"一带一路"文化交流所必备的经济、商贸、文化、法律和国际惯例等方面知识。通过本地培训、异地交流、国际引进等多种形式,针对不同领域、不同文化机构的差异化需求,实现多样化文化人才供给。

(执笔:曾德雄、贾云平、陈文洁、梁礼宏、陶乃韩、彭颖)

第七章　广州文化馆新馆运营管理模式

文化作为国家综合国力的重要标志，不仅走向历史的前台，而且越来越进入国家政策的中心，文化战略成为国家发展战略的重要组成部分。党的十八大报告指出："全面建成小康社会，实现中华民族伟大复兴，必须推动社会主义文化大发展大繁荣，兴起社会主义文化建设新高潮，提高国家文化软实力，发挥文化引领风尚、教育人民、服务社会、推动发展的作用。"文化馆是政府为了向广大人民群众进行宣传教育、组织辅导群众开展文化活动而设立的群众文化事业机构，是当地群众文化艺术活动的中心。文化馆"贴近实际、贴近生活、贴近群众"，是发展"民族的科学的大众的社会主义文化"的重要载体，承担着繁荣群众文化、直接满足广大群众精神文化需求的艰巨任务，在现代公共文化服务体系中地位重要。

多年来，广州市文化馆创作了大量群众喜闻乐见的文艺作品，组织承办了各种有特色有影响的群众文化活动，在繁荣广州城市文化、培育世界文化名城等方面发挥了积极作用。2014年，文化部主办的第一届中国文化馆年会上，广州文化馆荣获"2014全国优秀文化馆"荣誉称号。广州文化馆新馆已于2015年3月奠基，建成后将集公益演出、培训、展览、创作、研究、交流、非物质文化遗产保护于一体，在场地、设施、功能、服务能力等方面都会有大幅提升。

2015年1月，中共中央办公厅、国务院办公厅印发的《关于加快构建现代公共文化服务体系的意见》指出，文化场馆要"坚持设施建设和运行管理并重，健全公共文化设施运行管理和服务标准体系，规范各级各类公共文化机构服务项目和服务流程，完善内部管理制度，提高服务水平"。全新的场馆需要有全新的视野、全新的管理和全新的运营模式。潜心研究群众文化需求及其变化，创新文化服务的内容与形式，创建一种与新馆功能定位相适应的全新运营管理模式，是广州文化馆新馆投入使用前亟待研究的重大课题。

一 国内文化馆的典型运营模式

从社会价值和经济价值的角度看，文化馆的运行模式分为事业型运行模式、企业运行模式和融合型运行模式。纵观全国各地文化馆，绝大多数以纯公益为主，文化馆的财力资源配置方式主要是财政拨款，全部收入和支出都纳入国家预算管理。少数则带有明显的"公司化"倾向，如北京市朝阳区文化馆，利用其良好的公益文化资源发展文化产业。无论采用何种模式，无一例外地涉及三大系统，即管理系统、业务系统和经营系统。

（一）北京朝阳区文化馆：公益与产业齐头并举

朝阳区文化馆新馆于1996年年底落成，总面积11000平方米，拥有一个2000平方米的文化广场。自新馆开馆，就开启了内部机制的一系列尝试和创新，摆脱了人浮于事、封闭保守、粗放管理的旧馆模式，探索出了一条适应自身发展创新道路。北京朝阳区文化馆的突出特点是，以项目竞聘制为核心，转变管理、用人、分配、考核机制，强调公共文化服务与文化产业项目齐头并举、协调发展。

1. 产业带动事业

朝阳区文化馆实质性改革发生在2003年前后，改革中馆长徐伟创立了"开放办馆、多元发展"的新文化馆管理办法，提出了"树立公共文化观念，创收带动事业发展"的发展理念。从策划和运营"9剧场"开始，重点探索运用市场化手段繁荣公共文化事业的新途径，拓展多元化发展空间。

（1）大力发展文化产业。在运营机制上，充分利用馆内和馆外资源，大力发展文化产业，以产业反哺事业、提升事业。朝阳区文化馆实行差额拨款，政府每年拨款为1500万—2000万元（2013年数据），主要用于一级馆指标指定的一系列群众文化活动或项目，这些活动和项目占朝阳区文化馆工作的20%，另外80%的活动或项目由朝阳区自主设立。

朝阳区文化馆下属的"9剧场""凤朝阳"文化发展公司、电影放映发行公司、艺术培训学校等大力开展文化产业项目，创造了良好的经济效益。2003年，朝阳区文化馆总创收661万元，2011年达到2000万元，在全国文化馆创收中位居第一。

（2）反哺事业。庞大的产业创收为朝阳区文化馆公益性的提升提供了有力的保障，朝阳区文化馆每年都从创收中拿出1/3投入公共文化项目，从而形成了文化事业与文化产业协调发展的良性循环。在强大资金支持的基础上，朝阳区文化馆举办了一系列公益性活动，如社区一家亲、民工影院、大碗茶故事会、"非非"戏剧节、红半天下岗女工大鼓队、"9剧场"现代舞团、"金刺猬"大学生戏剧节等。"社区一家亲"系列品牌活动历经十年，长久不衰，列入朝阳区政府工作报告和"十一五"规划之中；"红半天"大鼓队受邀参加国庆60周年的天安门演出及中德文化交流等高规格演出活动。

2. 注重社会力量多元主体共建

朝阳区文化馆注重与北京社团组织（北京戏剧家协会、798艺术管委会、北京残联、北京文联等）、国外驻中国的大使馆和文化交流中心以及政府相关职能部门之间建立友好合作关系，积极开拓社会化发展空间，打破各个组织条块分割、各自为政的状况，以共办、承办、联盟、合作等形式积极调动政府相关职能部门和社会力量的参与，探索文化馆运营机制的社会化发展方式，从而提高了公共文化服务的效率和质量。

3. 创新用人机制

朝阳区文化馆打破单一的事业编制体制，实行全员聘任和以社会招聘为主的用工制度。社会招聘有合同制、签约制、义工制、兼职制等多种形式。以项目负责制为基础，科学设岗、分类管理、公开选拔招聘。每年都会出一本岗位竞聘项目书并对竞聘结果进行公示。朝阳区文化馆"养事业不养人"的用人机制大大增强了员工工作的积极性和创造性。

4. 完善激励机制

推动内部分配制度改革，建立目标绩效管理制度。实行等级工资和效益工资相结合、多元并存的分配制度，坚持"按岗定酬、优劳优酬、突出效益、绩效挂钩、拉开差距"的分配原则，同时在分配中配合实施考评制度、福利制度、晋级制度、奖励制度等其他激励制度。等级工资划分为待遇线、任务线、效益线和奖励线。每年岗位竞聘项目书会对项目负责人提供明确的目标任务，作为绩效和奖励的依据。

（二）重庆北碚区文化馆：数字文化馆新型态

重庆北碚区文化馆享有重庆市"百年社文第一馆"的美誉，是国家文化部第一批命名的国家一级文化馆并保持至今，整体综合实力名列重庆市同行业前茅，在全国享有较高的知名度和美誉度。2014年，被国家文化部授予"中国优秀文化馆"荣誉称号，成为全国10个首批获此殊荣的文化馆之一。

北碚区文化馆最大的特点是，秉承"博文求精，德艺双馨"办馆理念，坚持以"群众"为主体，以"群众"为中心开展公共文化服务，不断开拓创新公共文化服务新形式。2012年7月，北碚区文化馆被文化部确定为全国数字文化馆建设6个试点单位之一，也是西部唯一试点单位。2014年，北碚区文化馆建成全国首家"数字文化馆"，在全国率先呈现了较为完整的"北碚模式"数字文化馆形态。

1. 数字馆构成

北碚区文化馆主要由"五大平台"和"三大功能"组成，"五大平台"包括文化馆基础数字平台、公共数字文化培训辅导教学平台、数字文化体验平台、多媒体移动终端App多元平台、公共文化资源平台；"三大功能"是文化传播、文化体验、文化资源收集整理功能。其中文化馆基础数字平台是资源库，它以互联网为桥梁，连接用户或者多媒体移动终端App，用户则可以在电脑终端一站式搜索馆内资源及获取其他服务。基础数字平台＋互联网＋用户，初步实现了"互联网＋"公共文化服务。文化资源内容集中在一个平台上展示、推介和体验，推动了文化服务的体系化和资源共享。不论在任何地方（家庭、户外或任何一个公共设施），用户都可以通过数字化终端（电脑或移动终端）学习和利用平台上的数字化文化资源，实现了"移动学习"。

2. 数字文化体验厅

数字化产品的生命力，其核心在于它的体验度。北碚区文化馆"数字文化体验厅"总共为600多平方米，分为12个功能区，包括音乐、舞蹈、书法、绘画、表演等门类。集体验、联系、培训、表现、娱乐、素质提升等功能于一体。自"数字文化体验厅"建成免费开放以来，每月前来参观的市民达7000人次，最多的时候一天有约2000人前来参观、体验。技术方面，主要是新媒体技术、全息立体成像技术等高端科技手段；作品题材包括中西方古典艺术，以中国传统艺术为主，涵盖音乐、舞蹈、书法、主持等内容。体验厅融观赏性、趣味性和互动性于一体，体验厅内市民不仅能接触各类数字化设备，还可以学习书法、绘画、戏曲等文化项目，在充分展现作品艺术表现力和感染力的同时，增添了身临其境的奇幻感觉，最终让人体验到科技与文化完美融合后的无穷魅力。

数字化后，北碚区文化馆的覆盖面大幅提高。比如，建成前受时间、场地限制，北碚区文化馆一次只能对两三百人开展舞蹈教学。建成后，文化馆建立了远程辅导培训系统，通过远程交互教学、视频点播教学、视频回放教学、现场直播等方式，一次教学可覆盖三四千人，而且更加经济便捷。

（三）宁波市群艺馆（展览馆）：以管理促发展

宁波市群艺馆（展览馆）实行的是"一馆两制"：既为群众提供公共文化服务，也利用自身资源，通过市场化运作，实现国有资产保值增值。经过多年的改革发展，宁波市群艺馆（展览馆）已建立了以馆长负责制为核心的管理体制，以岗位管理制为核心的用人机制，以项目核准制为核心的投入机制和以绩效工资为核心的分配机制。

1. 中层干部竞争上岗

在干部管理上，注重群众公认和实绩，推行组织任命与聘任相结合。除组织任命的单位班子成员外，其他的中层干部成员全部参与竞聘，经竞聘后，由馆领导班子聘任，并明确聘任期限和享受的待遇，到达聘任期限后由组织对其进行重新考察，并实施新一轮的竞聘。

在中层干部公开竞聘（选拔任用）中，按照公布选拔岗位、民主推荐（个人自荐）、资格审查、竞岗演说、民主测评、组织考察、馆党总支讨论决定、任前公示、聘任程序执行，保障了全体职工的选举权和监督权。

2. 中层以下全员聘用制

按照"公平、公正、竞争、择优"的原则，实施以"竞争上岗、双向选择、全员聘用"为核心的人事制度改革。出台了《宁波市群众艺术馆（展览馆）人员聘用制度试行办法》，除馆长由局聘用，副馆长及馆长助理在局任命文件下发后由馆长聘用外，中层以下干部职工全部实行了竞聘上岗、双向选择、全员聘用。

在职工岗位聘用过程中，首先公布岗位说明，先由部（室）主任选择所兼专业岗位，并与馆长签订岗位协议，再由职工根据岗位要求和岗位职责与部（室）主任双向洽谈，由部（室）主任和分管领导商议后确定岗位人员。当产生岗位竞争时，召开岗位竞聘会，由岗位竞聘评议小组决定该岗位聘任人员，拟聘人员公示，确定聘用人选，签订岗位聘用协议，公布岗位聘用结果。

3. 建立重实绩、重贡献的收入分配激励机制

在分配制度上，实行按岗位定酬、按任务定酬、按业绩定酬，实行"岗动薪变，绩变薪变"。以岗位工资、薪级工资为基本工资，绩效工资实行总额调控，按比例分配，其中60%用于月绩效工资的发放，40%用于年度绩效工资的发放。建立了与社会主义市场经济体制相适应、重实绩、重贡献、向优秀人才和关键岗位倾斜的收入分配激励机制和管理机制。

4. 建立健全以群众满意度为重要标准的公共文化服务绩效考评体系

公益性部分考核内容由部门考核和岗位考核两部分组成。部门考核采用部门自评、单位互评、领导考评的方式进行。县（市）、区文化馆（站）的反馈意见被纳入到对业务部门考核中，各业务部门对综合部门的考评意见作为对综合部门考评的重要依据之一。经营部门考核以经济指标完成情况为重要依据。

5. 管理制度化、规范化

在人事、财务、行政、廉政等方面建立一套系统、科学、严密、规范的制度，如建立健全了《宁波市群众艺术馆（市展览馆）分配制度改革实施办法》《宁波市群众艺术馆（市展览馆）考核工作实施办法》《宁波市群众艺术馆（市展览馆）职

工年休假制度》《宁波市群众艺术馆（市展览馆）内部财务规章制度》《宁波市群众艺术馆（市展览馆）项目奖励标准暂行办法》等各项管理制度。通过制度建设，规范岗位聘用、分配改革、人才培养、绩效考评等方面工作，坚持有章可循，有据可依。按程序办事，实现政务标准化，管理制度化、民主化。

（四）嘉兴市：探索文化馆总分馆模式

2014年4月，嘉兴市正式印发了《嘉兴市人民政府办公室关于构建文化馆总分馆服务体系的实施意见》，并同步发布了《嘉兴市文化馆总分馆服务体系标准（暂行）》，全市文化馆总分馆制建设正式步入制度化、规范化、标准化的快车道。预计到2016年年底，在"大嘉兴"范围内，五个"统一"的"中心馆—总分馆"服务体系将基本建成。五个"统一"指的是统一网点布局、统一服务标准、统一数字服务、统一效能评估、统一下派上挂。

1. 总体框架

嘉兴市文化馆运行模式改革的目标是"平台共享、资源互补、区域协同、供需对接"。在"大嘉兴"范围内，总分馆机构划分有四层：嘉兴市文化馆为中心馆，县（市、区）文化馆为总馆，镇（街道）文化站为分馆，村（社区）文化活动中心为支馆。全市服务体系被重新划分为三重服务体系："中心馆—总馆"联盟服务体系、"总馆—分馆"总分馆服务体系和"分馆—支馆"延伸服务体系。以嘉兴市文化馆为中心馆，统筹协调全市总馆、分馆开展公共文化服务，追求"人员互通、设施成网、资源共享、服务联动"（见图7-1）。

2. 组织体系

在嘉兴市文化馆总分馆服务体系中，以各级"文化员"的作用发挥为核心要素，重新定位了市级文化馆馆长、县（市、区）文化馆馆长、镇（街道）文化员、村级文化专职管理员的组织角色，嘉兴市文化馆为全市的中心馆，馆长兼任服务体系

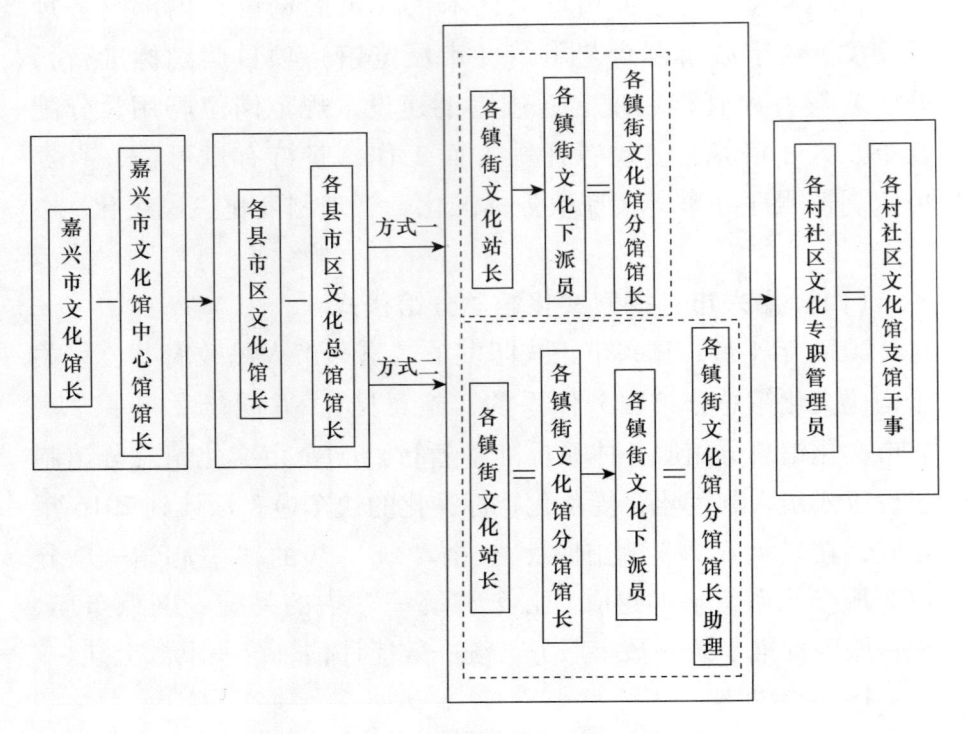

图 7-1 嘉兴市文化馆总分馆组织体系图

中心馆馆长；各县（市、区）文化馆馆长任各地文化馆总馆馆长；各镇（街道）文化站增挂当地文化馆分馆牌子，分馆馆长由文化站站长或各镇（街道）文化下派员担任（站长兼任分馆馆长时，文化下派员任分馆馆长助理）；各村（社区）文化活动中心（文化礼堂）为分馆延伸到末端的支馆，纳入所属镇（街道）分馆统一管理，文化专职管理员任支馆干事。

3. 职能定位

（1）中心馆的主要职能。嘉兴市文化馆是服务体系的中心馆，除认真履行好文化馆的原有职能外，要协调好各联盟馆及各地总、分、支馆，"统一服务标识、统一发布平台、统一调配资源、统一辅导培训"。中心馆组建数字服务中心、产品创作中心、文艺培训中心、理论研究中心和策划保障中心五个中心。

（2）总馆的主要职能。县级总馆除认真履行原有的基本职能，要在中心馆的指导下全面参与中心馆举办的各类活动外，还要参与全市层面上的资源调配，协调各分馆之间的资源配送，开展文化骨干培训、文化产品策划、设备设施统筹、资金政策保障、数字文化服务等，并成立相应的内设职能机构。

（3）分馆的主要职能。在总馆的指导下，镇（街道）分馆具体开展文化艺术辅导、文化活动实施、文化项目承办、文化品牌创建等工作。

（4）支馆的主要职能。在分馆的指导下，支馆开展延伸服务，管理村级公共文化设施，确保文化阵地长期正常开放、免费开放；创作编排具有本地特色的文艺节目；根据村民需求组建培育村（社区）各类文艺团队，组织开展健康有益的文体活动，丰富基层群众的业余文化生活；宣传党的各项方针政策。

（五）马鞍山市文化馆：积极吸引社会力量

马鞍山是第一批通过"首批国家公共文化服务体系示范区"验收的城市。马鞍山市文化馆虽然不是很出名，但其在引入社会力量参与文化建设的形式、机制等方面独具特色。在吸引社会力量、鼓励民间资本参与公共文化服务体系建设方面，提出"产权明晰，互惠共赢"的原则，积极打破地域界限、部门界限，努力实现文化资源共建共享，逐步形成多元化公共文化服务投入机制，取得良好效果。

1. 吸引民间资金共建广场舞台

例如2012年，马鞍山市文化馆引进卓越广告公司全资投入100余万元，于市文化馆广场群星大舞台上建成画面最清晰、面积达100多平方米的LED文化大屏。共建文化广场文化大屏，为广大市民参与群众文化活动提供了一个更直观、生动的视频展示平台，同时降低了财政支出，减轻了财政负担。

2. 利用社会力量建设文化馆的民俗和非遗展厅

马鞍山市文化馆面向市民无偿征集1000多件具有马鞍山地方特色的历史文化物件和民俗展品，专设非物质文化遗产展厅，长期陈列展览，向公众免费开放，吸引了众多市民前来参观，产生了良好的社会效益。

3. 与书店共建阅览室

2013年，马鞍山市文化馆公共阅读空间建成并向市民免费开放。文化馆公共阅读空间，是市文化馆与文化艺术类书店——萤火虫书店携手共建。主要是文化馆提供电子阅览室剩余空间，并加以改造，20余万元、近万册文艺类图书以及书架、图书管理员等均由萤火虫书店提供，既节省了政府财力的投入，增添了文化馆免费开放的服务项目，方便了附近居民的阅读，也探索出了一条利用民间资本参与公共文化服务的成功路径。

4. 募集社会资金冠名品牌群众文化活动

马鞍山市文化馆积极对外宣传其自办的"江南之花"群众文化节、"周末大舞台"综艺大赛、六一文艺调演、节假日广场演出、正月十五闹元宵等公益文化活动，并赢得民间资金的活动冠名支持。每年均能募集20多万元，用于开展群众文化活动，以及补贴、奖励各县区、企事业单位。资金虽然不多，但对于一个经济比较落后的地级市来说，意义重大。

二　广州文化馆新馆功能定位

（一）广州文化馆新馆项目背景

广州文化馆新馆项目选址在广州新中轴南段、海珠湖东北侧地块，北邻新滘中路、东靠新光快速路、西南与海珠湖相望。

项目在2013年5月经市发改委复函批复立项，2013年9月开始方案的国际竞赛，2014年6月经过竞赛确定方案设计方为华南理工大学建筑设计研究院、艾奕康环境规划设计（上海）有限公司广州分公司（联合体）。因项目的规模与投资有所增大，2015年正在进行项建修改的申报。

本项目总建筑面积5.7万平方米，其中：地上3.85万平方米，地下1.85万平方米，含剧场、展览区、业务用房、公共服务区、设备和停车等配套设施。项目以"岭南园林式的文化馆"为主要特色，分为公共文化中心、广府园、传习园、戏曲园、翰墨园、百果园6个主要的建筑体。

（二）总体定位

广州文化馆的建设将立足岭南，作为广州培育世界文化名城的一张名片，建成一个集公益演出、培训、展览、创作、研究、交流、非物质文化遗产保护于一体的设施现代、功能齐备、服务多元的文化馆，弘扬岭南文化、民间文化、群众文化，建设广州市公共文化领域的标志性建筑。广州文化馆将致力于打造面向全市的五个中心（示范窗口）：

（1）广州市公共文化活动中心：组织具有示范性的公益演出、公益展览、大型公共文化活动、国际民间文化交流等活动。

（2）广州市公共文化培训中心：常年组织公益艺术培训、文化艺术讲座、公共文化论坛等。

（3）广州市群众文化创作中心：组织开展音乐、舞蹈、戏剧、曲艺、美术、书法、摄影等各门类的群众文艺作品创作、辅导、评选、研究。

（4）广州市公共文化资源中心：宣传全市的公共文化服务信息、公共文化资源、非物质文化遗产资源。

（5）广州市非物质文化遗产保护中心：组织全市非物质文化遗产的普查、申报、保护、宣传、展示和交流传播工作，拥有广州市非物质文化遗产项目数据平台、综合展示区、传习所等设施设备，是岭南传统文化的展示窗口。

（三）各区域功能定位

1. 公共文化中心

本项目最核心的建筑体，从西向东分为培训办公区、中心阁、演艺排练区3个区域。其中"培训办公区"设有各类课室、报告厅、共享工程室，也是主要的办公区域。"中心阁"定位为非遗综合馆，用于集中展示广州市非遗资源，让观众全面领略广州非遗的特点、内涵和精髓，展示方式以静态实物，结合现代高科技动态展示。"演艺排练区"设有800座正规剧场，实验性小剧场以及舞蹈、声乐、器乐等排练场地。

2. 广府园

定位为巧夺天工——百工馆。设若干传承人工作坊，通过传承人现场技艺演示，辅以实物和多媒体展示方式，突出体验式参观功能。拟展示的项目有：广州象牙雕刻、玉雕、硬木家具、广绣、广彩、红木宫灯、榄雕、砖雕、灰塑、珐琅彩、西关打铜工艺、醒狮扎作、箫笛制作技艺、古琴斫制技艺、戏服制作技艺、南拳等。各展馆展示内容根据每年度申报情况轮换。

3. 戏曲园

戏曲园定位为岭南传统戏剧、曲艺、音乐、舞蹈类项目展示展演馆。设展演区、展览区（含体验区和传习区）。展演区设在首层，展览区为负一层、首层和二层通道及附设展厅。此园林以展演空间为主，展览为辅（以展示戏服、乐器、剧目等为主）。

4. 传习园（原名广绣园）

定位为非遗传习馆。设立多间传习课堂（大、中、小），传习作品展厅，小型交流厅，一个非遗书房，一个非遗文创产品商店，一个志愿者之家。本园的展览形式灵活，重视展览、传习、交流、实践的结合，以体验式、互动式的展览方式为主。

5. 翰墨园

定位为向大众开放的美术摄影书法展览及书画艺术交流学

习的场所。拟设大小展厅各一，兼有举办研讨会功能的贵宾接待室一间，布展设备工具室一间，恒温恒湿藏画库一间，专业创作室四间，专业学习课堂一个。

6. 百果园

该园将举办广州之路图片展，展示广州当代发展之路，以图片、实物、雕塑、影像展示为主要方式，拟建设成为爱国主义教育基地。

7. 室外区域

本项目的室外活动区域比较丰富，既设有群众文化广场，也有较多的园林空间。群众文化广场将主要用于中小型的公益性文化演出活动，园林空间除主要用于游览外，也将设置岭南盆景、砖雕、灰塑等展示区域。

三 广州文化馆新馆运行模式创新的总体思路与构想

（一）总体思路

根据中央"建立法人治理结构"的要求，结合事业单位改革、公共财政投入机制改革、免费开放等工作，按照政事分开、管办分离的总体思路，强化文化馆公益服务职能，建立理事会及相关规章制度，落实法人自主权，探索广州文化馆法人治理结构的模式和路径。强化文化馆公共业务职责，将其公共文化服务全面纳入政府采购清单，剥离文化馆中公共管理系统和经营系统业务（包括人、财、物的管理和非公益性文化以及设施的经营，划入政府特设机构或授权公司等），实现社会效益与公共管理、经济利益分离的模式。完善社会参与机制，构建公众参与平台，全力提升文化馆的公共文化服务效能（见图7-2）。

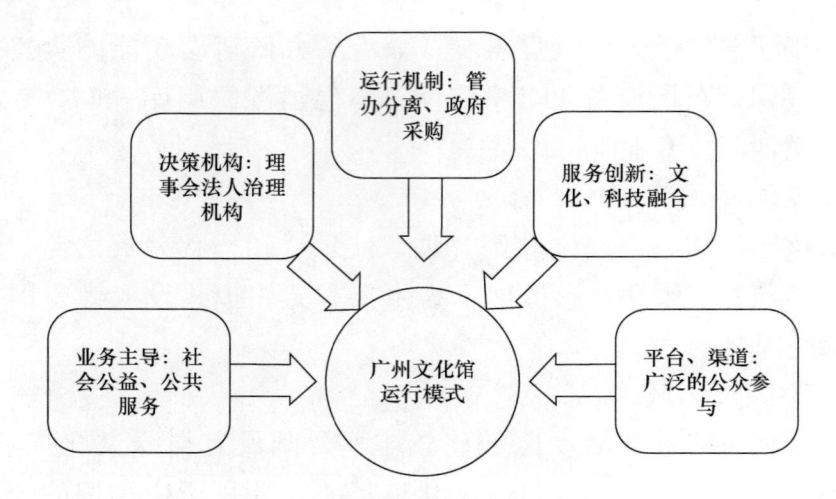

图 7-2　广州文化馆的运行模式

（二）基本原则

坚持政事分开。切实转变政府职能、理顺政府与文化馆的关系，创新管理方式，探索建立文化馆现代法人治理结构的具体模式。"政事分开"是文化馆建立现代运行模式的关键。政府部门对文化馆的管理职责主要是政策引导，管好法定代表人，监管国有资产，并切实采取措施，保障文化馆的独立运作权，使其能够自主决定发展规划，独立开展活动。

推动法人治理。创新文化馆管理体制和运行机制，探索建立理事会决策的法人治理结构，健全决策、执行和监督机制。引入社会力量参与，形成多元治理格局。作为法人治理机构的文化馆，其最大特点是具有较大的独立性，政府与其关系集中于对后者的预算和审计的控制，强调绩效管理而非程序管理。文化馆应跳出政府部门科层制约束的运行方式。

强化公益属性。进一步优化公共文化服务平台，在教育培训、艺术辅导、文艺创作、会展服务、文化活动方面，为广大市民提供免费的公共文化服务。充分调动全馆工作人员的积极性、主动性、创造性，激发文化馆的生机与活力，显著提高文化馆服务水平和效率。

引导公众参与。公众是文化馆公共文化服务的对象，也是文化馆公共文化建设的主体。文化馆发展离不开公众的有序参与，公众有序、有效地参与公共文化事务管理，对于推进广州文化馆公共服务事业发展、更加有效地推动城市文明进步具有重要意义。

(三) 重点工作（初步构想）

1. 建立文化馆法人治理结构，形成以决策、执行和监督为主要构架的现代治理模式

（1）主要政策依据。事业单位法人治理结构，是指提供公益服务的事业单位，依法独立运作、自我管理和承担职责，以实现事业单位宗旨和职责为目标，各利益相关方共同参与治理的组织架构与运行机制等相关制度安排，是进一步转变政府职能、创新文化管理体制机制的重要内容，也是实现政事分开、管办分离的有效途径。通过明确理事会等决策层的决策地位，减少政府主管部门对事业单位的微观管理和直接管理，有利于明确文化馆的功能定位，进一步激发事业单位从业人员的积极性和主动性。

《国家"十二五"时期文化改革发展规划纲要》中提出要创新公共文化服务设施运行机制，探索建立事业单位法人治理结构，吸纳有代表性的社会人士、专业人士、基层群众参与管理。2011年6月22日，广东省颁布了《关于推进我省事业单位法人治理结构试点工作的指导意见》，作为中国事业单位管理体制改革的试点地区，推进事业单位法人治理结构试点。在文化馆内部模仿现代企业制度建立法人治理结构，是完善事业单位内部运行机制的有效手段。按照现代事业制度的要求，作为一种事业法人，文化馆既享受着事业法人法定的各种自主权，又要接受事业法人治理结构的内部约束和必要的外部监管（见表7-1）。

表7-1　　　　　　　　　　　主要政策规定一览表

序号	文件	核心内容
1	《国务院办公厅关于政府向社会力量购买服务的指导意见》（国办发〔2013〕96号）	按照公开、公平、公正原则，建立健全政府向社会力量购买服务机制，及时、充分向社会公布购买的服务项目、内容以及对承接主体的要求和绩效评价标准等信息，建立健全项目申报、预算编报、组织采购、项目监管、绩效评价的规范化流程。购买工作应按照政府采购法的有关规定，采用公开招标、邀请招标、竞争性谈判、单一来源、询价等方式确定承接主体
2	《关于分类推进事业单位改革的指导意见》（中发〔2011〕5号）	强化事业单位公益属性，进一步理顺体制、完善机制、健全制度。面向社会提供公益服务的事业单位，探索建立理事会、董事会、管委会等多种形式的治理结构，健全决策、执行和监督机制，提高运行效率，确保公益目标实现
3	中共中央、国务院《关于加强和创新社会管理的意见》（中发〔2011〕11号）	社会管理创新：党委领导、政府负责、社会协同、公众参与
4	中共广东省委、广东省人民政府《关于印发〈广东省事业单位分类改革的意见〉的通知》（粤发〔2010〕6号）	在条件具备的公益类事业单位，探索建立理事会、董事会等形式的法人治理结构。除法律法规另有规定外，理事会、董事会作为事业单位的决策机构，由举办者、出资者、管理者、服务对象和有关社会人士等组成，负责本单位业务发展规划、财务预决算方案、重要负责人任免或任免提名等重大事项
5	《关于推进我省事业单位法人治理结构试点工作的指导意见》粤机编〔2011〕16号	建立和完善法人治理结构的试点单位，主要选择直接向社会提供公益服务、社会关注度较高、利益关联方较多且机构规模较大的从事公益服务的事业单位，并涵盖不同的行业领域。理事会可以下设咨询委员会或战略、审计、财务、薪酬与考核等专门委员会，负责为理事会决策提供咨询建议

（2）运行机制：理事会决策、管理层执行、监事会监督"三权制衡"（见图7-4）。

● 理事会是广州文化馆事业单位法人的决策机构。

广州文化馆理事会宗旨。以党的路线、方针和文化政策为指引，及时发布政策，明确任务，研究计划，总结工作，提出改进，扩大宣传。打造广州文化馆与政府部门、各文化艺术行业协会、团体以及人民群众之间互相交流与合作的公共文化服务平台，成为实行民主决策、接受多方监督、信息资源共享、促进文化繁荣的现代新型文化馆健康发展的新载体。理事会的基本职能，如图7-3所示。

```
广州市文化馆理事会决策权构成
├─ 拟定修改章程
├─ 拟定发展规划
├─ 审议决定重大业务事项
├─ 馆长任免
├─ 审议批准财务预决算
├─ 审议批准职工分配方案
├─ 监督管理层执行理事会决议
├─ 单位合并、重组、解体等决定
└─ 其他重大事项决策
```

图7-3　理事会决策权

广州文化馆理事会的成员组成。作为决策和监督机构，广州文化馆理事会构成应兼顾代表性与效率性，由政府有关部门、举办单位、事业单位、服务对象和其他有关方面的代表组成。理事的产生，应当遵循规范透明、公平公正和满足工作需要的原则。代表政府部门或者相关组织的理事一般由政府部门或者相关组织委派，代表文化馆公共文化服务对象和其他利益相关方的理事原则推选产生，文化馆单位党组织负责人、行政负责人以及其他负责人可以确定为当然理事。理事应该具备履行职责的知识和能力，熟悉公共文化服务方面的法律法规和本单位业务。

广州文化馆理事会领导产生。理事长的产生，可以根据广州文化馆人事管理权限和本单位特点，采取由理事会选举产生的方式。

理事会的运行机制。理事会实行会议制和票决制。理事会会议分为定期会议和临时会议，定期会议应当按照本单位章程的规定按时召开，每年不少于两次。理事长、三分之一以上的理事、监事会提议召开临时会议的，应当召开临时会议。属于理事会决策范围的一般事项须经全部理事的半数以上通过，重要事项须经全部理事的三分之二以上通过。理事会日常办事机构为秘书处，秘书处设在文化馆，原则上由办公室承担。理事会之下还可以考虑设立咨询委员会或战略、审计、财务、薪酬与考核等专门委员会。也可以设置监事或监事会，作为本单位的内部监督机构。

- 广州文化馆管理层、行政负责人（馆长）是文化馆法定代表人。管理层由行政执行人及其副职、财务负责人组成。作为法定代表人，馆长的主要职责是：主持本单位业务工作，组织实施董事会决议；负责落实文化馆年度业务计划；拟定文化馆内部管理机构设置，拟定单位基本管理制度；聘任或者解聘除应由董事会决定聘任或解聘以外的负责管理人员；提请董事会聘任或解聘单位行政副职；提出本单位岗位设置、薪水方案；负责绩效考核；负责财务管理。同时，馆长还应充分发挥专家委员会（如广州文化馆公共文化服务咨询委员会）、群众文艺社团、职工大会等在专家咨询、社会监督、民主管理方面的作用。

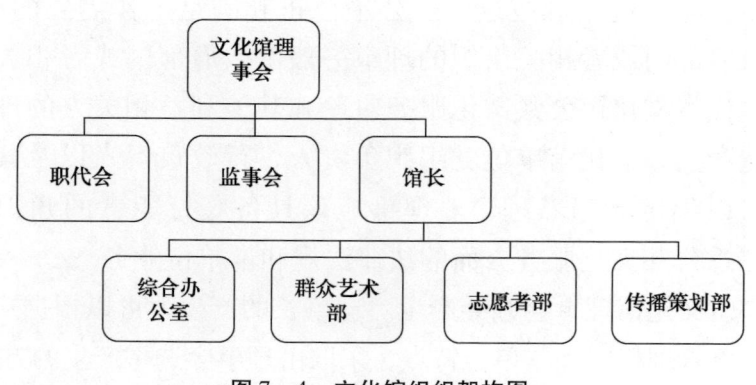

图7-4 文化馆组织架构图

- 监事会是文化馆的监督机构，监事会主要职责是：对理事、行政管理人员职务行为进行监督；检查单位财务；提出人员罢免建议；对理事、行政管理人员不当行为要求纠正；提出召开临时理事会。除了日常监督，监事会还可以通过对文化馆运营机构的年度报告、绩效评估报告以及信息公开制度来实现。

- 职工大会讨论、协商文化馆重大事项，全体职工 2/3 以上多数通过后方可提交理事会审议。

2. 创新文化馆服务供给方式，试点将文化馆主导业务全部推向市场，构建公共文化服务政府采购或外包的运营管理模式

（1）公共文化服务政府采购和服务外包的意义。政府向社会力量购买服务，就是通过发挥市场机制作用，把政府直接向社会公众提供的一部分公共服务事项，按照一定的方式和程序，交由具备条件的社会力量承担，并由政府根据服务数量和质量向其支付费用。将公共文化服务列入政府采购、市场运作、全民分享的运行方式，有利于引导社会力量合理合法、有序地参与文化馆系统公共文化服务的组织实施，缓解文化馆人手紧、力量弱、不专业等矛盾，提高公共文化服务的专业化程度和组织效率（如果不实施服务外包，全部业务由文化馆自营，根据项目建议书的研究，新文化馆需要固定工资人员 260 人，那将是全国最大的省会城市文化馆）。

作为政府采购的补充，服务外包也被称作资源外包、资源外取。公共文化服务的内涵、广度和提供方式日新月异，在相对封闭的文化馆系统内资源总是有限的，无法应承市民群众不断增长的文化需求。这时文化馆就可以考虑选择整合、利用其外部优秀的专业化资源，从而降低成本、提高效率、增强对社会环境的应变能力。服务外包也等于放宽了渠道，引导市场和社会力量共同参与到公共文化服务的供给中，显然有利于发挥文化馆文化资源的利用，有利于保障和满足居民基本文化权利和多样化、多层次的文化需求。

（2）文化馆公共文化活动中心的主导业务（免费服务）全部列入政府采购目录。纳入政府采购的项目应涵盖现行文化馆向市民提供的主要免费服务内容。具体包括大型文化活动、培训讲座、非遗保护、艺术创作、群艺汇演等主要内容（见图 7-5）。如对于文化馆通常举办的重大公益文化活动，就可

以制订计划直接纳入政府采购目录。实施采购应经历完备程序，其中主要环节如信息发布、接受申请、资格认定、专家评审、授权实施、监督审计等一系列环节不可或缺。通过规范的程序，授权或委托符合条件的企业、事业单位及社团、民间组织来承办重大公益活动，可以借助市场调节和竞争模式提升文化馆系统公共文化服务的均等化和优质化，提高公众的受惠度和满意度。

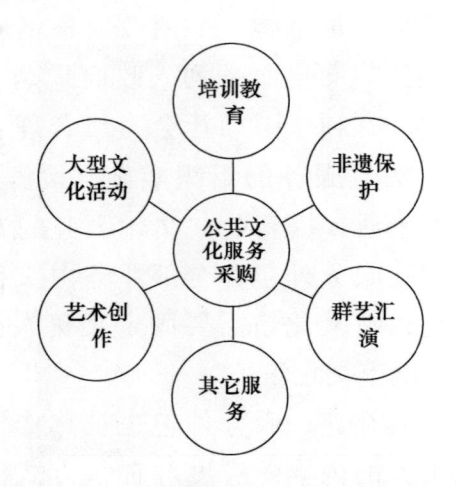

图7-5 文化馆公共文化服务采购内容

（3）文化馆经营性或辅助性服务列入公司外包。

● 文化馆主要拟建建筑岭南曲艺园、广府风情园、广绣风雅园、岭南翰墨园、白果飘香园及附属的电影院、餐饮、商业设施通过市场竞标方式外包专业公司经营管理。

文化馆公共文化设施"所有权"和"经营权"分离的市场经营管理模式，是实现管理的专业化和设施、设备、人才、市场等资源整合的重要途径，可以有效降低管理成本，提高管理水平和服务效益。通过公开招标的方式对文化馆下属各场馆如电影院、剧场、图书室及附属商业设施进行委托经营管理，一方面让群众享受到实惠和优质的文化大餐，更好地保障公众的基本文化权利；另一方面可以有效提高文化设施的利用率和社会服务功能，实现公益性与市场化的双赢。

- 文化馆的后勤服务。包括文化馆内各类业务用房、管理用房、辅助用房、停车场、绿化、卫生清洁及附属设施更新维护全部委托专业公司管理。

（4）建立公开透明、规范的公共服务购买流程。建立健全财政资金审批使用程序，提高公共文化服务资金预算透明度，并制定相关的管理办法，规范公共服务的购买行为。文化馆购买公共服务的流程可从五个步骤考虑，包括：购买主体管理层编制购买服务预算；理事会批准预算；购买主体管理层公开服务项目预算及采购信息并委托招标采购机构；市政府招标采购机构按照政府采购法规定的方式、程序进行采购；购买主体管理层委托独立的（第三方）机构对服务绩效进行评估（见表7-2）。

表7-2　　　　　　　　　公共服务外包的主要程序

序号	程序	主要工作
1	外包服务项目征集	通过网络、报纸、信息等平台，面向社会广泛征集有关文艺展演、艺术创作、传统文化展示等方面的创意方案
2	项目招标	对征集到的创意方案，连同重大节庆、政治性演出项目一并进行遴选，确定本期公益文化活动项目，明确每个项目的主题、内容、时间和申办资质，及时向社会公布，进行公开招标。凡符合条件的单位经资质审核后，均可递交活动方案
3	项目评审	从公益文化活动项目招标评审专家库中随机抽取专家，成立评审小组。评审小组成员从项目创意、运行方法、实施步骤、预期效果、经费预算以及申请人的专业能力、组织能力、过往记录、信誉程度等方面对申请的项目方案进行综合评分，得分高者为入选方案
4	项目竞价	以竞价方式获得活动承办权。申请人根据竞价方案的要求，在限价之下逐项做出经费预算并提出报价，价低者取得项目承办权
5	项目实施与监督	成立监审小组，组织统一开标，确认竞价结果。与取得项目承办权的单位签订合同书，细化项目实施方案，明确双方的权利和责任 为保证招标工作的公开、公正和公平，增强社会参与公共文化服务的积极性和便捷性，服务外包方通过网络平台，实施项目公布、资质审核、项目评审、竞价、实施方案审核、合同备案等程序

3. 以"精简、高效"为目标，调整文化馆内部机构设置

2003年1月23日，中共中央组织部、中共中央宣传部、人事部、文化部联合印发了《关于深化文化事业单位人事制度改革的实施意见》，《意见》根据文化事业单位的不同职能，制定了分类管理的原则：对主要依靠政府财政保障的图书资料、群众文化、文物、博物等公益型文化事业单位，要按照"精简、高效"的原则，加强机构编制管理，控制人员总量规模，科学合理地设定岗位，搞活内部用人机制。

随着新型文化馆体系运营结构的建立，文化馆体系的主体工作是群众文化业务的开展，并且主要采用政府采购服务的方式来完成服务需求，社会化服务则主要采用无偿或低偿性的，文化馆提供服务的组织方式将发生重大变化，其提供服务主要不再依赖自身力量完成，因此按照"精简、高效"的原则，调整其内部机构设置以适应新的运营体系就十分必要。为建设小而能的公益性文化事业机构，建议实施以馆长领导下的部门负责制，将现有的部门整合重组为三部一室，即：

（1）综合办公室。属于馆长领导下的行政管理部门，主要负责文化馆日常事务管理、群众文化艺术档案资料管理、人力资源管理等（具体包括行政、档案、人事、馆内专业技术人员培训、考勤、财务信息、新闻报道、影像资料留存、全馆会务安排、收发文等），同时兼顾理事会秘书处的日常工作。

（2）群众艺术部。业务涵盖了过去培训、辅导、研究及艺术指导等部门职能。按照群众文化专业干部的业务要求制定职责，职员主要服务于相关艺术门类的文艺辅导（包括下基层辅导、免费阵地文艺辅导、带群众文艺团队协会、对基层群众文化从业者进行文艺专业及群文业务培训）、艺术创作、组织文艺节庆活动和赛事、文艺研究、民间文艺搜集整理等辅助性工作。

（3）志愿者工作部。是适应社会力量参与公共文化服务需要而设，其具体业务包括社团注册、培训、工作指导、联络、

品牌活动、出刊物、办网站等。

（4）传播与策划部。主要负责拟定和策划各类公共文化活动，包括参与承接省、市、区级大型文化艺术节、文化广场活动，同时，规划群艺活动的交流与传播。

4. 以文化、科技融合为契机，开创云计算环境下数字文化馆服务模式

面对信息化、数字化、全球化的全民网络时代，持续教育和终生学习已经成为每个公民的基本需要；电脑、手机等已经变成主要的信息获取手段。分片区设立的文化服务站点已经不足以满足数字时代人民群众的精神文化需求，新形态的数字文化馆建设是文化馆顺应时代发展的必然趋势，并已成为公共文化服务现代传播体系的重要一环。广州文化馆应充分利用云计算、互联网技术和微信服务渠道，参考无锡、北碚等地经验，构建广州数字文化馆，积极拓展文化馆传播领域，细化文化馆服务内容（见表7-3）。

表7-3　　　　　　　　　数字文化馆的建设内容

技术平台	建设内容
App应用	开发建设应用于Ios和Adroid两个不同平台的App应用。后台包括资源管理（多种类资源）、功能管理（即时通信功能）、系统设置管理（管理员设置、角色管理、权限管理、用户管理）等功能模块
手机网站	开发建设基于移动设备访问的手机网站平台，宣传单位形象和服务优势，资源信息、联系方式和活动信息；方便微博、微信及QQ互动分享；设置PC网站、App应用及微信公众号相互链接，方便跳转，强化传播力
微信公众号	建设微信公众号，向用户定时推送文本、图片、音视频等文化生活信息，提供互动性浏览体验和便捷的信息服务；每日精选发布与社区工作和生活紧密相关的内容；开设动态、社区活动、民众互动等功能栏目
PC网站	开发建设集门户网站和电子阅览室为一体的网站平台，后台由信息管理、资源管理、网站管理、用户管理等模块组成，开发建设多媒体数字资源支撑系统并开设社区动态、服务部门、政策法规、文化教育等栏目

资料来源：根据全国数字文化馆建设平台http：//www.szwhg.com/资料整理。

（1）公共文化资源数字化，放大文化馆数字平台效应。广州文化馆系统拥有丰富的公共文化资源，数字文化馆的核心内涵即在于将这些优秀的公共文化资源数字化。通过技术手段，将原来只留存于馆内一些纸质文化资源（如书法、绘画、摄影作品等）进行数据采集录入，并对这些资源信息进行二次加工，以一种全新的数字化的姿态展现在广大群众面前。对优秀的散落在民间的人文艺术瑰宝包括非遗项目进行整理收集、视频收录，通过数字化的方式进行后期编辑加工，再将经过挑选、编辑的数字资源在数字文化馆的平台上发布出来。结合文字、图像、视频、音频等多种资源，形成具有品牌效应的数字艺术文化资源库，从而真正地把广州文化馆的资源优势发挥出来。

（2）提高资源供给能力，科学规划公共数字文化资源建设。建设分布式资源库群，整合岭南地区优秀文化资源，开发特色数字文化产品。推进数字文化资源在智能社区中的应用，实现"一站式"服务。通过信息化、网络化的数字文化馆平台建设，可以改善这一信息传播现状，打破地域壁垒限制，增加公共文化服务的宽度和广度。依托云计算的强大处理能力，在数字文化馆中构建可靠的互动信息平台，让群众在消费文化信息资源的同时，也在不断制造文化信息，激发群众的参与热情，提升对数字文化馆网站的关注度，同时也有利于丰富文化资源总量，促进数字文化馆的建设。

（3）以文化馆数字平台为基础，推广网络文化活动，创新群众的文化生活。例如，开展网络远程指导服务，将一些优质的公益培训及学者讲座通过互联网邀请下级文化站的工作人员甚至是普通群众来观摩学习，实现夯实基层文化基础的目的。将文化馆部分日常工作通过数字化平台网络透明化，如公益培训的报名就可以借由网站直接进行操作，更利于体现公共文化服务的公开公平和公正。

5. 以卓有成效的公众参与活动，形成开放、互动、规范的公共文化服务运行体制

作为构建现代公共文化服务体系重要一环的文化馆，必须以开放的态度，推动公众参与，以便整合力量，面向全社会，提供更加符合人民群众需求的文化服务。建立公共文化服务的公众参与机制，有利于发挥各社会各界的力量，充分体现现代公共文化服务体系开放性、多元性、创新性特点，提高公共文化服务的覆盖水平和服务供给能力，更好地履行文化馆公共文化服务的责任和使命（见图7-6）。

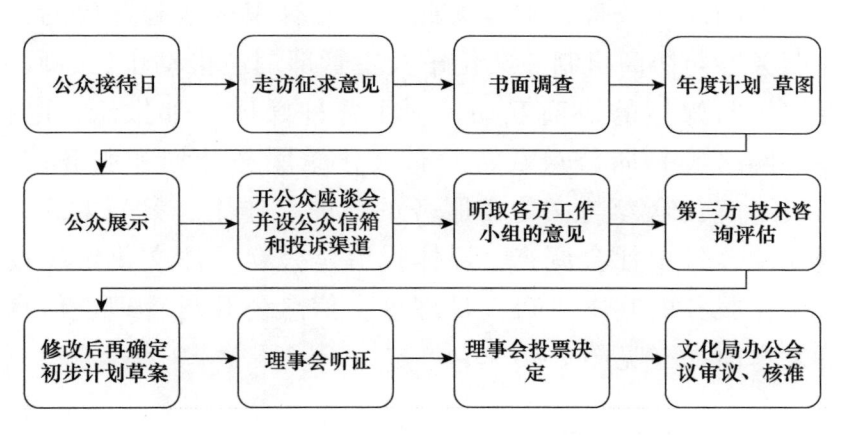

图7-6 公众参与：广州文化馆年度发展计划编制程序

（1）制定广州市文化馆公众参与基本程序。为保障公众参与的法律地位和成效，使得公众参与有具体的程序和规范指引，在文化馆制订重大工作计划如编制文化馆年度工作计划和采购预算时，建议通过设定公众接待日、走访征求意见、书面调查等程序，在收集公众信息、编制初步计划、制定具体规划时实施广泛的公众参与行动。公众参与应涵盖文化馆预算决策、管理层运营和监事会监督的所有主要阶段，对于文化馆运营中的重大问题如文化馆年度预算、服务采购、服务内容、年度评审监督都应公开信息并允许公众及其代表发表意见，以此提高文

化馆公共文化服务管理的透明度。

以广州市文化馆年度发展计划为例，从编制年度计划草案、审议修改到审批通过，公众参与在程序上大致可以分为公众接待、走访征求意见、书面调查、公众展示、技术咨询评估、审议等12个步骤。这些步骤包括信息搜集阶段、编制计划阶段、年度工作计划的审议和批准三个阶段。经过这些阶段之后，公众意志才可能自然融入文化馆服务的体系中。

（2）营造开放透明的公众参与环境和协商互动的体系。在上述公众参与程序中，维护市民的知情权、参与权、监督权是最为基本的前提条件，唯有如此才可能真正构建起开放的公共文化服务参与协商机制。文化馆及主管部门应推动市民、政府、社会组织与媒体的协商互动，利用各种媒体（如报纸、电视、广播、网络等）向公众及时发布文化馆服务计划和服务信息，让市民了解公众参与文化馆服务的目的、作用、参与方式，引导公众配合各项社会调查。媒体报道是公众关注文化馆建设与公共文化服务的基本平台，是理事会信息公开与管理层信息公开的基本前提（见图7-7）。

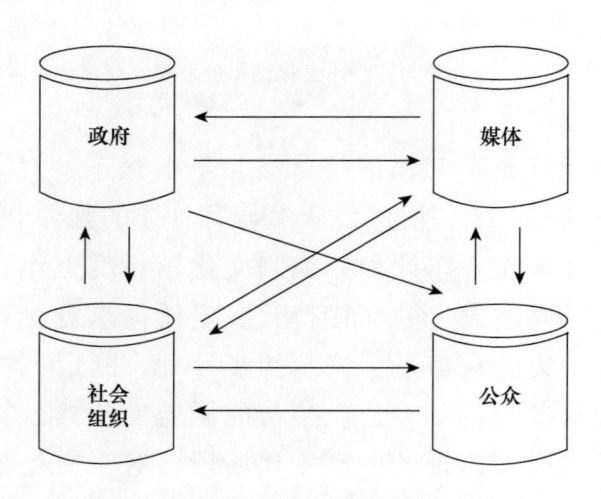

图7-7 基于公众参与的文化馆互动体系

（3）提升参与人员的代表性水平，这同样是公众参与成效的决定性因素之一。邀请参与的公众人员尽可能覆盖城市主要职业人群，具有一定的学历背景，对文化馆公共文化服务和重要服务领域有比较多的了解。政府部门应积极听取他们对文化建设的意见并积极回应。对于市民、社会组织的不同意见，应主动联系相关权威专家，在媒体平台上进行公开的咨询交流，咨询结果和执行情况应及时通过政府网站发布。

四 保障措施

（一）健全文化馆法人治理机构相关的规章制度

事业单位法人治理结构强调章程化管理和运营。应通过章程规范理事会和广州文化馆管理层的关系、理事会与管理层的运行机制，以及建立法人治理的基本制度，如年度报告制度、信息披露制度、公众监督制度、决策失误追究制度、审计制度、绩效评估制度、党组织建设制度等。理事会章程是广州文化馆法人治理结构的制度载体，文化馆依法独立运行，其本质就是依章程运行（见图7-8）。

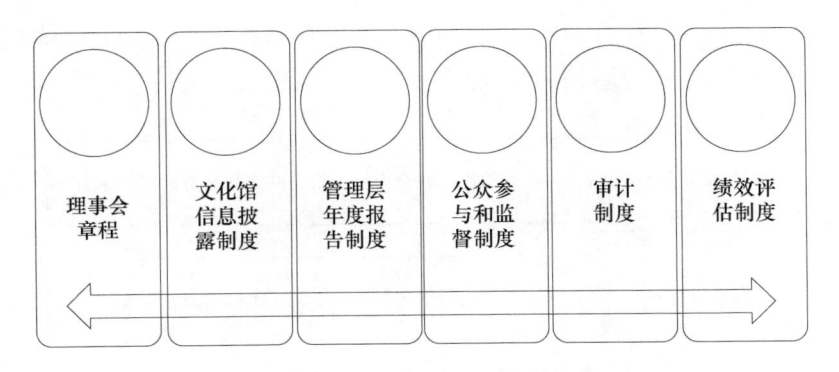

图7-8 广州文化馆法人治理机构制度架构

（二）强化采购与外包服务项目预算管理

文化馆购买服务项目应按照预算管理要求列入政府财政预算。购买服务事项由文化馆运行部门预先提出年度部门预算，负有预算编制监管职责的理事会应建立工作协调机制，指导文化馆购买主体认真编制政府购买服务预算，按照指导目录中的服务项目编制预算，既要防止政府部门将不属于政府职责范围的服务事项或应当由政府直接提供的履职服务项目纳入购买服务预算，也要防止部门服务预算编制不全的问题。强化部门预算执行的刚性约束，可以有效避免预算超支现象。

（三）鼓励社会资本、社会力量参与投资或开展公共文化服务

1. 成立广州文化馆公众咨询委员会，构建文化馆服务的公众参与平台

发挥公众对广州公共文化服务事业发展作用，筹建广州文化馆公众咨询委员会（以下简称"公咨委"），通过面向社会征集义务担任公咨委委员并以此为公共文化服务社会参与的组织平台。广州文化馆公众咨询委员会主要由文化专家、民间组织人士、机关团体单位代表和社区居民代表等人员组成。其承担的主要职责包括公众咨询、沟通协商和社会监督等（见图7-9）。

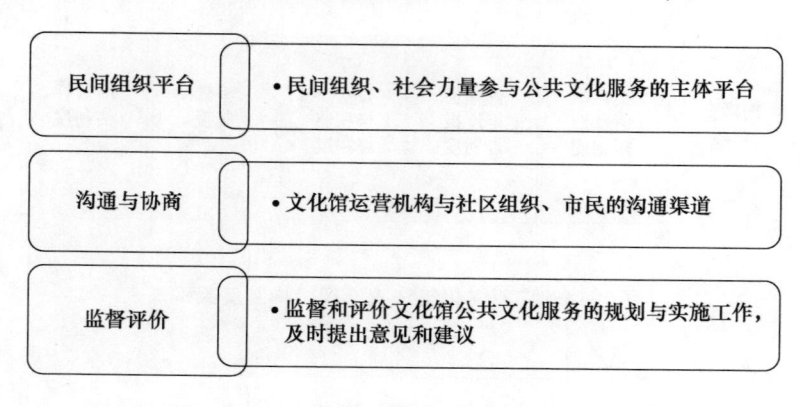

民间组织平台	• 民间组织、社会力量参与公共文化服务的主体平台
沟通与协商	• 文化馆运营机构与社区组织、市民的沟通渠道
监督评价	• 监督和评价文化馆公共文化服务的规划与实施工作，及时提出意见和建议

图7-9　广州文化馆公众咨询委员会主要职责

2. 鼓励社会力量参与文化馆服务

（1）鼓励社会力量、社会资本以主办、承办、协办、冠名、合作、捐赠等方式投资或举办大型文化活动，包括策划、运作重要的节庆文化活动、群众性广场文化活动、高雅艺术下基层活动、文化艺术品展览展示活动以及原由文化部门直接承办的大型专业文化活动如博览会、文化节、评奖会等。

（2）开放社会资本、社会力量以投资、控股、参股、并购、重组、项目合作等多种方式，参与文化馆下属文艺院团的运营活动。

（3）推动免费、自助的公共文化服务活动，实现文化资源、文化活动的自助性"分享"。如鼓励岭南文化名人通过自办展览、展演等方式，向基层群众展示其自身的文化艺术作品等。提供各类文化艺术培训、文化网站建设、文化遗产活化利用及其他各类文化服务。引导一批有文艺专长的业余骨干和热心于公共文化服务的志愿者开展文艺辅导、组织文化活动，更好地参与基层公共文化服务。

3. 制定文化馆公共文化服务采购指南，将全年的公共文化服务项目分期面向社会公开招标

完善采购的法定环节构成，制定招标采购操作规程，规定统一的采购招标公告以及表述格式。定期公布向社会组织开放的公共文化服务项目、服务内容，拟定社会组织承担公共文化服务需要具备的资质清单。聘请采购总负责人并配备律师、会计师和审计师，实施独立的采购审计和管理审计。

（四）创新绩效评估模式，实施独立的（第三方）评估，形成文化馆自律自治的运作机制

以公平、公正、公开的方式确定承担评估工作的专业评估机构，健全公共文化服务的综合考评制度。将项目建设、活动组织、运营管理、统计监测、重点督办、业绩考核等委托独立

的（第三方）机构进行系统考评。独立的专业评估机构根据公共文化服务的工作重点和实际情况，制定评估指标和评分细则。重点对文化馆运作的公共文化服务项目的绩效指标如资金使用、资源利用效率、公众满意度等进行评估。独立评估机构根据实地考察、问卷调查、文化服务单位的日常服务统计数据等各方面情况，于每年度12月底形成评估报告并报送文化馆理事会和市文化主管部门。

（五）培育以文化馆为核心的文化志愿者组织

通过与本地区高校和非政府组织合作，建成一支以文化馆为基地的相对稳定的文化志愿者队伍。引导学校、社区、文化行业志愿者队伍，充分利用文化馆网络平台，开展志愿者文化服务活动。试点在文化馆内建立文化志愿者实训基地，提高志愿者在公共文化服务方面的项目运作能力和机构管理水平。

（执笔：曾德雄、贾云平、梁礼宏）

参考文献

《习近平谈治国理政》（中文版）第 2 卷，外文出版社 2017 年版。

阿拉斯代尔·麦金太尔：《追寻美德》，宋继杰译，江苏译林出版社 2004 年版。

陈来：《中华文明的核心价值》，生活·读书·新知三联书店 2015 年版。

陈立旭：《公共文化发展模式：市场经济条件下的重构》，《江苏行政学院学报》2010 年第 3 期。

陈立旭：《以全新理念建设公共文化服务体系——基于浙江实践经验的研究》，《浙江社会科学》2008 年第 9 期。

陈蔚：《当代香港历史建筑"保育与活化"的经验与启示》，《西部人居环境学刊》2015 年第 30 期。

杜维明：《儒家精神取向的当代价值》，北京大学出版社 2016 年版。

傅才武、陈庚：《三十年来的中国文化体制改革进程：一个宏观分析框架》，《福建论坛》（人文社会科学版）2009 年第 2 期。

国家行政学院进修部主编：《文化体制改革和文化建设》，国家行政学院出版社 2011 年版。

郝清杰：《近年来我国文化体制改革研究述评》，《河海大学学报》2013 年第 2 期。

胡洪彬：《改革开放以来中国文化体制改革研究的回顾与前瞻》，

《江汉大学学报》2012年第1期。

胡霁荣、张春美：《治理视阈下中国文化政策的转型脉络》，《上海行政学院学报》2014年第5期。

霍秀媚：《"一带一路"倡议与岭南文化的传承传播》，《探求》2018年第3期。

解学芳：《文化体制改革的困境溯源》，《理论与改革》2008年第2期。

孔建华：《20年来北京文化体制改革的历程、经验与启示》，《新视野》2011年第1期。

李国新：《推动法人治理创新体制机制》，《中国文化报》2014年4月25日。

李家莲：《中国文化发展质量报告》，《宏观质量研究》2014年第3期。

李松武：《建立健全法人治理结构创新事业单位体制机制》，《中国机构改革与管理》2012年第1期。

李玉兰：《关于事业单位法人治理结构构建的思考》，《商场现代化》2008年第13期。

凌金铸：《文化体制改革的拐点及意义》，《上海交通大学学报》2010年第6期。

刘怀宇：《活化历史建筑要兼顾文化功能》，《南方日报》2016年12月13日。

刘克利、栾永玉：《中国文化体制改革与建设研究》，中国人民大学出版社2009年版。

刘晓春、冷剑波：《"非遗"生产性保护的实践与思考》，《广西民族大学学报》（哲学社会科学版）2016年第7期。

刘晓春：《非物质文化遗产传承人的若干理论与实践问题》，《思想战线》2012年第6期。

卢园华：《古迹与历史建筑的活化再利用趋势及经营管理》，台湾古迹历史建筑经营管理与维护技术观念研讨会，2015年。

马俊驹、聂德宗：《公司法人治理结构的当代发展——兼论我国公司法人治理结构的重构》，《法学研究》2000年第2期。

马知遥：《非物质文化遗产保护理论初探》，《海南师范大学学报》（社会科学版）2010年第2期。

芒福德：《城市文化》，中国建筑工业出版社2009年版。

欧阳坚：《深化文化体制改革完善中国特色社会主义制度》，《科学社会主义》2011年第5期。

塞缪尔·亨廷顿、劳伦斯·哈里森主编：《文化的重要作用这——价值观如何影响人类进步》，新华出版社2010年版。

孙晟、张燕：《事业单位法人治理结构问题浅析》，《山东人事》2006年第9期。

王列生：《论公共文化服务体系中的项目目标及其功能测值方法》，《江汉论坛》2009年第4期。

王霄冰、胡玉福：《论非物质文化遗产保护工作的规范化与标准体系的建立》，《文化遗产》2017年第5期。

尤坤：《国内外历史文化街区保护与发展案例分析研究》，《城市》2012年第1期。

张力、王美霞：《新时期我国文化体制改革的特点及趋势分析》，《北京行政学院学报》2012年第2期。